刘宝存　主编

比较高等教育研究丛书

初编　第 **14** 册

美国大学服务－学习实践的研究

王　蓉　著

花木兰文化事业有限公司

国家图书馆出版品预行编目资料

美国大学服务－学习实践的研究／王蓉 著－－初版－－新北市：
花木兰文化事业有限公司，2022〔民 111 〕
目 4+212 面；19×26 公分
（比较高等教育研究丛书 初编 第 14 册）
ISBN 978-986-518-749-1（精装）
1.CST：高等教育 2.CST：社会服务 3.CST：社区服务
525.08   110022088

ISBN-978-986-518-749-1

9 789865 187491

比较高等教育研究丛书
初编 第十四册   ISBN：978-986-518-749-1

美国大学服务－学习实践的研究

作　　者 王蓉
主　　编 刘宝存
企　　划 北京师范大学国际与比较教育研究院
总 编 辑 杜洁祥
副总编辑 杨嘉乐
编辑主任 许郁翎
编　　辑 张雅淋、潘玟静、刘子瑄　美术编辑 陈逸婷
出　　版 花木兰文化事业有限公司
发 行 人 高小娟
联络地址 台湾 235 新北市中和区中安街七二号十三楼
　　　　　电话：02-2923-1455／传真：02-2923-1452
网　　址 http://www.huamulan.tw 信箱 service@huamulans.com
印　　刷 普罗文化出版广告事业
初　　版 2022 年 3 月
定　　价 初编 14 册（精装）台币 38,000 元

美国大学服务－学习实践的研究

王蓉 著

作者简介

王蓉（1991- ），女，浙江省衢州市人。2020 年毕业于北京师范大学，获教育学博士学位。2017 年，作为国家公派联合培养博士生，赴美国佐治亚大学访学一年。主要研究方向为高等教育和比较教育，近年来在《比较教育研究》、《中国高教研究》等期刊发表多篇论文。目前，作者在杭州师范大学经亨颐教育学院担任讲师。

提　　要

20 世纪 60 年代，美国率先提出"服务－学习"的概念，它指的是由教育机构与社区合作，将学校内的学术课程学习与社区中的服务活动紧密结合，并使学生参与到结构化的反思中，从而在解决社区真实需求的同时，促进学生的学术学习和公民责任感的发展的一种方法。对高等教育机构而言，服务－学习的出现与发展，满足了社会对高等教育机构提出的增强社会服务职能、提高教育质量和公民培养的要求。目前，服务－学习已经成为许多国家高校中一种重要的教学形式。近年来，我国许多高校尝试开展服务－学习课程或项目，但尚未取得显著成果。而服务－学习所倡导的教学理念与方法，对于我国高校的课程改革、公民教育、志愿服务和社会实践体系，以及整合社区教育资源等方面，都具有一定的借鉴意义。因此，在当前开展对美国高等教育的服务－学习实践体系的研究，具有重要的积极意义。

本书包括五大部分。在第一部分，梳理美国服务－学习的发展历程，从政治、经济、社会、文化和教育等方面，挖掘服务－学习发展背后的深层的影响因素和驱动力。在第二部分，探讨服务－学习的内涵及其理论依据，厘清服务－学习的概念、核心要素与基本原则，探究服务－学习理念内在的理论基础。第三部分是本研究的重点，对大学服务－学习实践的外部保障与内部运行体系两方面进行深入与分析。服务－学习的内部运行是本研究的核心内容，从服务－学习的基础、服务学习的实施和服务学习的制度化三个方面展开分析。在分析服务－学习的外部保障时，着重从联邦政府、各类教育组织两个层面进行分析。第四部分，选取佐治亚大学为个案，分析该大学的服务－学习的实践与制度建设。在最后一部分，对美国大学服务－学习实践的特征、成果与挑战进行深入探讨。

《比较高等教育研究丛书》总序

刘宝存

20 世纪 80 年代以来，科学技术突飞猛进，知识经济迅猛发展，国际竞争日趋激烈，经济全球化不断深入，文化多元化趋势增强……世界教育面临前所未有的新形势、新问题和新挑战。为了应对这些新形势、新问题和新挑战，以更好的姿态进入 21 世纪，世界各国无不把教育作为优先发展的战略领域，把教育改革与创新作为应对时代挑战和提高国际竞争力的重要举措，在全球范围内兴起了一场教育改革运动。在如火如荼的全球性教育改革中，世界各国都致力于建构世界一流的教育体系和教育标准，推动教育公平，提高教育质量，改进教学模式和方法，推动教育的国际化和信息化，促进教育治理体系和治理能力的现代化，提升教育为社会经济发展服务的能力，满足社会民众日益增长和个性化的教育需求。与以往的教育改革多聚焦于某一个层次或某一个领域的教育不同，世纪之交的教育改革运动涉及学前教育、基础教育、高等教育、职业教育、师范教育、教育管理、课程与教学等各级各类教育和教育的各个领域，是一场综合性的教育改革，而且迄今已经持续三十多年，但是仍然呈方兴未艾之势。

高等教育是一国教育体系中的最高层次，在培养高层次人才、开展科学研究和社会服务、推动国际合作与交流等方面发挥着至关重要的作用。从各国高等教育领域的教育改革看，新自由主义教育思潮成为占主导地位的教育思潮，新公共管理和治理理论被奉为圭臬，追求卓越和效率、倡导分权和扁平化管理、强调公民参与和公共责任，成为高等教育管理的价值取向。世界各国在高等教育中追求卓越，致力于创新人才的培养，特别是培养面向 21 世纪的教师、提高博士生培养的质量成为高等教育改革的重点。为了培养创新人才，各国高等学校在人才培养目标、课程设计、教学模式和方法、教学评价等方面进行改革，本科生科研、基于问题的学习、服务性学习、新生研讨课等以探究能力和实践能力为导向的教学模式和方法风行世界，建构高等教育质量保障体系成为各国的共同选择。在信息技术和全球经济一体化的推动下，各国致力于打造智能化校园，促进信息技术与教育教学、大学治理的融合；致力于发展跨境教育和学生流动，提升高等教育的国际竞争力和影响力。

北京师范大学国际与比较教育研究院是中国成立最早、规模和影响最大的比较教育研究机构，也是比较教育学科唯一的国家重点学科依托机构。该院 1999 年获批首批教育部普通高等学校人文社会科学重点研究基地，2012 年获批教育部国别和区域研究基地，2017 年成为教育部高校高端智库联盟成员单位。该院的使命是：（1）围绕世界和我国教育改革与发展的重大理论、政策和实践前沿问题开展研究，探索教育发展的规律，把握国际教育发展的趋势，为我国教育改革与发展提供理论支撑；（2）为文化教育部门和相关部门培养具有国际视野、通晓国际规则、能够参与国际事务与国际竞争的高层次国际化人才；（3）积极开展教育政策研究与咨询服务工作，为中央和地方政府的重大教育决策提供智力支撑，为区域教育创新和各级各类学校的改革试验提供咨询服务；（4）积极开展国际文化教育交流与合作，引进和传播国际先进理念和教育经验，把我国教育改革发展的先进经验和教育研究的新发现推向世界，成为中外文化教育交流的桥梁和平台。60 多年来，该院紧紧围绕国家战略，服务国家重大需求，密切跟踪国际学术前沿，着力进行学术创新，提升咨政建言水平，成为世界有重要影响的国际与比较教育理论创新中心和咨政服务基地；牢牢把握立德树人的育人方向，创新人才培养模式和方法，成为具有全球竞争力国际化人才的培养基地；充分发挥舆论引导和公共外交功能，深化国际交流与合作，成为中国教育经验国际传播中心和全球教育协同创新中心。

为了总结该院在比较高等教育领域的研究成果，我们以该院近年来的博士后报告和博士论文为基础，组织了这套《比较高等教育研究丛书》。《比较高等教育研究丛书》的各位作者现在已经在全国各地的高等学校工作，成为在比较教育领域崭露头角的新秀。首辑丛书包括十四部，具体如下：

黄海啸　美国大学治理的文化基础研究

陈　玥　中美研究型大学博士生教育质量保障体系的比较研究

翟　月　美国大学非营利管理教育课程设置研究

孙　珂　美国高校创新活动的风险治理机制研究

李丽洁　美国营利性高等教育机构的组织学分析

李　辉　美国联邦政府对外国留学生的监管研究

苏　洋　「一带一路」国家来华留学博士生教育质量监控体系研究

尤　铮　美国大学在亚洲的海外办学研究——基于对纽约大学的考察

肖　军　德国大学治理模式变迁研究

褚艾晶　荷兰高等教育质量保证政策研究

徐　娜　俄罗斯提升国家研究型大学国际竞争力的策略研究——以制度
　　　　变迁理论为视角

郑灵臆　芬兰「研究取向」的小学教师教育研究

朋　腾　俄罗斯高等师范教育人才培养模式变革研究

工　蓉　美国高校服务　学习实践的研究

根据我们的设想，《比较高等教育研究丛书》将不断推出新的著作。现在呈现在各位读者面前的只是丛书的第一辑，在条件成熟时我们陆续将推出第二辑、第三辑……。同时我们也希望在第二辑出版时不仅包括北京师范大学国际与比较教育研究院的研究成果，而且希望将国内外其他高等学校的研究成果纳入其中；不但出版基于博士后研究报告和博士论文修改而成的研究成果，而且希望出版高等学校和研究机构教学科研人员的研究成果，不断提高丛书的质量。同时，我们还希望聆听大家在选题方面的建议。

《比较高等教育研究丛书》的出版，得到花木兰文化事业有限公司的大力支持，特别是杨嘉乐女士为丛书的出版花费了许多心血，在此我谨代表各位作者向她们表示衷心的感谢。

刘宝存

2021 年 11 月 28 日

于北京师范大学国际与比较教育研究院

目

次

导　论

第一节　研究缘起

一、服务－学习在世界范围内快速传播

　　20 世纪 60 年代，美国学者首先提出"服务－学习"（service-learning）的概念。服务－学习强调将社区服务活动与学校课程学习相结合，并为学生提供专门的、有指导的反思，其目的是在满足社区真正需求的同时，促进学生的学术学习与公民责任感的发展。服务－学习的概念自提出以来，不仅快速融入美国各级各类教育机构的学生教学与培养中，更是跨越国界传播到世界各个地区，在欧洲、印度、南非、韩国等引起了教育研究者与实践者们的关注。

　　服务－学习的兴起是社会发展与变革的结果。随着各国经济突飞猛进，许多错综复杂的社会问题如就业、住房、环境等来接踵而来，要真正解决这些问题需要社会各个机构的努力。高等教育机构始终肩负着培养社会公民、促进公共利益、服务国家发展的重要职责。社会环境的变迁，进一步激发了教育者推动高等教育机构改革的决心。大学意识到它们必须找到新的方式与社区和国家联结，承担在社会发展中的职责。服务－学习将社会服务与专业学习相结合，注重经验在教与学中的重要作用，引导学生关注社会问题与公众利益，激发青少年参与社会和政治事务的动力，回应了对高等教育的诸多批判，迎合了高等教育的变革需求。因而，服务－学习作为一种新兴的教学方法，得到了高等教育机构的认可与支持，成为大学培养积极公民和社会领

导者、传播服务与志愿精神的重要手段，将大学的教学与服务两个宗旨紧密结合，成为高等教育领域的改革与发展方向。

服务—学习迎合了当前世界各国教育发展的趋势，满足了各国在新时期人才培养的需求，在世界范围内快速传播。在英国，服务—学习常常与公民教育联系在一起，尤其是服务—学习在培养积极公民方面的作用得到了越来越多的重视。2010 年，英国首相卡梅伦在演讲中指出，政府必须要支持志愿主义、慈善主义和社会行动的新文化，强调培养公民的重要性，[1]并设立了国家公民服务项目（National Citizen Service），为全国 16-17 岁的青少年提供参与社会活动以解决当地社区问题的机会。[2]"志愿者是关键"（Volunteer Matters）作为英国公民教育领域最有影响力的组织之一，将服务—学习作为学校公民教育中的重要实践形式。"高等教育积极社区资助"（Higher Education Active Community Fund）作为政府促进社区发展的子计划，旨在促进高等教育机构在当地社区中的角色，使更多的人参与到社区志愿者服务中。[3]在德国，越来越多的组织认识到服务—学习在促进社会参与和公民培养中的作用。例如，"通过参与进行学习"（Learning Through Engagement）是一个旨在促进服务—学习的全国性组织，将服务—学习界定为：学生基于大众利益为他人或社会做一些事，服务作为教学过程的一部分，同时学生将服务与教学内容和课程紧密联系并进行反思。此外，还有"大学网络"（Das Hochschulnetzwerk）、"积极公民"（Aktive Bürgerschaft）等组织，都在推进服务—学习的发展。[4]除此之外，在欧洲其他国家如爱尔兰、丹麦、瑞士、荷兰等，服务—学习也逐渐引起人们的关注。例如，荷兰在 2007 年提出在本国的中等教育课程体系中实施服务—学习，青少年必须参与一定时间的社区服务或社会活动，以获得必备的公民技能。

在新加坡，服务—学习的理念在 1999 年由国家青年委员会（National Youth Council, NYC）将其引入本国，得到了教育部和各类教育机构的大力支持。教

1　Lee Jerome, Service learning and active citizenship education in England[J], Education, Citizenship and Social Justice, 7(1)：59–70.

2　National Citizen Service[EB/OL], https://www.gov.uk/government/get-involved/take-part/national-citizen-service.2019-6-30.

3　Annette J (2008) Community involvement, civic engagement and service learning.[M]// Arthur J, Davies I and Hahn C (eds) London: SAGE, The Sage Handbook of Education for Citizenship and Democracy. 388–398.

4　Esther Luna, What about Service Learning in Europe?[EB/OL], https://dera.ioe.ac.uk/5967/1/01_65.pdf, 2019-6-30.

育部出版服务－学习的相关手册，为青年开展服务－学习项目提供资助和奖励，同时国家青年委员会还专门设置了服务－学习的国家最高奖——服务－学习青年奖（Youth Service-Learning Award, YSLA），授予在服务－学习中有卓越表现的青年。[5]20 世纪 80 年代，我国香港地区的学者开始关注服务－学习，并推动其快速发展。2000 年之后，香港高等教育开始全面推行服务－学习计划，将其作为大学课程的 5 项基本学习体验之一写入香港公立大学的教学计划之中。[6]目前，在各国政府与大学的共同努力之下，越来越多的大学开设了服务－学习课程，并形成了更加丰富、多样、规范化的服务－学习制度。

二、美国大学的服务－学习实践取得显著成绩

美国是最早提出服务－学习的国家，经过六十余年的发展，美国在服务－学习实践方面取得了显著成就。当前，服务－学习已经成为美国初等教育、中等教育和高等教育各阶段中最普遍的教学形式之一，得到了教育机构、政府与社会的认可。

联邦政府早在 1990 年就颁布了《国家社区服务法案》（National and Community Service Act of 1990），在法律层面上确定了服务－学习的概念。2002 年颁布《2002 年公民服务法案》（Citizen Service Act of 2002）再次强调要加强服务－学习课程与项目的开展，同年成立"美国自由团"（USA Freedom Corps）与"学生服务美国"（Serve American）计划。2009 年颁布的《爱德华. 肯尼迪服务美国法案》(The Edward M. Kennedy Serve America Act)，进一步推动服务－学习在美国的制度化与规范化。

在基础教育领域，服务－学习作为一种新兴的教学形式，逐渐成为学生教学中的重要方式。根据美国各州教育协会（Education Commission of the States, ECS）下设的国家学习与公民参与中心（National Center for Learning and Civic Engagement, NCLCE）在 2014 年发布的各州服务－学习政府报告，在基础教育领域，33 个州将服务－学习纳入本州的学习标准或框架之中；24 个州将参加服务－学习/社区服务作为帮助学生为就业做好准备的方式之一；23 个州允许或要求学区为服务－学习授予毕业学分；16 个州将服务－学习/社区服

---

5 张丽冰，新加坡职前教师教育中的服务－学习[J]高教探索，2014(2): 87-92。
6 管弦：香港地区公立大学"服务－学习"的经验及反思[J]，高教探索，2017(4): 65-69。

务作为提高学生学业成就的教学战略；马里兰州和哥伦比亚特区更是要求高中学生在毕业时必须完成特定时间数量的服务－学习或社区服务活动。[7]

在高等教育领域，越来越多的大学开设服务－学习课程或项目，它不仅是大学人才培养的重要方式之一，也是建立大学与社区良好合作新形式的重要渠道之一。根据校园联盟（Campus Compact）[8]在 2014 年的调查报告，社区参与式教学、科研和服务已经成为美国大学中不可或缺的重要文化。调查数据显示，参与调查的四百多所大学中有 91%的机构为学生提供服务－学习课程，平均每所大学提供 69 门服务－学习课程，同时平均每所大学中有 43%的教师教授服务－学习课程。大学生参与社会服务的人数和时间在近年来都有大幅度的提高，在 2014 年，超过 138 万学生参与到社区服务中，平均每个学生每周投入 3.5 小时用于社区服务。此外，越来越多的大学将服务－学习作为专业核心课程的一部分，或者将其作为招生、毕业的要求。与此同时，社区参与大学教学与科研的形式也日益多样化，例如社区工作人员进行课堂授课、参与课程设计、作为共同指导教师等。

随着服务－学习理论研究的推进与实践经验的积累，服务－学习对各方参与者——学生、学校、教师与社区——的作用与影响，也得到越来越广泛的认可。首先，对高等教育机构而言，服务－学习是大学实现其社会服务职能的新形式。服务－学习强调建立大学与社区之间开放、平等、互惠的伙伴关系，大学不再是孤立于社区之外的机构，而是作为社区的一部分，同时强调不仅要解决社区当前的需求和问题，更注重社区的长期良好发展。其次，对社区而言，服务－学习是解决社区问题、提升社区组织服务水平的新方式。在服务－学习中，社区组织有权确定服务的内容，确保社区的真正需求得以满足。更重要的是，社区组织通过与学生的合作提高了服务能力、拓展了服务内容，是社区自我完善的重要手段。

第三，对学生而言，服务－学习是一种积极有效的学习手段。越来越多的研究结果表明，服务－学习对于学生的学习、个人发展乃至未来的职业选

---

7 Jennifer Thomsen, State Policies on Service-Learning[EB/OL], https://www.ecs.org/state-policies-on-service-learning/.2014.1.

8 校园联盟于 1985 年成立，目前已有超过 1100 多所大学和学院成为组织的成员，是美国推动服务－学习的重要组织。其宗旨是通过深化改善社区生活、培养学生的公民和社会责任感实现大学的公共目的，并促进公民和社区参与成为高等教育机构的优先事项。

择都有积极影响。作为经验教育的形式之一，服务－学习能够深化学生对学术知识的理解和对专业的认知，培养学生的批判性思考和知识应用等能力，提升学生的学术表现。同时，服务－学习要求学生深入思考社区需求背后的深层次的社会、政策等问题，并通过服务活动亲自参与到问题的解决中，培养学生的社会责任感和公民意识，这对于大学生在毕业后的职业选择和公民活动的参与都有积极影响。最后，对教师而言，服务－学习是探索服务活动与课程教学相结合的教学形式的新契机。服务－学习将课堂从教室延伸到了社区，同时要求教师根据服务活动重新设计课程、调整课程目标，这一过程往往能够激发教师对专业知识的应用性与实践性的重新思考，这也对教师的角色和能力提出了新的要求。总的来说，美国大学服务－学习的实践经验已然表明，服务－学习作为一种新的教育形式蕴藏着巨大的教育价值。

二、服务－学习对我国当前的高等教育发展具有借鉴意义

服务－学习对促进我国当前高等教育的发展，培养具有社会责任感的高素质人才具有借鉴意义。当前，全球化、多元化的社会与经济发展背景下，青少年的学校学习与个人发展暴露出一系列问题，如学校学习与现实生活的断裂、社会适应能力弱化、社会责任意识淡薄、公民参与行动欠缺等。为此，我国在 2010 年发布《国家中长期教育改革和发展规划纲要（2010-2020 年）》，提出全面提高高等教育质量是我国当前高等教育发展的核心任务，是建设高等教育强国的基本要求。[9]为此，大学应当牢固树立为社会服务的意识，鼓励大学师生积极开展志愿服务，增强大学的社会服务能力。与此同时，大学要提高人才培养质量，需要创新教育教学的方法。在教学中注重学思结合，以参与式、讨论式教学的形式帮助学生学会学习。此外，应当坚持教育教学与社会实践相结合，开发实践课程与活动课程，激励学生积极参与志愿服务和公益事业。高等教育肩负着培养新时代高素质人才的艰巨任务，不仅需要增强学生的专业知识与技能，更重要的是要培养学生具有为社会服务的信念和坚定意志。在这过程中，志愿服务和社会实践被赋予了新的使命，成为当前我国大学人才培养过程中的重要手段。

---

9 国家中长期教育改革和发展规划纲要（2010-2020 年）[EB/OL]. http://old.moe. gov.cn/publicfiles/business/htmlfiles/moe/info_list/201407/xxgk_171904.html?authke y=gwbux. 2019-6-10。

但在另一方面，尽管我国的大学生社会实践与志愿服务已有五十多年的发展历程，却仍然存在诸多问题。1987 年原国家教育委员会、共青团中央下发《关于广泛组织高等学校学生参加社会实践活动的意见》，成为我国首个关于大学生社会实践活动的专项通知。之后，国家相继下发多个指导文件，并通过多种手段推动社会实践和志愿服务活动在大学中的发展。然而，当前大学生社会实践活动发展中存在的问题，严重影响了其在人才培养中的价值的发挥。其中，最关键的问题在于我国的大学生社会实践与志愿服务活动未能正确处理学习与服务之间的关系，过分偏重服务环节，而忽视了服务与教学的结合，严重影响了学生在服务过程中的学习与发展，最终导致社会服务和实践活动的教育价值大打折扣。[10]

近年来，国内学者对服务—学习的研究不断深化，一些大学如南开大学、云南大学、汕头大学等也开始尝试开展服务—学习课程与项目。相比于传统的学校学习、社会实践形式，服务—学习有助于提升学生的学习与心智能力、促进学生心理健康与社会化发展、促进公民素养的形成。其次，服务—学习迎合了当前教育与社区相融合的趋势。当前，学校教育及人才培养模式发生了实质性的变革，从关注学生的学科知识习得转向强调学生与社会互动过程中的知识应用、实践能力形成及社会化水平的提高，从学校本位到社会融入的模式转变，服务—学习为这种转变提供了最适宜的路径，也成为改革学校教育的理性而必然的诉求。与此同时，转型期社会发展的客观需要与社会快速发展带来许多新的挑战，慈善公益、志愿活动等有利于社会资源的分享与流动。服务—学习为青年人参与社会公益、承担社会责任搭建了平台、开通了渠道。然而，服务—学习对我国大部分大学而言仍然是陌生的概念，如何开展高质量的服务—学习实践，成为许多大学在未来需要探索的重要问题。

第二节　研究问题与研究意义

一、研究问题

本研究聚焦于美国高等教育领域的服务—学习，以深入探究大学的服务—学习实践为目标，并对以下问题进行重点研究：

---

10 郝运，美国大学服务—学习研究[D]，东北师范大学，2009: 144。

1. 服务－学习在美国出现和兴盛的社会驱动因素是什么?

2. 服务－学习的深层理念及其实践的理论依据是什么?

3. 美国大学的服务－学习实践建立了怎样的外部保障体系? 政府与社会在其中分别承担怎样的角色与功能?

4. 大学搭建了怎样的服务－学习的内部运行体系? 大学与社区如何实现协作共赢?

5. 如何评价美国大学中的服务－学习实践?

二、研究意义

(一) 理论意义

本研究试图全面深入地探究美国大学如何将服务－学习运用到学生教学与培养中, 详细分析大学如何与社区协作进行服务－学习的实践, 试图弥补我国当前对美国服务－学习研究的不足, 具有较强的理论意义。纵观我国对美国大学服务－学习的研究可以发现, 学者对该领域的研究仍然存在着内容不全面、缺乏深度等问题。本研究将梳理美国近年来对大学服务－学习的最新研究成果, 为该领域的研究形成更加丰富的文献资料库, 开拓新的研究主题, 推进国内关于该领域的研究进展。

(二) 实践意义

本研究将系统、深入地探讨美国大学中服务－学习的实践, 并试图以佐治亚大学为案例详细分析大学如何开展服务－学习, 具有较深的实践意义。首先, 本研究希望为我国大学开展服务－学习提供有益指导。服务－学习自出现以来, 从美国传播到世界众多国家, 成为当前高等教育中一种重要的教学方法。近年来, 我国大学也逐渐开始尝试开设服务－学习的课程和项目, 但在实践中仍然存在诸多问题, 尤其是如何建立与社区的密切合作、如何进行反思活动等。因此, 本研究希望通过对美国大学服务－学习实践的探讨, 为我国大学开展服务－学习项目提供有益的指导。其次, 本研究试图为我国大学的社会服务活动提供借鉴。大学生社会服务活动一直是我国大学中学生培养与发展的重要形式之一, 但仍然存在着服务内容与形式单一、具体实施过程不完善、社区参与度低、效果不够显著等问题。因而, 本研究希望通过对美国大学开展服务－学习项目的具体流程的分析, 包括大学在其中的角色、职责及其他关键问题, 为我国当前的大学生社会服务提供借鉴。

第三节　核心概念界定

一、服务－学习及相近概念辨析

（一）相近概念辨析——志愿服务、社会服务

志愿服务的英文为"Volunteer Service"，它指的是一种人们不计报酬的、自愿参与的帮助他人和服务社会的活动。美国学者罗伯特．巴克（Robert L. Barker）将志愿服务界定为是人们为了实现公共利益的目标而进行的服务活动。[11]英国学者大卫．比利斯（David Billis）与哈格利特．哈里斯（Margaret Harris）从志愿服务的动机出发，将其界定为是人们参与有组织的、利他的活动。[12]联合国教科文组织对志愿服务的定义是，志愿服务是人们在一段时间里，出于自愿并且无偿地，贡献自己的时间和技术的一种利他行为。[13]许多国内学者也对志愿服务的概念进行了界定。例如，余欢好在《志愿服务概论》中，将志愿服务界定为是一种以志愿精神为支撑，志愿开展的、非盈利的社会公益服务。[14]莫于川则认为，志愿服务是不以营利为目的，人们自愿并无偿地贡献自己的知识、技能、劳力等，促进他人的福利和社会进步以及个人价值提升的一种服务活动。[15]总的来说，志愿服务所强调的是，人们出于自愿贡献自己的某一方面的资源或能力，目的是为他人或社会提供一定的帮助。

社会服务的英文是 Social Service，指的是一种为社会弱势群体所提供的帮助和服务。经济合作与发展组织（OECD）将社会服务界定为，为社会中需要帮助的群体，例如无家可归者、老年人、残疾者、经济困难者等，提供健康、住房等基本社会需要方面的支持，从而帮助他们能够重新参与到社会活动中。[16]国际劳工组织也对社会服务的概念进行了界定，指出社会服务的形式具有多样性，一般可以归为四类，首先是能够防止造成人们的损失或伤残的条件的服务，其次是能够为那些安全或正常生活受到威胁的人群例如老年人、

11　Barker,R. L.The Social Work Dictionary. New York：National Association of Social Work,1998: 348.

12　Bills, D.& Harris,M, Voluntary Agencies ： Challenges of Organization and Management. London: Macmillan Press Ltd, 1996: 287.

13　田军，志愿服务理论与实践[M]，立信会计出版，2007。

14　余双好主编，志愿服务概论[M]，武汉：武汉大学出版社，2013:5。

15　莫于川主编，中国志愿服务立法的新探索[M]，北京：法律出版社，2009: 9。

16　Richard, Frank G. et al, Housing with Services: Models, Populations and Incentives, Integrated Services and Housing Consultation.

残疾人等的服务，第三是能够帮助那些酗酒者、吸毒者等无法正常生活的人恢复良好生活的服务，最后是能够帮助特定的社会群体如陷入债务危机的家庭找到自我潜力的服务。[17]由此可见，社会服务强调的是为社会中的弱势群体提供服务和帮助，它的形式与内容是多样化的，服务的目的不仅是人们的安全与基本生存需求，也包括帮助人们更好地生活。

（二）服务－学习

服务－学习的概念自提出已有六十多年，但学界对服务－学习的内涵仍然存有争议。因而，本研究将梳理美国权威学者以及美国联邦政府的重要文件对服务－学习的论述，并在此基础上总结、提炼服务－学习的核心要素，并提出本研究中的服务－学习概念。

在探讨服务－学习的具体内涵之前，由于目前对这一概念的表述形式仍然存在争议，因此有必要先确定在本研究中使用的概念表述。目前，国外学者关于服务－学习的研究中，常用的表述有"service-learning"、"service learning"、"community service learning"、"academic service-learning"、"community-based learning"等。西蒙格（Robert L. Sigmon）对美国大学中的服务－学习项目进行梳理，并将其分为四类："service-LEARNING"表明学习目标是首要的而服务是次要的；"SERVICE-learning"表明服务是主要的而学习是次要的，"service learning"没有连字符，表明服务与学习两者被看做是分割开的；"SERVICE-LEARNING"则表明服务与学习两者是同等重要的，并且连字符是必要的。[18]西蒙格对服务－学习的表述形式，强调服务与学习二者之间的共生关系，即服务与学习两者具有同等的重要性，服务与学习的结合比二者单独存在能产生更大的能量。　在我国，关于这一概念也有不同的表述形式，常见的有"服务学习"、"服务性学习"、"服务－学习"等。本研究选择"service-learning"的概念表述形式，主要有两个方面的原因。一方面，这一概念是美国学者最为普遍适用的概念，而本研究正是对美国大学的服务－学习的探讨；另一方面，本研究赞同西蒙格对服务和学习之间的平等共生关系，认为二者之间的连字符号具有重要意义。相应地，本研究选择"服务－学习"作为这一概念的中文表述形式，并

---

17 皮埃尔．拉罗克等著，唐钧等译，21世纪社会保障展望[M]，华夏出版社，1989：53。

18 Sigmon, R. Linking Service with Learning. Washington, D.C: Council of Independent College, 1994.

且本研究将在下文中对这一概念及其表述形式进行更详细的探讨和解释。

在确定了这一概念的表述形式之后，接下来更重要的是对服务－学习的具体内涵进行界定。简．肯德尔（Jane Kendall）在整理服务－学习的文献时曾说，她曾参与过上百次关于服务－学习的争论，从文献中整理出的相关术语更是达到 147 种，在具体的使用中或许还有更多。[19]因而，下文将梳理服务－学习的重要学者与组织所提出的关于这一概念的界定，分析其中的共同点与差异，并从中提炼出服务－学习的要素，最终提出本研究的服务－学习概念。

"服务－学习"的概念最早于 20 世纪 60 年代被提出。根据当时南方地区教育委员会（the Southern Regional Education Board, SERB）的界定，服务－学习在当时被用来描述社会服务以及之后基于学科知识对其进行解释从而进行学习的过程，其目标是通过服务与学习二者的结合，促进学生的学习与认知以及公共服务机构的发展。由此可见，服务－学习最初的定义就强调了学科理论知识与社会服务活动二者的结合。

在这之后，许多学者和组织都相继提出了不同的服务－学习概念，对服务－学习的理念、要素、形式等进行了界定。尽管这些概念界定之间存在一定的差异和争论，但也使得服务－学习的核心要素逐渐清晰和显现出来。

学者芭芭拉．雅各比（Barbara Jacoby）在其著作《高等教育中的服务－学习：概念与实践》（*Service-Learning in Higher Education: Concepts and Practices*）中指出，服务－学习是一种经验教育的形式，在这过程中，学生参与解决人类和社区需求的活动，同时通过专门设计的结构化的反思来促进学生的学习和发展，互惠和反思是服务－学习的两大关键概念。芭芭拉指出，在很多情境下，人们也习惯用服务－学习来指代某一类项目，这种项目强调通过服务来满足被服务者的需求，同时服务者通过反思与批判性分析实现特定的学习目标。[20]

布伦格尔（Bringle）和克莱顿（Clayton）认为，服务－学习是一门课程或一种能力本位的、学分制的教育经历，在这过程中，学生：（1）参与到学生

---

19 Kendall, J.C. "Combining Service and Learning: An Introduction." In J.C.Kendall (ed.), Combining Service and Learning: A Resource Book for Community and Public Service, Vol.1.Raleigh, N.C.：National Society for Experiential Education, 1990.

20 Jacoby, B. Service-Learning in Today's Higher Education. In B. Jacoby(Ed.), Service-Learning in Higher Education: Concepts and Practices. San Francisco, CA: Jossey-Bass.

与社区双方共同确定的、有益于社区的服务活动中；（2）对服务活动进行反思，从而获得对课程内容更深入的理解、对学科知识更全面的认知，以及对个人价值和公民责任感的更深刻的意识。[21]服务－学习与传统的志愿服务活动不同，强调将课程学习与社区服务的过程相融合。教师选择与课程相契合的服务活动，使其成为课程学习和分析的补充文本，批判性反思是服务活动与课程二者相联结的桥梁。

芭芭拉与布伦格尔对服务－学习的论述，都强调了服务－学习的核心要素——反思。反思指的是学生在参加服务活动的过程中获得具体经验，并将其与课程知识相结合并进行批判性的分析，从而获得对服务经历与知识的更深入的理解。反思是服务－学习的核心环节，是实现其作用与价值的关键。服务－学习作为经验教育的形式之一，遵循经验教育的基本原则，即学生的学习和发展不是服务活动本身的必然结果，而是结构化的、有明确目标的反思过程的结果，[22]与此同时，服务－学习以培养学生的公民责任感为重要目标之一，而反思环节是实现这一目标的重要途径。服务－学习强调通过反思活动帮助参与者理解产生那些服务需求问题背后所隐藏的深层次的政治、经济、文化等方面的原因。从而进一步激发学生对社会问题的关注，激发对个人价值和公民责任感的深刻意识，培养有能力、有意愿参与社会生活的积极公民。

福柯（Andrew Furco）根据服务活动所预期的主要受益者，以及对服务和学习二者的强调程度的差异，对服务－学习与社区服务、志愿者服务、实习等概念之间的差异进行了分析，提出了服务－学习的第二个核心要素——互惠性。福柯强调，服务－学习对服务的提供者和接受者给予同等的重视，确保二者的利益得到同等的保障和满足。[23]斯坦顿（Timothy Stanton）认为，服务－学习蕴含着特定的价值观即服务他人、社会发展与赋权以及

21 Bringle, R.G., & Clayton, P.H. (2012). Civic education through service learning: what, how, and why? In L. McIlraith, A. Lyons, & R. Munck (Eds.) Higher education and civic engagement: Comparative perspectives (pp.101-124). New York, NY: Palgrave Macmillan.

22 Jane C. Kendall and Associates(1990), Combining Service and Learning: A Resource Book for Community and Public Service, Raleigh, North Carolina: National Society for Internships and Experiential Education.

23 Andrew Furco, Service-Learning: A Balanced Approach to Experiential Education[J/OL]https://www.shsu.edu/academics/cce/documents/Service_Learning_Balanced_Approach_To_Experimental_Education.pdf.

互惠学习,这种观念决定了服务者与被服务者之间、学生学习与社会发展之间的平等互利的关系。[24]

斯坦顿与福柯的观点实质是强调服务—学习的另一个核心要素——互惠性。服务—学习强调所有的参与者都是学习者,共同决定学习和服务的内容。通过互惠性的服务,学生能够更好地建立作为社区成员的责任感和归属感,同时社区也在这过程中提高解决自身问题的能力,最终服务的双方都在这一过程中获得发展。[25]

在探讨服务—学习的定义时,政府对服务—学习的界定也值得关注。1990年,美国颁布《国家社区服务法案》(National and Community Service Act),其中对服务—学习的界定一直沿用至今。根据该法案,服务—学习是一种方法,它包含两个层面:(1)在服务—学习中,学习者或参与者通过积极参加经过良好组织的服务进行学习与发展。这类服务活动在社区进行并满足社区的需要,并且由初级学校、中等学校、高等教育机构或者社区服务项目,与社区共同合作开展,帮助培养公民责任感;(2)与学生学习的学术课程相结合,并促进课程的学习,或者与学生参加的社区服务项目中的教育部分相结合,并为学生提供结构化的时间对服务活动进行反思。[26]

根据学者对服务—学习的描述以及美国政府对服务—学习的法律规定,本研究将服务—学习界定为:服务—学习是一种方法,它与学校的课程教学和学生培养相结合形成服务—学习课程或项目,此类课程或项目往往建立在学校与社区互惠协作的伙伴关系基础之上,学生在课程学习过程中,进入社区参与有意义的服务活动,并将自身经历与学术课程相结合,在教师的指导下进行有计划、有深度的反思,服务—学习的目标是促进学生的学习与个人发展,同时促进社区的良好发展,最终实现学校与社区的双赢,互惠性和反思是服务的两个关键特征。服务—学习适用于初等教育、中等教育和高等教育各教育阶段,本研究仅关注服务—学习在高等教育中的实践与发展。

---

24 Stanton, T. Service-Learning: Groping Toward a Definition. In "Combining Service and Learning: A resource Book for Community and Public Service".

25 Jacoby, B. Service-Learning in Today's Higher Education[M]//B. Jacoby(Ed.), Service-Learning in Higher Education: Concepts and Practices. San Francisco, CA: Jossey-Bass.

26 Senate and House of Representatives of the United States of America ,National and Community Service Act of 1990[Z/OL]. https://www.nationalservice.gov/sites/default/files/page/Service_Act_09_11_13.pdf. [2019-1-20].

二、社区与社区服务

"社区"的概念最早在 1881 年由德国社会学家弗．滕尼斯（F. Tonnies）提出，他将社区作为一个社会学概念运用到研究中。之后在 1887 年，滕尼斯在《社区与社会》进一步明确了社区的内涵。他认为，社区是指那些具有共同价值取向的人所组成的，关系亲密、守望相助、疾病相扶且具有人情味的社区，人们是否加入一个社区是由自然形成而非个人决定的。[27]滕尼斯还将社区与社会两个概念进行了对比，指出组成社会的是具有不同价值观念的异质人口，人与人之间重视契约和理性而非人情，而社区则更强调人们之间的亲密关系。

美国学者将滕尼斯的著作翻译并引入美国，使用"community"作为社区的英文表述。之后，美国社会学家开始在研究中关注社区的概念及相关问题的研究。在 20 世纪 30 年代，以费孝通为首的一些学者，将这一概念翻译为"社区"，并受到普遍使用且一直沿用至今，他将社区界定为是由若干社会群体或社会组织聚集在某一地域中，并形成一个在生活上相互关联的大集体。[28]1936 年，美国芝加哥大学社会学家帕克提出，社区是由生活在一定地域中的人口组成，并且这些人深深扎根于社区的土地，并在人们之间形成一种相互依赖的关系。[29]国际社区教育协会（International Community Education Association, ICEA）将社区界定为，由一群具有相同的生活目标、相互关心、相互联系、共同生存和互相学习的人所组成，并共同促进社区管理和实现社区目标。社区不仅是一个地理概念，社区中的人具有不同特性（教育水平、经济收入、政治地位等），并且相互联系和理解。[30]随着我国社会学研究的发展，国内学者也纷纷提出关于社区的概念。例如王刚义等在《中国社区服务研究》中，将社区界定为在是一定地域之中，由具有特定生活方式、成员归属感的人们根据一定的规范和制度组成，并在其中发生各种社会关系和社会活动的社会群体。[31]

---

27 杨根来主编，社区服务与社区建设[M]，沈阳：辽宁大学出版社，2002: 1。

28 转引自王刚义，赵林峰，王德祥，中国社区服务研究[M]，长春：吉林大学出版社，1990: 23。

29 夏国忠编著，社区简论[M]，上海：上海人民出版社，2004: 15。

30 孙玲，社区教育与社会的持续发展——第七届国际社区教育大会综述[J]，教育研究，1995.11: 74-77。

31 王刚义，赵林峰，王德祥，中国社区服务研究[M]，长春：吉林大学出版社，1990: 25。

社区服务最早于 19 世纪 60 年代在西方国家出现，主要是为城市中的贫困和弱势群体提供基本生活救济。1868 年，伦敦的慈善组织会成立，并为本地区的民众提供救济，成为第一个社区服务组织，这种形式随即传入了美国。1886 年之后，美国相继成立多个睦邻组织，顾名思义即为临近地区的民众提供救济和服务。社区服务的快速发展始于二战之后，美国的经济快速发展，使得整个社会的机构和民众的生活方式也经历了巨大的转变，人们对物质文化的需求也不断增加。但随之而来的还有各类社会问题，例如贫困、失业、人口老龄化、犯罪等影响了社会的良好发展。政府在财政、人力、资源等许多方面，感觉到难以独自承担社会服务的重任。在这种情况下，为了减轻政府的负担，同时更充分地利用社会组织和民众的资源，社区服务作为一种社会服务的形式，得到了快速发展。在美国，社区服务的发展也与本国的志愿服务传统密切相关，志愿服务精神在美国具有深远而悠久的影响，是一种重要的文化传统。

美国社会学家莫里．罗斯（Murray G. Ross）曾提出，社区服务需要满足若干原则，包括要从社区的问题出发、要满足多数人的利益、了解社区的文化背景、加强社区内部沟通以及制定长期规划等。[32]联合国也曾在《通过社区发展促进社会进步》（Social Progress Through Community Development）中提到，社区发展应当符合十条原则，例如社区活动要符合社区和居民的需求，促进居民尤其是妇女和青年积极参与社区事务，培养地方人才；与此同时，社区发展需要国家、地方和社会组织等的协助和支持，长期的发展规划也有利于社区的发展。[33]

三、大学服务－学习实践

大学服务－学习实践，首先表明服务－学习发生在高等教育阶段。服务－学习作为一种方法，被运用于初等教育、中等教育和高等教育各个阶段的教学活动中，本研究只关注在高等教育阶段的服务－学习。其次，强调大学是服务－学习的参与主体，服务－学习课程或项目是由大学与社区共同开展的，大学生是服务活动和课程学习的参与者。第三，本研究的重点是，对大

---

32 Ross,M.G., Community Organization: Theory, Principles, and Practice[M], Publisher: Harpercollins College Div, 1967.

33 UN. Social progress through community development[M], New York: United Nations Bureau of Social Affairs, 1955.

学如何开展服务－学习课程或项目的实践活动进行探讨，而不是在学理层面对服务－学习的研究。因而，本研究中的大学服务－学习实践，指的是大学开展和实施服务－学习课程和项目的整个体系，包括大学实施过程中的每个环节，以及其中的大学与社区双方间的关系与互动。同时，本研究还分析政府与社会尤其是高等教育组织为大学服务－学习实践搭建的外部保障体系，从而对美国大学的服务－学习实践,形成较为完整和深入的了解与分析。需要说明的是，美国的高等教育机构类型非常多样，不同类型的院校在组织目标与结构、教师与学生构成、课程与专业设置以及资金来源等各个方面都存在一定的差异。本研究的核心是对美国高等教育机构开展的服务－学习实践进行研究，主要从发展历程、外部保障与内部运行三个层面展开，不同类型的大学在这些方面存在较大的共性，而差异虽然存在但相对较小。同时，由于本人的研究水平与时间有限，本文不再区分不同类型大学开展服务－学习的差异。因而，本研究中的"大学"泛指美国各类高等教育机构。

第四节　研究现状

本研究关注的核心问题是美国大学中服务－学习的实践,探讨大学开展服务－学习课程与项目的具体内容与过程。为此，本研究将围绕这一核心，对国内外相关重要文献进行梳理和综述。本研究的文献来源主要包括：中国知网、北京师范大学图书馆、中国国家图书馆、佐治亚大学图书馆及学校相关网站、美国联邦政府和各个州政府网站、相关高等教育组织与协会网站等；文献类型主要包括：期刊文章、著作、法律法规与政策文件、统计数据、网页资料等。

鉴于国内外学者对这一概念仍然存在一定的争议，为了更全面地收集该领域的研究资料，本研究在搜索国内文献资料时，使用服务学习、服务－学习、服务性学习、服务型学习 5 个不同的关键词；在搜索国外文献资料时，使用 service-learning、service learning、academic service-learning、community service-learning4 个不同的关键词，确保资料收集的完整性。

一、关于美国服务－学习历史与发展的研究

服务－学习的概念最早出现在 20 世纪 60 年代，但其理念和实践在美国具有深远的历史渊源。纵观学者对服务－学习的历史的梳理和分析，可以发现服务－学习的发展受到了两大因素的影响，即美国社会、政治和经济的变

化以及高等教育的发展。

　　美国教育史学弗雷德里克．鲁道夫（Frederick Rudolph）曾指出，美国的大学从一开始就被赋予了公共的目标，以及对过去、现在和未来的责任。[34]自1636 年哈佛大学成立以来，美国高等教育就将培养积极参与社会生活的公民作为其目标之一。[35]美国独立战争之后，高等教育的目标逐渐从关注学生个人转变为建立新的国家，高等教育机构更加注重对国家和社会需求的回应。1862年，赠地法案将高等教育与国家的工业和社会改革联系在一起，显示出高等教育乃至整个美国社会的实用主义倾向。[36]在这一时期，美国大学更加意识到它作为一个服务机构的使命，人们提出大学应当培养公民作为重塑美国民主社会的重要的催化剂。威斯康星大学提出的学生参与现代社会问题的解决和民主推进的理念，成为这一时期大学参与民主与改革的典范。[37]二战之后，1944 年颁布的《退伍军人法案》（GI Bill）以及 1950 年成立的国家科学基金会（National Science Foundation），都是大学与政府合作的表现，1958 年的《国防教育法》（National Defense Education Act）更是将高等教育与国家的安全紧密联系在一起。

　　芭芭拉对 60 年代以后服务—学习在美国高等教育中的发展历程进行了梳理。在联邦政府层面，政府开展了一系列运动如和平队（Peace Corps）、美国志愿服务队（Volunteers in Service to America, VISTA）等，鼓励青少年尤其是大学生参与到社会需求和问题的解决中。在高等教育层面，很多大学在这一时期纷纷建立服务和学习项目，将参与和服务社会作为学生学习的重要方式。同时，服务—学习受到各类会议和协会的关注，1968 年和 1969 年召开的亚特兰大服务—学习会议（Atlanta Service Learning Conference）提出将服务与学习相结合作为未来的政策重点。芭芭拉指出，在这一时期，美国的社区和大学校园都经历了混乱的巨变。这一时期，城市的发展和向贫穷宣战等社

34 Rudolph, F. The American College and University: A History. Athens: University of Georgia Press[M], 1962: 177.

35 Smith, M.W. Issues in Intergrating Service-Learning into the Higher Education Curriculum[M]// Effective Learning, Effect Teaching, Effective Service. Washington, D.C. Youth Service America, 1994.

36 Boyer, E.L. Creating the New American College[J]. Chronicle of Higher Education, Mar.9, 1994: 48.

37 Gregory R. Zieren, Peter H. Stoddard, The Historical Origins of Service-Learning in the Nineteenth and Twentieth Centuries: The Transplanted and Indigenous Traditions[M]//Service-Learning: History, Theory, and Issues, Bruce W. Speck, Sherry Hoppe (eds.) 2004.

会运动使得社会问题得到了更多的关注。与此同时，教育领域开始试图打破传统的与社会脱离的、教师中心的教育体系。在这过程中，一部分社会活动家和教育者提出将社区行动与学习相结合，在为社区提供更强大的服务的同时，为学生提供社会相关的活动机会，促成了服务－学习相结合的新的领域的出现。[38]总的来说，这一时期的服务－学习在大学校园中获得了立足点。但由于该时期的服务－学习运动仍然存在很多问题，导致大量服务－学习项目停止。导致这一问题的原因主要有三，其一，大多数的项目并未融入学校或机构的核心宗旨之中；其二，服务过程中的家长式作风（paternalism）、参与者之间的不平等关系以及学生对服务的认知误区，成为很多项目的问题；其三，由于服务－学习的不完善导致其成果受到诸多质疑。

20世纪80年代，大学生社区服务迎来了新的发展。1985年，校园联盟（Campus Compact）正式成立，该组织成员承诺在本校鼓励和支持基于学术的社区服务。同时，由大学生成立的校园机会拓展联盟（Campus Outreach Opportunity League, COOL），通过与上千所大学合作，发起了众多学生社区服务项目。为了回应不断增长的社区服务和服务－学习项目，国家经验教育协会（National Society for Experiential Education, NSEE）在1987年开始致力于制定服务－学习实践的准则。之后，NSEE在1989年举办的会议中提出了"服务与学习相结合的良好实践的原则"（Principles of Good Practice in Combining Service and Learning），强调服务与学习的结合提高了对方的价值同时二者能够相互转化，这也成为了之后服务－学习实践的重要准则。[39]

NSEE在1990年出版了重要著作《服务与学习相结合》（Combining Service and Learning），将大量的服务－学习相关的理论、实践、政策、项目等资料进行了整理和汇编。NSEE指出，服务－学习在理论研究和实践层面在这一时期都迎来了大爆发。1993年，服务－学习的重要期刊《密歇根社区服务期刊》（Michigan Journal of Community Service Learning）正式出版。与此同时，服务－学习也开始出现在了其他高等教育协会的会议和期刊中，如1995年的美

---

38 T. Minh-ha Trinh, Helping a "New" Field Discover Its History(1989), Timothy K. Stanton, Dwight E. Giles, Jr., Nadinne I. Cruz(1999), Service-Learning----A Movement's Pioneers Reflect on Its Origins, Practice, and Future. Jossey-Bass Inc.

39 Barbara Jacoby, Service-Learning in Today's Higher Education[M]//Barbara Jacoby and associates(1996), Service-learning in Higher Education: Concepts and Practices, San Francisco : Jossey-Bass Publishers.

国高等教育协会（American Association of Higher Education）的年会将服务—学习作为重点之一。在联邦政府层面，1990 年，老布什总统颁布的《国家社区服务法案》（National and Community Service Act of 1990），致力于推动教育领域的服务—学习项目，表明了联邦政府对社会服务的关注。之后在 1993 年出台了《国家社区服务信托法案》（National and Community Service Trust Act of 1993），并将几个组织合并成立了国家与社区服务公司（Corporation for National and Community Service, CNCS）成为全国最大的支持服务活动的联邦政府机构。1994 年，克林顿总统给美国所有大学校长写信，希望高等教育机构的校长能够在全国范围内宣扬服务的理念，引发了高等教育领域的服务—学习理论与实践的大发展，美国高等教育协会自 1997 年相继出版了 18 本著作，为高等教育中的服务—学习与学科的融合提供了重要指导。[40]

布鲁斯（Bruce）指出，20 世纪八九十年代，美国的社会、政治和经济产生的变化刺激了服务—学习的快速发展。在 90 年代，美国文化失去了社群意识，社会性事务正在分崩离析。本该作为社群模范的大学，在这一时期被三大主流意识——物质主义、个人中心主义和竞争意识所主导，学术圈的社群性也在逐渐消解。在这样的社会背景下，服务—学习似乎成为了补救社会破碎的方法。通过服务—学习培养新一代的公民并重建社区，它所蕴含的高度理想化的理念，使其快速传播和发展。

乔迪（Jordy）指出，20 世纪 80 年代，利己主义和职业中心日益增长，助长了人们对政治和社会生活的疏远，公民参与政治的能力、意愿和责任意识不断降低。社会的精英阶层制定政治决策、掌握社会发展方向；相反，公民对政治的投入极度缺乏，人们参与社会和政治辩论的意愿和能力大大降低。越来越多的人提出质疑，这样一个缺乏公民参与的社会是否能够被称作是民主社会。社会学家和政治学家纷纷提出，公民社会和公民权力的复兴迫在眉睫。在这样的社会背景下，人们纷纷将注意力转向教育，服务—学习在这过程中得到了人们的关注。服务—学习能够激励学生去关心社会和政治问题，促进社会团结和公民责任感，同时服务—学习为青年人提供了社会参与的机会，培养人们公民参与的习惯和积极性。[41]

---

40 Barbara Jacoby, Service-Learning in Today's Higher Education[M], Barbara Jacoby and associates(1996), Service-learning in Higher Education: Concepts and Practices, San Francisco : Jossey-Bass Publishers: 1996.

41 Jordy Rocheleau, Theoretical Roots of Service-Learning: Progressive Education and the

　　凯斯（Keith）则认为世纪之交出现的资本主义和民主主义的碰撞催生了"服务"的概念。在 20 世纪晚期，"服务"成为一种新的流行话语出现，发生这一转变的重要原因是后工业化社会福利制度的出现。二战之后，福利制度逐渐成为制度化的、经济发展的产物，同时在后工业化经济中资本主义让位于服务经济。服务经济指的是，处于社会特权阶层的人能够通过私人资本获得经济自由，另一部分人由于无法通过参与市场来满足需求而只能依赖于政府。国家和经济发展的变化也推动了新的社会阶层划分，而这又进一步导致新的话语的冲突——自由与平等、个人与团结。随着社会差距不断拉大，社会局势趋于紧张，作为一个福利社会必然会试图通过某种形式来满足弱势群体的需求来减少冲突。在这一社会背景下，"服务"的概念被采纳，用于解决那些在市场文化和消费需求中被边缘化的民众的需求，从而掩饰不断扩大的社会差距下的富人阶层的利益。[42]

　　马库斯（Markus）提出，进入 21 世纪之后，很多社区和教育领袖开始将服务－学习，与高等教育的改革与复兴以满足新时期的需求和挑战等同起来。[43]服务－学习在高等教育中的发展源于高等教育中的历史渊源。一方面，经验教育作为一种教育哲学和教育方式，其知识与技能相互促进和相互转化的理念在高等教育中根源深厚，也为作为经验教育形式之一的服务－学习提供了理论基础。另一方面，服务－学习所包含的参与社会行动、对社会问题的批判性反思等丰富的内容，能够促进高等教育培养学生成为积极公民的目标的实现，得到了大学的支持。[44]

　　另一方面，麦克米伦（McMillan）还指出学生对政治的疏远、与社会的分离，已经成为当时高等教育必须克服的重要难题。[45]面对社会的严峻问题和

Development of Citizenship,pp.3-21[M]//Service-Learning: History, Theory, and Issues, Bruce W. Speck, Sherry Hoppe (eds.) 2004.

42 Keith Morton, John Saltmarsh, Addams, Day, and Dewey: The Emergence of Community Service in American Culture, Michigan Journal of Community Service Learning, Fall 1997: 137-149.

43 Markus, G.B., Howard, J.P.F., & King, D.C(1993). Integrating community service and classroom instruction enhances learning: Results from experiment[J]. Educational Evaluation and Policy Analysis, 15(4), 410-419.

44 Allen J. Wuszdorff, Dwight E. Giles, Jr., In John Schine(Ed.)(1997), Service Learning—Ninety-sixth Yearbook of the National Society for the Study of Education[M], The National Society of the Study of Education, Chicago.

45 McMillan, J.J. & Harriger, K.J.(2002). College students and deliberation: A benchmark study. Communication Education, 51, 237-253.

高等教育本身的挑战，服务—学习成为有力的回应。蒂莫西（Timothy）认为服务—学习是对保罗．弗莱雷所谓的"灌输式教育"的最新的回应，也回应了将年轻人看作是自私的雅皮士（自我的一代）或者冷漠的懒鬼的陈腐的成见。[46]博伊提出"新美国大学"（New American College）的概念，用于描述这一时期出现的旨在回应社会和高等教育中的挑战的大学类型。这类大学在重视科研和教学的同时更加注重知识与实践的紧密结合，围绕紧迫的社会问题来组建跨学科机构，在教学中通过将教室拓展到社会和政府机构以及田野项目等加强知识与实践的联系。新美国大学的出现，也意味着新的高等教育模式的出现，它将成为连接大学与社会的机构，将丰富校园文化、复兴社区、给予服务新的定义和发展，并最终促进人类现状的改善。[47]从以上学者的观点可以看出，服务—学习为当时高等教育发展中的问题提供了解决途径，尤其是大学被批评与外界社会分离，以及学术研究忽视现实的应用使得大学与社区之间互相失去了合作的兴趣等此类问题。

国内学者对美国大学服务—学习的发展历程的研究，一般是对服务—学习的历史进行梳理与阶段划分。其中，以东北师范大学的郝运在《美国大学服务—学习发展的阶段特征及其影响因素探析》[48]中对其历史发展的分析最为全面详细。作者认为，美国大学服务—学习的发展可以分为三个阶段。（1）第一阶段从 19 世纪后半期到 20 世纪四五十年代，属于项目推动下的志愿服务："服务至上"。在这一阶段，美国大学的服务—学习还处于萌生状态，为了应对社会结构变革和科技、经济发展带来的问题，政府以开展项目的形式引导青少年进行资源服务，使得服务逐渐受到了应有的重视。在这一时期，在工业革命和西进运动的推动以及实用主义与进步主义思潮的影响下，美国高等教育更加注重技术、训练与实践。（2）第二阶段从 20 世纪 50 年代到 80 年代末，属于组织建设推动下的社区服务：大"服务"小"学习"，这一阶段是服务—学习的确立阶段。1966 年，"服务—学习"的概念被首次提出，之后美国政府通过建立相关组织与政策的颁布，引导全国青年参与到服务—学习中。服务—学习在这一

---

46 Timothy K. Stanton, Dwight E. Giles, Jr., Nadinne I. Cruz(1999), Service-Learning----A Movement's Pioneers Reflect on Its Origins, Practice, and Future. Jossey-Bass Inc.

47 Boyer, E., Creating the new American college, Chronicle of Higher Education, 1994: A48.

48 郝运，绕从满，美国大学服务—学习发展的阶段特征及其影响因素探析[J]，外国教育研究，2009(6)：67-72。

时期的快速发展，一方面是冷战的兴起要求高等教育培养专业的、服务于国家的优秀人才；另一方面精英主义的兴起以及青年对社会的疏离不断加剧，要求大学在培养专业人才的同时促进学生融入社会发展。在这一时期，尽管服务－学习仍然更多地体现为一种社区服务，但人们开始逐渐将二者进行均衡与融合。（3）第三阶段以 1990 年《国家和社区服务法案》的颁布为标志，开始进入法律规范下的服务－学习："服务"与"学习"并重阶段。在这一时期，社群主义在美国兴起，要求高等教育引导学生参与社会服务的同时不断反思，提高自身的道德修养，重建公民德行。这一阶段的服务与学习实现了真正的有机融合，大学服务－学习在法律的保障下日益规范化。此外，周加仙[49]、张华[50]等都对美国服务－学习在 20 世纪 90 年代以来的发展做了简要的梳理。

二、关于美国大学服务－学习实践环节的研究

大学与社区的伙伴关系是服务－学习的基础，高质量的服务－学习必须基于真正的、互利的大学－社区伙伴关系，这也是实现服务－学习对学生和社区的积极影响最大化的重要前提。

社区－大学伙伴关系董事会（Community-Campus Partnerships for Health, CCPH）提出了大学－社区伙伴关系的 12 条原则，例如，合作伙伴之间的关系应具有互相信任、尊重、真诚和奉献的特征；对宗旨、价值、目标、成果和问责的流程达成一致意见；清晰的、开放的交流能够促进对彼此需求和利益的理解并形成共同的语言；平衡合作伙伴之间的权利关系，使得所有合作伙伴能够共享资源等。这一系列原则为建立平等、互惠的伙伴关系提供了衡量标准。[51]

托雷斯提出了大学－社区伙伴关系建立的三个阶段和八个重要特征。（1）第一阶段：设计伙伴关系。这一阶段应当包含两个特征，真正民主的伙伴关系是建立在共同的愿景和明确的价值的基础之上；并且对所有的参与者都是有益的。（2）第二阶段：建立伙伴关系，这一阶段应当具有三个特征。强有力的伙伴关系建立在相互信任和尊重的基础之上；伙伴关系中的各方共同参与

49　周加仙，美国服务－学习理论概述[J]，外国教育研究，2004(4): 14-18。

50　张华，论服务－学习[J]，教育发展研究，2007(5A): 1-8。

51　Community-Campus.Partnerships for Health Board of Directors.(2013)[M], "Position Statement on Authentic Partnerships. " Seattle, WA: Community-Campus Partnerships for Health.

到复杂问题的解决中；并且具有清晰的组织结构和充沛的活力。（3）第三阶段：维持伙伴关系。真正能够得到维持的伙伴关系应当将其融入机构的宗旨和支持体系中；伙伴关系的维持可以通过交流、决策制定和变革等举措来实现；并且应当进行定期的以合作方式和成果为聚焦的评估。

派格（Pigza）和乔普（Troppe）则提出服务—学习中的大学—社区关系存在三种不同的模型，包括：（1）集中模型。这种伙伴关系的资源和运行都集中在特定的大学机构中，不被大学中的其他部门所知晓，同时这种伙伴关系往往是单向的，社区能够获得的大学资源非常有限。（2）破碎模型。在这一模型中，大学与社区之间的关系进一步拓展，同时资源能够在大学和社区间更自由地流动。但这类伙伴关系仍然缺乏组织性，各机构之间的工作往往缺乏协调，对社区组织的问题仍然缺乏足够的重视，这也导致伙伴关系难以维持、其影响力也无法达到最大化。（3）综合模型。在该模型中，大学与社区之间的围墙逐渐消解，大学与社区之间、大学各个机构之间以及社区各个机构之间的交流和合作更加丰富。大学中出现了负责合作伙伴之间的协调中心机构，并且社区参与已经融入了大学的文化之中。伙伴关系的重点不再仅仅是满足当前的需求而是伙伴关系的维系。[52]

西尔维娅（Silvia Dorado）则提出，大学和社区组织之间存在三种参与路径：暂时的参与、稳定的参与和坚定的参与。（1）暂时的参与的伙伴关系中，服务—学习的项目的建立是暂时的，合作伙伴不稳定甚至常常变换。同时，这种伙伴关系中双方往往缺乏忠诚，对于增加互相了解或探索新的合作方式缺乏投资。（2）在稳定的参与的伙伴关系中，合作者会通过一些协商来寻求更好的方式来实现双方的目标，并对伙伴关系的调整进行探讨。（3）在坚定的参与的伙伴关系中，合作伙伴更加重视伙伴关系的维持，并通过一系列的行动和交流来实现。同时，伙伴关系逐渐拓展到其他领域中，并在受到影响和危险时得到双方的保护。

玛丽．桑迪（Marie Sandy）指出由于高等教育和社区之间的话语体系存在的分歧，因而从社区的角度来探讨与大学的伙伴关系的研究还比较缺乏。因而，作者基于对九十多个社区组织的调查，从社区的角度对高等教育机构

---

52 Pigza, J.M., & Troppe, M.L. (2003). Developing an infrastructure for service-learning and community engagement[M]//B. Jacoby(Ed.), Building Partnerships for Service-Learning, San Francisco, CA: Jossey-Bass.

提出一些建议，以建立良好的伙伴关系。（1）大学应当更加重视伙伴关系。社区希望与大学进行更多的交流和沟通，同时更多地参与到大学中的项目的设计中。（2）定期进行对伙伴关系的进程和成果的对话。（3）教职员工应更直接地参与到服务－学习的设计中，加强教职工对社区组织的了解以及与社区组织的联系。（4）大学应当考虑如何帮助社区建立社会资本的方式，建立与社区的长期合作。（5）建立服务－学习机构的新角色，机构不仅应当承担协调功能，还应当通过扩大教师、学生在服务－学习中的参与，促进伙伴关系的发展。（6）大学应当与社区协调关于服务活动时间的分歧。大学往往将服务的小时数看作重要指标，但社区更强调服务的质量，因而双方应当对此进行协调。[53]

相比于国外学者对服务－学习中的大学－社区伙伴关系的重视，国内学者对该问题的研究则非常缺乏，仅仅在关于服务－学习的实施过程中寥寥几笔带过。缺乏对大学　社区伙伴关系的重视，是我国当前研究中的不足之一。

三、关于美国大学服务－学习实施内容的研究

学者对服务－学习的实施的研究可以主要分为两类，即对基于课程的服务－学习的研究以及对服务－学习中的反思活动的研究。

（一）关于服务－学习课程的研究

第一类是关于基于课程的服务－学习的研究，包括对课程设计、课程目标、教学等问题的研究。桑德拉（Sandra）指出，服务－学习不一定适合每一门课程，但一定可以融入任何一个学科。要实施灵活有效的服务－学习课程，需要关注几个关键问题：（1）基于课程的服务－学习只有在致力于满足课程目标时才能发挥最大的成效。服务不是课程的附加，而是融入课程之中的一部分，不应破坏课程的完整性。与此同时，教师必须重新设计课程，在服务与课程内容之间建立紧密联系。这一过程不仅要求教师重新设定课程目标，同时也激发教师新思考自己的学科、教学及其与社会的关系。（2）由于服务－学习需要额外的资源和时间，因而对服务－学习的利与弊仍然存在争议。（3）一部分教师对服务－学习是否会削弱课程的学术严谨性存在担忧。但作者认为，服务－学习事实上强化了学生对课程的投入，服务活动以及与教师

---

53 Silvia Dorado, Dwight E. Giles, Jr., Service-learning partnerships: paths of engagement, Michigan Journal of Community Service Learning, Fall 2004, pp.25-37.

的交流能够帮助学生更深入地理解课程内容。[54]

杰弗瑞（Jeffery）认为，学术性服务—学习将传统的基于课程的理论学习和非传统的基于社区的经验学习相结合，其内在的反常规（counternormative）的本质，也带来了传统教学模式中不存在的新的教学挑战。与传统的教学模式相比，服务—学习的教学法在课程目标、课堂控制、主动学习、主客观学习等方面都存在差异。为此，作者提出应当建立一种新的教学模式——协同课堂。协同课堂与服务—学习的目标和价值相一致，注重学术性学习和经验性学习的融合，鼓励学生的社会责任感和学习的主动性与积极性，重视主观和客观学习的价值。教学模式的转变需要教师和学生共同重建，抛弃传统课堂的角色、关系和规范，建立一套新的课堂行为模式。

凯丽（Carrie）则着眼于服务—学习的课程设计，提出了课程设计的三阶段模型。基于学生发展的理论，作者提出服务—学习的课程设计可以分为三个阶段，即探索、能力建设和责任，在每个阶段中，指导者的角色、责任等级、团队合作以及项目的强度、与社区的联系五个领域都有不同的要求。项目的设计应当基于对学生发展的理解以及对学生技能和知识水平的考量，为学生提供平衡的挑战和支持，发展学生的技能并帮助他们为进入下一阶段做准备，与合作伙伴之间产生更积极的、互惠的关系。[55]

辛迪（Cindy）同样对服务—学习课程提出了一系列指导原则，包括（1）制定、修订教学大纲应当将服务经历融入课程的教学和学习目标；（2）伙伴机构确定他们的需求并将其包含在服务活动的规划中；（3）教师了解学生去的每个社区机构，理解机构的宗旨、客户、地址和学生的角色；（4）服务活动的准备应解决学生的培训、责任的界定、风险管理问题；（5）在服务活动开始前向机构介绍学生，包括将要解决的问题的情况；（6）学生获得的每个课程学分应当包括至少五个小时的社区服务小时数；（7）学分的授予是基于从服务中获得的学习而不是服务本身；（8）通过阅读、项目和课堂展示将服务经历与课程相联系；（9）对服务活动的反思是持续的，并包括对社区问题和

---

54 Sandra L. Enos, Marie L. Troppe(1996), Service-Learning in the Curriculum[M], Barbara Jacoby and Associates(eds.) Service-learning in Higher Education: Concepts and Practices, San Francisco : Jossey-Bass Publishers.

55 Carrie Williams Howe, Kimberly Coleman, Kelly Hamshaw. Student development and service-learning: a three-phased model for course design[J]. International Journal of Research on Service-Learning and Community Engagement. 2014 Volume 2 Issue 1, pp.44-62.

服务的需求的对话；（10）学生、教师和社区代表共同参与评估过程。[56]

霍华德（Howard）从服务－学习的教学出发，提出了服务－学习教学法的十条基本原则。（1）学分是基于学生的学习而不是服务。（2）不应当破坏学术严谨。（3）确定学习目标。（4）确定服务地点的选择标准。（5）为学生提供具有教育意义的学习战略，促进课程学习目标的实现。（6）帮助学生做好进入社区学习的准备。（7）使学生的社区学习角色与课堂学习角色之间的差异最小化。（8）重新思考教师的指导角色。（9）学生的学习成果可能存在差异甚至出现失控的情况，教师应当对此最好准备。（10）使得课程的社区责任导向最大化。[57]

国内学者关于大学服务－学习的研究主要包括两类：一类是关于美国大学中服务－学习实施的步骤和阶段，另一类是关于某一所大学服务－学习的案例分析。郝运与饶从满对美国大学服务－学习的实施模式进行了较为深入的分析。

郝运与饶从满[58]指出，美国大学服务－学习因其目标与侧重点的不同形成了不同的模式，其中最典型的三种理论模式是慈善模式、公民参与模式和社群模式。慈善模式的服务－学习项目主要以非课程化的形式存在，强调培养学生形成终身慈善的习惯，但主要停留在个人道德的层面。公民参与模式则具有公民教育的特点，服务项目往往根据某个时期的政治事务集中开展，目标在于提高学生公民参与的意识和能力，培养参与型公民。社群模式追求社群的进步与个人发展的统一，学生与社区间建立起真正的互动、互惠、平等的关系，培养学生的社群观念和社会责任感，同时促进社区的建设与发展。三种模式都强调通过服务实现学生的成长与发展，但不同模式在学生与社区的关系、问题侧重与目标设定等方面的差异，使得三种模式在实践中存在着差异。二人在另一篇文章中还探讨了美国大学服务－学习在实施过程中的具体步骤，作者将其分为三个阶段，即实施前期的准备、计划与培训，实施中期的实施与反思，以及实施后期的评价与庆贺。这三个阶段构成了服务－学习的全过程，前期的准备是服务－学习顺利开展的重要保障，实施过程中的反思是服务－学习成败的关键，最后的评价则是对服务－学习进行总结与提

56　Cindy Cleary, Delwin E. Benson, The service integration project: institutionalizing university service learning[J]. The Journal of Experiential Education, 1998; 21,3: 124-129.

57　Howard, Jeffrey(Ed.), Service-Learning Course Design Workbook, Corporation for National Service, Washington, DC., 2001.

58　郝运，饶从满，美国大学服务－学习理论模式初探[J]，比较教育研究，2009(11)：59-63。

高的过程[59]。对这一问题进行探讨的还有吴华清[60]，不同的是作者将服务—学习的实施步骤分为准备、行动、反思和庆祝四个步骤。

高振强[61]在文章中介绍了美国布朗大学斯威尔公共服务中心主任赫弗南（Kerrissa Heffernan）对服务—学习课程的分类，包括"纯粹"的服务—学习、基于专业的服务—学习、基于问题的服务—学习、顶点课程、服务实习和基于社区的行动研究。根据服务—学习课程的性质和要求，学校和教师可以选择其中一种模式。但不论哪一种模式，其核心都是将课程学习、社区服务和经验反思紧密结合，促进学生与社区的共同发展。沈蓓绯[62]对密歇根州立大学的服务—学习项目进行了研究，从服务—学习的使命、组织与管理、实施和评价三方面就行了阐述。杨春梅和王艳霞[63]则对马里兰大学的服务—学习课程开发进行了探讨，详细介绍了课程开发中的准备、行动、反思和评价几大步骤。

与此同时，我国学者还关注服务—学习在不同的学科中的融合与应用，尤其是服务—学习在美国教师教育中的应用。李香玲[64]分析了美国服务—学习融入教师教育的背景、方式与特征，重点介绍了服务—学习在教师教育的培养方案、课程和教育实习中的运用。李广平和苏敏[65]探讨了教师教育中的服务—学习的类型及其成效；而乐先莲和黄运红[66]则具体论述了教师教育中的服务—学习在实施过程中的原则、步骤和评估方法。杜钢[67]则基于美国的多元文化背景，指出服务—学习对于改善教师对少数族群学生的认知和观念具有独特作用。除此之外，由于服务—学习对学生公民意识的培养具有积极

---

59 郝运，绕从满，美国大学服务—学习的特点、实施程序及对我国的启示[J]，东北师大学报（哲学社会科学版），2010(1): 163-167。

60 吴华清，服务—学习简述[J]，上海教育科研，2003(10): 52-54。

61 高振强，美国高等学校服务—学习：内涵、模式及原则[J]，高等工程教育研究，2013(2): 122-127。

62 沈蓓绯，美国密西根州立大学的综合研究项目及其服务—学习计划[J]，中国大学教学，2009(5): 84-86。

63 杨春梅，王艳霞，马里兰大学服务—学习课程开发案例研究[J]，高教探索，2013(5): 88-91。

64 李香玲，美国教师教育中的多元文化"服务—学习"[J]，高教探索，2014(4): 58-62。

65 李广平，苏敏，美国教师教育中的服务—学习[J]，外国教育研究，2006(6): 55-59。

66 乐先莲，黄运红，美国教师教育中的服务—学习：原则、实施与评估[J]，外国中小学教育，2011(2): 6-10。

67 杜钢，美国多元文化职前教师教育的社区服务—学习方法探析[J]，比较教育研究，2012(4): 78-81。

作用，它也成为美国学校公民教育中的方法。单玉[68]指出，服务－学习的特征决定了服务－学习具有强化公民教育的作用，服务－学习为学生提供了民主参与和服务社会的机会，使学生通过服务和反思增强自身的公民意识和社会责任感。

（二）关于服务－学习中反思的研究

第二类是关于服务－学习中的反思活动的研究。服务－学习是经验教育的一种形式，学生参与社区服务并对其进行反思，从而获得对课程内容、学科知识以及它与社会问题的关系的认知。哈彻（Hatcher）将反思定义为基于特定的学习目标对经验进行有计划的思考。作者提出了有效的反思活动的五条指导方针。（1）将服务经验与学习目标联系起来，反思活动必须要促进学生的学术学习。（2）教师、服务机构的指导者、人事部门或者学生助教等人都可以为反思活动提供指导，尤其是教师应当给予指导以确保反思活动与课程目标的一致性。（3）在学期中安排定期的反思活动，使学生能够逐渐推进自己的学习并促进深入的思考。（4）对学生进行评估并给予反馈，了解学生对课程内容的理解以及思考的成果。（5）鼓励学生在反思活动中进行价值的阐述，促进学生的个人发展与公民责任感。[69]

欧拉（Eyler）提出了有效反思需要遵循四个基本原则。有效的反思活动应当满足"4C"要求，包括：（1）连续性（continuous）：反思活动应当贯穿于整个服务－学习的课程，而不是间断的、偶然的或是不规律的。（2）相关性（connected）：反思活动应当是结构化的、能够直接与学习目标相关的。（3）挑战性（challenging）：反思应当设置高目标，要求高质量的学生努力，促进教师的反馈来进一步激励学生的进一步的学习。（4）情境化（contextualized）：反思活动应适合特定的课程，与其他的课程学习活动的类型和层次相互对应和相互补充。[70]布伦格尔（Bringle）提出，服务－学习课程中的反思应当满足五个要求，（1）明确地将课程内容、学习目标与服务经历联系在一起；（2）根

---

68 单玉，"服务－学习"（SL）与负责任公民的培养——美国学校公民教育中"服务－学习"方法的运用及其启示[J]，外国教育研究，2004(11): 36-39。

69 Hatcher, J., Bringle, R. (1997), Reflection: Bringing the gap between service and learning[J]. College Teaching. 45(4), 32-37.

70 Janet Eyler · Dwight E Giles Jr · Angela Schmiede. (1996). A practitioners guide to reflection in service-learning[R/OL].https://leduccenter.files.wordpress.com/2015/02/practitioners-guide-to-reflection-in-service-learning.pdf.

据描述、预期目标和标准对活动进行结构化的评估；（3）在学期中定期举行，从而学生能够形成对问题的更深入、更广泛的参与的能力；（4）教师给学生提供反馈，从而学生能够学习如何提高自己的批判性分析和反思实践；（5）反思应当包括给学生探索、阐明和改变个人价值的机会[71]。以上两个学者的指导标准存在相似之处，都强调反思应当具有规律性、与课程内容相关联、提供反馈和指导，以及挑战价值。

詹姆斯（James）则将反思划分为三个等级，并制定了每个等级的评估标准。作者认为，在反思活动开始前使学生了解如何对反思进行评估，有利于学生设定自己的目标并发展成为反思学习者。作者指出，最高等级的反思应当满足五条标准：（1）从多个角度看待事物，能够观察到形势的多个维度并将其置于具体情境中；（2）理解个人参与的情境中的冲突的目标，并意识到这些差异是可以被评估的；（3）认识到行动必须依据具体情境，并且理解很多因素会影响他们的选择；（4）基于证据和归因进行恰当的判断；（5）对客户所面对的决定的重要性、以及自己作为客户生活中的一部分所承担的责任有合理的评估。[72]

布伦格尔提出反思活动的形式是多样化的，比较常见的包括日志、经验性研究报告、定向阅读和课堂展示等。（1）日志（journals），日志是最常见的反思活动的形式之一，它容易实施并且为学生提供了表达对服务经验的思考和感受的方式。（2）经验性研究报告（experiential research paper），即要求学生选择服务过程中的某个特殊经历或某些重要事件，将其置于更大的背景中进行反思和分析，并对之后的行动提出建议。（3）定向阅读（directed readings），教科书可能无法完全回答学生在服务活动中遇到的问题，教师可以为其提供专门的阅读材料。（4）课堂展示，学生可以在课堂上分享经验、成果和问题等。作者还强调在课堂中营造信任和尊重的氛围，是促进学生之间进行反思活动的关键要素。[73]

---

71 Bringle, R. G., & Hatcher, J. A. (1999, Summer). Reflection is service-learning: Making meaning of experience[J]. Educational Horizons, 179-185.

72 James Bradley, A model for evaluating student learning in academically based service[M]//Marie Troppe (ed.), Connecting Cognition and Action: Evaluation of Student Performance in Service Learning Courses. Denver: Education Commission of the States, Campus Compact, 1995.

73 Bringle, Robert G., Julie A. Hatcher, Reflection in service-learning: making meaning of experience [J]. Educational Horizons. Summer 1999:179-185.

（三）关于美国大学服务－学习实施的评估的研究

国外学者关于大学服务－学习实施的成果的研究主要可以分为两类，一类是探讨服务－学习对学生、教师、社区和高等教育机构产生的影响；另一类是则主要关注如何对服务－学习的成效进行评估，包括对评估方法和手段的研究。

1995 年以来，联邦独立机构与国家社区服务公司（Corporation for National and Community Service, CNCS）发起了"学习和服务美国，高等教育"（Learn and Serve America, Higher Education, LSAHE）运动。为了了解该项目的实施成果，组织对该项目进行了全面评估。研究结果分析了服务－学习对学生、社区和高等教育机构的影响。（1）对学生的影响：参与服务－学习课程的学生，在公民参与和生活技能方面有更多的收获。课程内容与服务活动的联系越是紧密，服务经历对学生发展的影响也越是显著。同时，服务时间超过 20 小时以及在课堂中参与对服务的讨论都能增强其对学生的积极影响。（2）对社区的影响：社区组织认为与大学生一起工作的益处超过了其成本，学生的参与使得社区组织提高了服务质量、拓宽了服务范围、增加了服务多样性，学生的工作能力和人际交往能力得到很高评价。但是交通问题会影响学生参与的意愿和工作效率，同时还存在项目的可持续性以及服务者和被服务者的需求之间的不协调等问题。（3）对高等教育机构的影响：研究发现尽管服务－学习对学生的公民参与和生活技能有积极影响，但对学生的学业和职业发展几乎没有影响。导致这一问题的原因，可能是很多高等教育机构对开发服务－学习项目缺乏实践经验，因而大学应当重视在未来实现其发展服务－学习课程的承诺与服务－学习的高质量相匹配。[74]

珍妮特（Janet）对 20 所大学中的 1500 名学生进行了数据收集，试图探讨服务－学习对学生的价值。研究探讨了服务－学习对学生的公民自信、自我价值、能力发展、社会正义感各方面的影响。同时研究也发现，相比于课外的服务－学习项目，将服务融入核心课程中更能增加服务活动对学生的教育价值。[75]杰瑞（Jerry）着重探讨了服务－学习课程对学生的权力意识的影

74　Gray, Maryann J; Elizabeth Heneghan Ondaatje; Fricker, Ronald D, Jr; Geschwind, Sandy A; Assessing Service-Learning: Results from a Survey of "Learn and Serve America, Higher Education", Change, 2000(Mar/Apr) : 30-39.

75　Janet Eyler, Dwight E. Giles, Jr. and John Braxton, The Impact of Service-Learning on College Students[J], Michigan Journal of Community Service Learning, Fall 1997: 5-15.

响。研究发现，服务—学习课程能够帮助学生形成对自己在这个世界中的位置和权力的更具有现实性的意识。与此同时，研究结果也强调要帮助服务—学习的参与者认识到自己的行为所产生的影响，帮助学生更现实地认识到自己的行为对社区的影响，只有建立了对自己和角色和社会责任的现实、清楚的认知，才能使参与者保持未来的社区参与。[76]奥斯汀（Astin）强调服务—学习对大学本科生的认知和情感发展的影响。研究表明，服务—学习对学生自我效能感、个人价值的意识、对世界的认知和课堂参与这四个领域都有积极影响。其次，将服务—学习作为课程的一部分，对学生的学习的影响更加显著。第三，很多因素都会影响服务—学习对学生的影响，例如课堂讨论、服务与课程内容的联系等。[77]欧拉（Eyler）对参与服务服务—学习的大学生进行调查分析，研究发现，相比于课外的服务—学习项目，将服务融入核心课程中更能增加服务活动对学生的教育价值。[78]罗伯特从教师的角度，发现服务—学习赋予了课堂新的生命，增加了学生对科目的兴趣、增强了传统学习方式的效能、教会学生新的问题解决技能、使得教学更加享受。[79]

学者对服务—学习评估的研究中另一个重要领域，是关于服务—学习评估原则与方法的探讨。1992 年，美国高等教育协会在高等教育评估论坛中，提出了评估学生学习的九条原则：（1）对学生的学习的评估立足于对其教育价值的评估；（2）只有当评估反映了对学习是种多维的、综合的理解并且随着时间揭示其发展，这样的评估才是最有效的；（3）当被评估的项目有明确的、精确表述的目标时，评估才是最有效的；（4）评估需要关注其结果，同时也需要关注产生这些结果的经历本身；（5）评估只有在其具有持续性而不是间断进行时才最有效；（6）当来自整个教育社区的代表都参与到评估过程中，评估才能带来最广泛的作用；（7）当评估立足那些人们真正关注的问题时，评估才能产生真正的影响；（8）当评估作为更大范围的改革与发展的一部分

76 Jerry Miller, The Impact of Service-Learning Experiences on Students' Sense of Power[J], Michigan Journal of Community Service Learning, Fall 1997: 16-21.

77 Astin, Alexander W., Lori J. Vogelgesang, Elaine K. Ikeda, and Jennifer A Yee. How Service Learning Affects Students: Executive Summary. Los Angeles: Service Learning Clearinghouse Project, Higher Education Research Institute, University of California. January 2000. http://www.gseis.ucla.edu,April 2000.

78 Eyler, Janet, Dwight E. Giles, Jr., and John Braxton. The Impact of Service-Learning on College Students[J]. Michigan Journal of Community Service Learning 4(1997): 5-15.

79 Robert G. Bringle, Julie A. Hatcher, Implementing service learning in higher education[J], Journal of Higher Education, 1996, 67(2),221-239.

时，评估最有可能促进改变；（9）通过评估，教师实现了对学生和对公众的责任。1996 年，协会还增加了一条新的原则，即当评估在一个接纳的、支持的和适应性强的环境中进行时才能最有效。[80]

德里斯科尔（Driscoll）提出了服务－学习对教师、学生、社区和高等教育机构四方面的影响的评估模型。在评估服务－学习对每一方参与者的影响时，明确了若干变量、指标和评估手段。以服务－学习对学生的影响的评估为例，模型中明确了十一个变量包括社区意识、社区参与、服务承诺、职业选择、自我意识、个人发展、学业成就、多样化意识、自主权/独立性、主人翁意识、交流，每个变量都有对应的评估指标，例如社区意识对应的指标包括对社区历史、优势、问题的知识，对指标的评估可以通过访谈、文献分析、焦点小组、调查来衡量。该评估模型中的指标和评估手段主要有三类，包括：（1）现场评估：对学生、教师、社区代表的访谈、由学生和社区组织组成的焦点小组、两周一次的服务－学习课程的教室观察，（2）独立反思：收集教师和学生记录下的反思、对学生、教师和社区代表的前测和后测。（3）对现有文件的审查：对课程大纲的分析、对教师简历的审查、对机构报告的分析等。[81]

相比于对服务－学习产生的影响的研究，目前对服务－学习的评估方法和手段的研究仍然比较有限。欧拉认为，导致这一问题的原因主要有两个，一方面在于学界对服务－学习的目的、成果等仍然缺乏一致意见；另一方面，服务－学习产生的影响分散在学生、教师、社区和评估四个领域中，从而导致对服务－学习的评估比较困难，评估手段的发展也没有显著进展。[82]

我国学者探讨大学服务－学习实施的作用的研究主要可以分成两类。第一类是将服务－学习与我国的志愿服务、社会实践相联系，探讨服务－学习对大学生志愿服务的借鉴作用。张振宇和沈蓓绯[83]从五个方面论述我国大学

---

80 American Association for Higher Education Assessment Forum. Principles of Good Practice for Assessing Student Learning[R]. Washington, DC: AAHE, 1992.

81 Driscoll, Amy, Barbara Holland, Sherril Gelmon, and Seanna Kerrigan. An Assessment Model for Service-Learning: Comprehensive Case Studies of Impact on Faculty, Students, Community, and Institution[J]. Michigan Journal of Community Service Learning 3(1996): 66-71.

82 Eyler, J., Giles, D.E. (1994). Research and evaluation in community service: the higher education agenda[R]. Racine: Proceedings from the Wingspread Service Learning Conference.

83 张振宇，沈蓓绯，大学生社区志愿服务深化发展的思考——以美国学校服务－学习为鉴[J]，中国青年政治学院学报，2011(3): 52-56。

生志愿服务可以从服务－学习中获得的启发，如加强社区服务与学术课程学习间的整合，在服务过程中与社区保持密切的沟通与合作，重视服务活动之后的反思以提高服务带来的学习功效，通过表彰激励增强大学生参与服务的动力，以及加强社会的支持以促进志愿服务的长足发展。刘长海和罗怡[84]也指出，我国当前的大学生社会实践可以从服务－学习中获得有益借鉴，如促进社会实践教育的专业化、常规化、制度化以及确立学生的主体地位等。除此之外，彭华民、陈学峰[85]以及卓高生和易招娣[86]也在文章中阐述了类似的观念。

第二类研究是运用心理学研究的方法，探讨服务－学习对大学生产生的影响。尽管目前关于这类研究的文献较少，但为我们提供了认识服务－学习的独特的视角，因而同样值得关注。马慧、姚梅林[87]等人通过教学干预实验，探讨服务－学习对大学生批判性思维的影响。研究结果表明，服务－学习能够显著促进大学生批判性思维的发展，并且这种作用可以迁移到其他领域的问题解决中。在姚梅林[88]的另一篇文章中，则探讨了服务－学习中不同导向的反思对大学生的特殊儿童融合观的影响。实验结果表明，服务－学习能培养大学生具有更积极的特殊儿童融合观，同时反思中的社会问题导向能够帮助大学生对特殊儿童产生更全面、深刻、理性的思考。除此之外，还有零星的文章探讨美国大学服务－学习的意义，如刘长海[89]对服务－学习的教育价值进行了分析，唐琼一和胡斌[90]则从文化角度指出服务－学习对美国个人主义的超越、多元文化的融合和慈善公益文化的提升都有积极的意义。

---

84 刘长海，罗怡，论服务－学习对大学生社会实践的启示[J]，高教探索，2005(3): 20-22。

85 彭华民，陈学锋，高云霞，服务－学习：青年志愿服务与大学教育整合模式研究[J]，中国青年研究，2009(4): 87-91。

86 卓高生,易招娣，服务－学习理论视域下大学生志愿精神培育策略探析[J]，河北学刊，2014(3): 155-158。

87 马慧，姚梅林，仝丽娟，服务－学习促进大学生批判性思维的干预研究[J]，心理发展与教育，2013(5): 515-524。

88 王臣，姚梅林，黎玉兰，郭芳芳，服务－学习中大学生的特殊儿童融合观的变化：应用不同导向的反思支架[J]，中国特殊教育，2014(8): 3-8。

89 刘长海，大学"服务－学习"的综合教育价值研究[J]，江苏高教，2008(2): 140-142。

90 唐琼一，胡斌，美国大学服务－学习的社会文化意义探寻[J]，外国教育研究，2011(1): 76-80。

（四）关于大学服务－学习制度化的研究

服务－学习作为一种新兴的经验教育形式，在大学中要实现从边缘到中心的转变过程，需要大学内部建立完善的内部保障机制，这一过程也被称之为服务－学习的制度化。

福柯（Andrew Furco）选取了 43 所大学和学院，对这些机构中的服务－学习制度化的战略和实践进行了为期三年的研究。根据研究，福柯提出了服务－学习制度化的五个维度：（1）大学的宗旨与哲学，包括对服务－学习的定义；（2）机构对服务－学习的支持，包括协调机构、政策制定机构、员工、拨款、行政支持和评估；（3）教师对服务－学习的支持和参与，包括教师的参与、教师的支持、教师的领导力以及教师的激励与奖励；（4）学生对服务－学习的支持和参与，包括学生的意识、学生的激励和奖励、学生的话语和学生的机会；（5）社区的参与和伙伴关系，包括社区的意识、社区的激励和奖励、社区机构的话语、伙伴关系的状态以及相互理解。服务－学习的制度化是一个复杂的过程，不仅涉及到各个领域中的各个因素的发展，而且也要求各个领域内的所有要素的战略性的协调合作。[91]

为了帮助高等教育机构对服务－学习制度化的进程进行测量，福柯进一步提出了高等教育中的服务－学习制度化的自我评价量表。在明确服务－学习制度化的上述五个关键要素的基础上，进一步提出每个要素的发展都可以划分为三个阶段，即临界量建设（critical mass building）、质量建设和持续的制度化，并对每个阶段的具体内容进行了界定。此外，作者提出大学开展服务－学习的自我评估工作可以分为六个步骤，包括建立评估小组、组织小组讨论、评定制度化等级等。[92]

莫顿提出，服务－学习在大学中的制度化的实现需要达到六个重要条件：（1）机构的宗旨与服务－学习的战略规划达到一致；（2）机构在服务－学习需要长期规划和资源以支持其发展这一观点上达成广泛共识；（3）全体教职工都成为服务－学习规划的核心；（4）为教师提供实施服务－学习的动力，如服务－学习课程开发的资助等；（5）参与服务－学习的教师的工作得到广

91　Andrew Furco, Institutionalizing Service-Learning in Higher Education[J], The Journal of Public Affairs.

92　Andrew Furco, Self-assessment rubric for the institutionalization of service-learning in higher education[J/OL], http://xueshu.baidu.com/usercenter/paper/show?paperid=55b6e973196641641d31cb547ffbb715&site=xueshu_se.

泛宣传；（6）机构对于将服务与课程的融合的战略规划不断完善。[93]

　　布伦格尔提出在高等教育机构中应当通过结构化的战略规划来促进服务—学习的制度化，并形成了"服务—学习的综合行动计划"（Comprehensive Action Plan for Service Learning, CAPSL）模型。该模型界定了服务—学习制度化过程中的四个重要维度，即机构、教师、学生和社区，这也是服务—学习中的四个关键利益相关者。同时，该模型描述了每个利益相关者从最初的服务—学习的规划到最终实现其制度化的十项活动，即规划、意识、标准、资源、扩展、认可、监督、评估、研究和制度化，并详细描述了每项活动的具体内容。具体来说，在最初的服务—学习规划之后，机构需要采取行动提高各方对服务—学习的认知和意识。随后，机构可以建立具体的案例或典型课程，进一步促进这一进程。同时，服务—学习的负责机构进一步整合资源和开展相关活动，并通过记录和监督服务—学习的实施以及对成果的评估，来促进服务—学习的发展。机构的成果可以通过媒体或发表的学术研究得到公众的认可，并最终实现服务—学习的制度化。该模型为高等教育机构推进服务—学习的制度化提供了一个方向，并界定了制度化过程中的重要步骤和优先活动，同时也可作为评估服务—学习在机构中的发展阶段的标准。[94]

　　哈蒙德（Hammond）则强调了建立服务—学习的中心机构的重要性，该机构应当为服务—学习的发展提供技术支持、后勤保障、推进机构对教师的薪酬奖励，以及大学相关基础设施的建设。[95]布伦格尔则从促进教师在服务—学习中的参与的重要性方面，强调建立服务—学习的中心机构。首先，服务—学习的中心机构能够为参与服务—学习的教师提供更多专业发展的机会，这同时也有利于促进服务—学习发展形成一种校园文化。其次，中心机构能够推进机构对服务—学习的战略规划、组织相关的校园论坛，并帮助教师记录服务—学习项目以及对其成果给予认可和奖励，这些都为教师发展服务—学习课程和项目提供了重要支持。[96]

93 Morton, K.,&Troppe, M. (1996). From the margin to the mainstream: Campus Compact's project on Integrating Service with Academic Study. Journal of Business Ethics, 15, 21-32.

94 Bringle, R.G., & Hatcher, J.A. (1996). Implementing Service learning in higher education[J]. Journal of Higher Education. 67, 221-239.

95 Hammond, C. (1994). Integrating service and academic study: Faculty motivation and satisfaction in Michigan higher education[J]. Michigan Journal of Community Service Learning, 1, 21-28.

96 Bringle, R.G., Hatcher, J.A., & Games, R. (1997). Engaging and supporting faculty in

贝尔和福柯在对美国西部的 45 所大学和学院的服务－学习制度化进程进行研究后发现，制度化过程中最强有力的因素是教师对服务－学习的参与和支持。研究表明，尽管机构对教师参与服务－学习给予奖励和激励，但只有当教师在服务－学习中的参与不会受到同伴或大学行政部门的消极评价时，教师才会投入更多的时间和精力用于发展高质量的服务－学习项目。[97]

罗伯特（Robert）提出，高等教育机构可以采取以下步骤，促进服务－学习更好地融入大学的教学和工作中，包括：（1）制定和实施定期的战略规划；（2）建立和完善服务－学习的中心机构，招募专业人员推进服务－学习的发展；（3）增加机构的财政预算以支持服务－学习的发展；（4）确保服务－学习的承诺具有领导力，从而建立和维持学术完整性。

福柯对服务－学习在研究型大学中的发展进行了探讨，他同样强调教师在推进服务－学习制度化过程中具有关键性作用。基于研究型大学的科研中心导向特征，作者提出了在研究型大学中推进服务－学习制度化的战略计划：（1）服务－学习必须与教师最忠实的学术活动相联系；（2）服务－学习必须与大学正在推进的重要的学术目标和举措相联系；（3）服务－学习必须在战略上融入大学的学科结构中。每一项战略计划的目标都是使服务－学习成为研究型大学的学术结构和实践中的更重要的组成部分，并得到更大程度的重视，服务－学习制度化的实现只有通过教师和行政部门协同的努力才能实现。[98]

辛迪．克利里（Cindy Clearly）提出大学可以通过多种策略，促进服务－学习获得更多的认可与支持。这些举措包括：（1）了解大学的战略规划，并且将服务－学习项目的目标与内容与大学未来的目标和成果相匹配；（2）在学术事务和学生事务部门之间建立共生的、真正的联盟；（3）通过媒体、发表期刊、宣传册、展示汇报等形式为服务－学习项目进行宣传；（4）在院长委员会、学院会议、学部领导会议上，向部门领导、教师团体等展示服务－学习；（5）将颁奖会与大学层面的论坛联系在一起，例如年度表彰会等；（6）为那些在服务－学习领域取得成绩的教师写表彰信和感谢信，并将其

service learning[J]. Journal of Public Service and Outreach, 2(1): 53-51.

97 Bell, R., Furco, A., Ammon, M. S., Muller, P., and Sorgen, V. Institutionalizing Service-Learning in Higher Education: Findings from a Study of the Western Region Campus Compact Consortium[M], Berkeley: University of California, 2000.

98 Andrew Furco, Advancing service-learning at research universities[J]. New Directions for Higher Education. Summer 2001, no.114: 67-78.

抄送给学部领导和院长；（7）突出那些与其他重要事件（例如志愿者表彰周、世界粮食日等）相关的课程和项目；（8）为教师提供技术支持——教师手册、工作坊、网页等——并且在年度报告中强调其运用；（9）追踪学生、社区合作伙伴、教师和课程的相关数据并记录在年度报告中。[99]

四、研究述评

通过梳理国内外关于美国大学服务－学习的研究，能够发现，相比于国外学者对服务－学习的研究，我国对该领域的研究仍然处于起步阶段，在研究主题的深度与广度、研究方法、研究成果等方面都存在严重不足。

1.从研究的时间维度来看，我国学者对服务－学习的研究远远晚于国外学者。美国早在20世纪60年代就首先提出了"服务－学习"的概念，之后服务－学习传播到欧洲，各国对服务－学习的研究起步自然也更早。根据文献资料，我国在2000年之后才出现专门论述服务－学习的文章。2001年，赵希斌和邹泓在《比较教育研究》上发表的《美国服务－学习实践及研究综述》[100]，同年连进军发表了《美国学校的服务－学习运动述评》[101]，对美国服务－学习的概念、历史发展等进行了整体性的介绍。在这之后，国内逐渐出现更多的学者开始关注服务－学习的研究领域。

2.从研究的成果来看，我国对服务－学习的研究在数量和形式上仍然不足。目前，我国关于服务－学习的研究成果以期刊文章为主，相关著作较为缺乏。在中国知网中，以"服务－学习"为题名关键词，以CSSCI和核心期刊为限定，共检索到131篇中文期刊文献；在博硕士学位论文库中，共检索到57篇中文学位论文，包括3篇相关的博士学位论文，其中仅有一篇以美国服务－学习为核心问题。在著作方面，在北京师范大学图书馆以"服务－学习"为题名关键词，经筛选之后数量非常有限，仅有十余本著作，其中大多数是对服务－学习的概述，或者是将服务－学习与社会实践、社会发展相结合，如《服务－学习：社会督导志愿服务新模式》、《品格教育与服务－学习》等。目前仅有蓝采风、许为民教授在2011年出版的《服务－学习：在高等教

---

99 Cindy Cleary, Delwin E. Benson, The service integration project: institutionalizing university service learning[J]. The Journal of Experiential Education, 1998; 21, 3: 124-129.

100 赵希斌，邹泓，美国服务－学习实践及研究综述[J]，比较教育研究，2001(8):35-39。

101 连进军，美国学校的服务－学习运动述评[J]，开放教育研究，2001(5):48-51。

育中的理论与实践》，对美国大学服务－学习的实践进行了简单的介绍，但缺乏深入、系统的介绍与分析。

3．从研究的内容维度来看，国内学者对大学服务－学习的研究在内容的广度、深度和研究视角方面仍然有待推进。首先，从研究的主题来看，国内学者的研究主要包括两类：一类是关于外国各级各类教育中服务－学习的理论与实践的介绍与梳理；一类是探讨服务－学习对我国教育机构中学生培养尤其是思想政治学习与社会实践活动的借鉴意义。但是，国内学者的研究还存在两个重要问题。首先，对国外尤其是美国的服务－学习的研究，多是对其历史、理论基础、运行模式等方面的介绍，而对大学开展服务－学习的具体步骤与流程方面的研究，仍然非常匮乏。其次，学者多是将服务－学习与我国的志愿者服务、社会实践等传统的教学与社会活动形式进行比较，以期获得完善的有益借鉴。然而，由于缺乏对服务－学习实施的要素与具体过程的深入研究，对于我国开展服务－学习的实践，缺乏具体的、可操作性的借鉴价值。

第五节　研究方法与研究思路

根据本文的研究问题与研究目的，本研究选择文献研究法与案例分析法作为主要研究方法，并在此基础上搭建研究框架。

一、研究方法

（一）文献研究法

文献研究法，即在搜索和搜集大量有关文献和资料的基础上，对文献进行分类、整理，对较为详实的研究文献进行归纳、总结和提炼，通过文献研究形成对事实的科学认识的方法。文献资料的整理与分析，能够梳理前人对该问题的研究内容与进度，获得对该领域较为全面的认识；而且能够帮助研究者发现当前研究存在的问题与不足，更准确地找到研究的突破口。

本研究的重点在于对美国大学如何开展服务－学习的理论与实践进行全面、深入的分析，围绕研究问题，本研究拟通过以下渠道获取文献资料：（1）通过北师大图书馆、国家图书馆检索有关美国高等教育、大学服务－学习的文献与资料；（2）通过佐治亚大学图书馆与美国其他大学的图书馆，收集大量美国学者对大学服务－学习的文献资料包括重要的期刊文章、著作、博硕士论文等。通过进一步的整理与分析，获取美国大学服务－学习的历史发展与理论研究的相关资料。（3）通过美国联邦政府与各州政府网站、联邦与各州的教育部网站、服务－学习相关政府机构网站等，获得关于美国政府对大学服务－学习的相关法律、政策、财政拨款等文件资料；（4）通过美国服务－学习相关组织如校园联盟等，获得关于当前大学服务－学习的最新研究文献，以及大学服务－学习项目与实践的相关资料。

（二）案例研究法

案例研究往往被视为一种与定量研究相对的定性研究法，具有建构新理论、趣味性、研究成果现实有效与可感等优点，被认为是一种有前途、有价值的研究方法。因而，它被广泛应用于从事社会学、人类学（包括民族学）、教育学、政治学、管理学等方面的研究。[102]美国学者罗伯特．殷（Robert K. Yin）将案例研究定义为一种实证研究，"它在不脱离现实环境的情况下研究当前正在进行的现象，且待研究的现象与其所处环境背景之间的界限并不十分明显。……案例研究法处理有待研究的变量比数据点还要多的特殊情况，所以，需要通过多种渠道收集资料，并把所有资料汇合在一起进行交叉分析。"[103]

案例研究可以分为规范性案例研究与实证性案例研究两类。规范性案例研究强调回答"应该是什么"的问题；实证性案例研究基于实证性的哲学观点，认为只有通过观察或感觉获得的知识才是可以信赖的。案例研究一般包括建立基础理论、选择案例、搜集数据、分析数据、撰写报告与检验结果等步骤。[104]

本研究着重探讨美国公立大学如何开展服务－学习的实践，从两个方面即服务－学习的外部保障体系以及内部运行机制展开研究。为了具体展现美国公立大学服务－学习的实践，本研究选取佐治亚大学作为案例。佐治亚大学是美国最古老的公立大学之一，其校训"教学、服务、探究事物本质"，体现了佐治亚大学对社会服务职能的重视。根据《佐治亚大学2020战略》（UGA Strategic Plan 2020），大学将在新时期更加关注其作为赠地大学与赠海大学的宗旨，其首要任务是找到新的方式将大学的资源和专业知识带给州乃至国际，

---

102 唐权，杨立华，再论案例研究法的属性、类型、功能与研究设计[J]，科技进步与对策，2016(5): 117-121。

103 [美]罗伯特·K·殷著，周海涛、李永贤、李虔译，案例研究：设计与方法[M]，重庆：重庆大学出版社，2014: 10。

104 孙海法，朱莹楚，案例研究法的理论与应用[J]，科学管理研究，2004(2): 116-120。

提供领导力和技能来帮助社区、私营部门和政府在 21 世纪的发展。[105]佐治亚大学在 2005 年成立服务－学习办公室（Office of Service-Learning, OSL），负责大学中的服务－学习的运行，成为佐治亚大学服务－学习发展中的重要里程碑。OSL 通过建立社区-大学的互利伙伴关系，支持学术性服务－学习和社区参与活动，增强学生的公民的和学术学习、促进参与研究，从而满足社区的需求，并对公共事业做出贡献，促进教学、研究和服务三大宗旨之间的融合。本研究将对佐治亚大学服务－学习的实施，包括其具体环节如服务－学习的前期准备、课程与项目的实施、成果的评估以及服务－学习的制度化等进行较为全面、细致的探讨，试图展现美国公立大学开展服务－学习的基本现状。

二、研究思路

本研究以美国大学服务－学习的实践为研究对象，在对服务－学习的相关理论进行探讨的基础上，着重分析大学服务　学习实践的外部保障与内部运行体系。具体的研究思路图如下。

本研究共六个部分，具体而言：

第一章，对服务－学习进行理论探讨。具体包括两部分：（1）厘清服务－学习的概念，对服务－学习的核心要素、基本原则与主要类型进行归纳分析；（2）挖掘服务－学习概念背后的理论基础，为服务－学习的合理性与有效性寻找理论依托。

第二章，研究美国服务－学习的发展历程。具体包括两个部分：（1）梳理美国服务－学习在不同历史时期的发展与变革，对这一过程中的重要事件进行归纳整理，并据此将发展历程划分为相应的阶段；（2）分析外部环境对服务－学习发展的影响，分析社会政治、经济、文化发展以及高等教育的变革等因素如何驱动和影响服务－学习的发展。

第三章，对美国大学服务－学习实践的外部保障体系进行分析。这一章具体包括两部分：（1）分析政府如何为大学服务－学习实践提供保障；（2）探讨社会组织尤其是高等教育组织，通过何种方式为大学服务－学习实践提供保障。通过分析，对整体外部保障体系形成较全面的认知。

第四章，对美国大学服务－学习实践的内部运行进行分析研究。这一章

---

105 UGA, UGA Strategic Plan 2020[EB/OL],https://provost.uga.edu/oaie/strategic-planning/.

是本研究的重点，具体包括另两个部分：（1）将大学服务—学习实践划分为三个主要阶段，分析每个阶段的具体实施内容与环节；（2）对大学服务—学习实践过程中，大学与社区之间的相互关系，以及双方的角色进行分析。

第五章，对佐治亚大学的服务—学习实践进行分析。具体包括：（1）梳理佐治亚大学服务—学习的发展历程；（2）对大学当前的服务—学习实践，尤其是服务—学习课程等进行探讨。

第六章，对美国大学服务—学习实践的特征、成果与未来的挑战进行挖掘和分析，形成对该问题更深入的认识。

具体研究思路图如下：

图1 研究思路

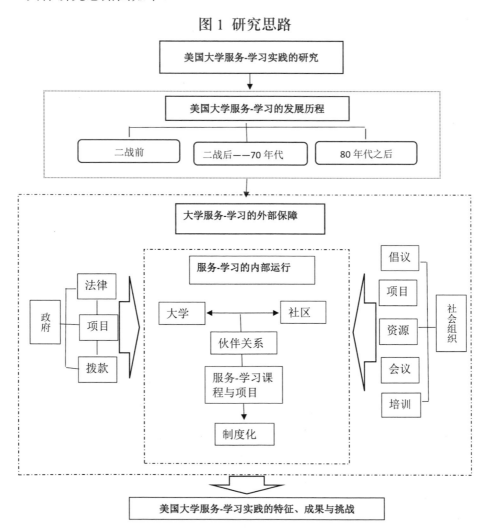

第一章　美国大学服务－学习的理论探讨

本章旨在对服务－学习的内涵及其理论依据进行探讨。　方面，厘清服务－学习的概念、核心要素与基本原则，对服务－学习的内涵形成更深入、完整的认识。另一方面，探究服务　学习概念内在的理论基础，尤其是杜威与大卫．库伯二人的教育思想与服务－学习理念的内在联系。

第一节　美国大学服务－学习的内涵

20 世纪 60 年代，服务－学习的概念被首次提出。在这之后的很长一段时间里，该领域的研究者们就服务－学习的概念、核心要素以及基本原则等进行了探讨。经过几十年的发展，随着实践经验的积累与研究的推进，服务－学习的概念也在不断发展和完善。

一、美国大学服务－学习的概念与核心要素

服务－学习要求教育机构与社区或社区机构合作，将理论学习与社区服务相结合，并使学生参与到结构化的反思活动中，在满足社区需求的同时促进学生的学习和公民责任感的发展。服务－学习具有两大核心要素，即大学与社区之间的互惠性伙伴关系，以及强调通过反思环节将理论与实践相结合。服务－学习的核心要素不仅使其区别于一般的社会服务或志愿服务活动，更是确保服务－学习目标实现的关键。

（一）服务－学习的概念

芭芭拉．雅各比（Barbaba Jacoby）是服务－学习领域的重要学者，她将服务－学习定义为是一种经验教育的形式。在这过程中，学生参与各类旨在解决人类和社区需求的活动，同时这些经过专门设计的活动为学生提供了促进其学习和发展的结构性机会。[1]她认为，"服务－学习"的概念最早在 20 世纪 60 年代由美国学者提出，至今已有六十多年的发展历史。在很长的一段时间里，学者们试图为服务－学习寻找一个普遍认可的概念。尽管目前对这一概念仍然存在一定的争议，但对于服务－学习的关键要素与基本特征，学界已经形成了一致的普遍认可的观点。

南部地区教育委员会在 1972 年的项目报告中，提出了"服务－学习"（service-learning）的概念并进行了解释。在当时，组织在南方各州开展了众多项目，尽管具体形式不同，但都具有一个共同的特征，即将学生学习与社会服务相结合并促进学生和社会的共同发展。因此，在这份报告中，"服务－学习"界定为是（1）社会服务和（2）以学科知识来对其经历进行解释并促进知识和对自我认知的发展，两者的结合。在这里，"服务"意味着一种促进他人或社区福利的责任，它是一种人类自我发展和满足的方式；"学习"则是对服务经历进行合理的解释，并促进学习者对服务的内在意义的理解。报告认为，服务与学习的联结对二者都具有积极的促进意义，能够形成一种充满理解、成熟、承诺和创造力的全新的生活方式。在这样的理念下所驱动的以满足社会需求为目标的服务行动，不论是作为一种职业或是公民行动都是受到鼓励的；同时，这种主动的、以服务为基础的学习也得到了提倡。[2]

尽管当时的服务－学习作为新兴事物刚刚出现，但南部地区教育委员会的界定，奠定了服务－学习理念的重要基础。委员会关于这一概念的描述，包含了后来成为服务－学习核心的若干理念，包括服务与学习相结合的方法，服务活动要满足社会机构的真实需求，强调促进学生学习与发展的目标，以及最重要的是对青年人参与社会发展的理念。

1　Jacoby, B. Service-Learning in Today's Higher Education. In B. Jacoby(Ed.), Service-Learning in Higher Education: Concepts and Practices. San Francisco, CA: Jossey-Bass, 1997.

2　Southern Regional Education Board, Service-Learning in the South Higher Education and Public Service 1967-1972[EB/OL], https://files.eric.ed.gov/fulltext/ED082615.pdf, 2018-7-6.

　　随着各类服务－学习项目在高等教育机构中兴起，人们对服务－学习的了解不断深入，但同时关于服务－学习的争论也越来越多。许多学者开始开展对服务－学习进行更为系统的理论研究，试图形成对服务－学习的更加准确和完整的概念界定。不同的学者从不同的角度提出服务－学习的定义，正如简·肯德尔（Jane·Kendall）所说，关于服务－学习的相关术语已经达到一百多种，而对服务－学习的争论似乎从未停止。[3]

　　互惠性是服务－学习的核心要素，只要包含这两个要素，基于课程的或课外形式的服务－学习都能带来丰富的结果。美国高等教育协会自 20 世纪 90 年代开始，出版了系列丛书《学科中的服务－学习》。在书中，服务－学习被定义为是学生通过有目的地、有组织地服务进行学习、获得发展的一种学习方法。这些服务活动既满足了社区需要，又和高等教育机构的使命结合起来，既有助于培养学生的公民责任，又因与学生学术课程的结合而提高了学生的学术成绩。

　　教育改革服务－学习联盟（Alliance for Service Learning in Education Reform）在界定服务－学习时，则强调服务－学习与课程的结合。联盟认为，服务－学习是一种方法：（1）通过这种方法，青年人通过积极参与到有组织的服务活动中进行学习和发展，这种服务以满足社区真正的需求为目的，由学校和社区进行合作与协调；（2）将这种方法融入到青年人的学术课程之中，或者为青年人提供结构化的时间去思考、讨论或者记录他们在服务活动中的经历；（3）为青年人提供在社区中应用学术知识和技能的机会，促进学生关爱他人的意识的发展。[4]联盟认为，通过服务－学习的方式，能够将青年人从消极接受者转变为积极提供者，从社区中的问题制造者转变为问题解决者，从而发挥青年人的积极作用。同时，联盟强调将服务－学习融入到课程之中，形成一种学生为中心的、互动的、经验的教育，帮助学生对知识的学习与理解。

　　联邦政府为了表示对服务－学习的支持，在 1990 年颁布了《国家社区服务法案》（National and Community Service Act），对服务－学习的概念进行了明确的界定。在该法案中，服务－学习被界定为一种方法，（1）在服务－学

3　Kendall, J.C. "Combining Service and Learning: An Introduction." In J.C.Kendall (ed.), Combining Service and Learning: A Resource Book for Community and Public Service, Vol.1.Raleigh, N.C.: National Society for Experiential Education, 1990.
4　Alliance for Service Learning in Education Reform, Standards of Quality for School-Based Service Learning(1993). Service Learning, General. Paper 4.

习中，学习或参与者通过积极参加经过良好组织的服务进行学习与发展，这类服务活动：①在社区进行并满足社区的需要，②由初级学校、中等学校、高等教育机构，与社区共同合作开展，③帮助培养公民责任感；（2）与学生学习的学术课程相结合，并促进课程的学习，或者与学生参加的社区服务项目中的教育部分相结合，并为学生提供结构化的时间对服务活动进行反思。

梳理目前对服务－学习的概念界定，可以发现服务－学习具有多样化的丰富内涵。首先，作为一种经验教育的方法，服务－学习在促进教师教学和学生学习成果方面的有效性受到肯定。其次，从参与者角度去看待服务－学习，可以发现它对参与的个人与机构具有积极意义。对学生而言，服务－学习能促进学生对多元文化的理解与尊重，提高参与者的公民意识；对社区而言，服务－学习则有利于消除长久以来与大学之间的隔离与障碍；对学术机构而言，则有利于实现多元化教育课程的学术目标。甚至在更高层面上，服务－学习对于促进个人与社会的全面发展的目标都是有益的。第三，服务－学习包含民主与赋权的理念。服务－学习强调对社区的尊重与互惠性关系的建立，强调高等教育机构的资源与社区共享，帮助处于社会边缘的社区和处于弱势地位的群体，获得自身发展所需要的支持和帮助。

（二）服务－学习的核心要素

尽管学者对服务－学习的具体概念仍然存在争议，但关于服务－学习的核心要素已经形成了一致的观点。服务－学习具有两大基本核心要素，即互惠性与反思。这两大核心要素体现了服务－学习的基本理念，更是服务－学习区别于其他志愿服务或社会实践活动的关键特征。

1. 互惠性的大学－社区伙伴关系

互惠性强调的是服务－学习中高校与社区间的关系。服务－学习希望能够改变传统的社区与大学相互分离的关系，消除双方之间存在的有形或无形的隔离与障碍。同时，作为服务提供者的大学与服务接受者的社区，双方的需求与利益都能因为对方的参与而得到满足，实现大学与社区的双赢。具体来说，服务－学习的互惠性主要体现在两个方面，其一是服务者与被服务者之间的平等关系，其二是服务者与被服务者的需求与目标在这过程中得到同等的重视。

首先，服务者与被服务者之间的关系是建立在相互尊重、平等相处的基础之上的。在传统的服务方式中，拥有资源的个人或群体出于慈善的理念，向那些缺乏资源的群体分享资源和提供服务，服务的方式往往是单向的、专断的。相反，在服务－学习中，服务者与被服务者处于平等地位，双方相互尊重、共同承担责任，服务者不再是"为他人服务"而更多的是与被服务者共同工作。[5]服务者与被服务者之间的平等关系，体现在双方共同参与服务－学习的计划、实施与评估等每个阶段之中。

其次，服务－学习要求对服务者与被服务者的需求，给予同等的重视并最终实现双赢。在服务－学习中，每一方的参与者都是学习者，双方在平等的基础上进行交换，共同决定服务－学习的目标。[6]在传统的大学与社区服务活动中，大学往往处于主导甚至决定地位，而社区则处于弱势地位。这种"家长式作风"（pitfall of paternalism）往往导致服务的内容与方式由服务者单方面决定，被服务者更多时候只是被动接受，而他们的真正需求却得不到满足。为了改变这种不平等状态，服务－学习强调服务活动的内容要以满足社区的真实需求与问题为目标。

服务－学习中的互惠关系，不仅有利于实现服务者与被服务者双方的目标，同时也有利于在双方之间形成一种相互的责任感和尊重。对学生而言，他们能够在这种关系中建立更深的归属感和作为社区成员的责任感；对社区成员而言，服务－学习使他们能够学会如何对自己的需求承担责任，并在未来发展更高的能力与机制来解决问题。总的来说，服务与学习强调服务与学习二者的平衡，包括服务者与被服务者的关系以及服务活动与学生学习的目标，都建立在相互尊重、平等互惠的基础之上。

2. 服务－学习中的反思环节

反思强调的是服务－学习作为一种教学方法的核心环节。服务－学习强调将理论与实践、思考与行动紧密结合，而反思则搭建了社区服务与课堂学习两者间的桥梁。在服务－学习中，学生在教师的指导下、在结构化的时间里，将课堂理论知识与社区服务活动相结合，运用批判性和创造性的思维技能，探究两者之间的复杂关系，使二者得以相互促进、相互增强。

服务－学习中的反思活动是服务活动与知识学习之间的桥梁，更是实践经验与理论知识二者相互转化相互促进的过程。一方面，参与者能够通过反

5　Timothy K. Stanton, Service Learning: Groping Toward a Definition, Experiential Education, National Society for Internships and Experiential Education, Vol. 12, No.1, Junuary-February 1987, p. 4.

6　Robert L. Sigmon, Synergist[J], Spring 1979, pp. 9-11.

思加深对理论知识的理解，思考书本知识与实践之间的联结与差异，找到自己在知识学习中存在的漏洞与疑惑。同时，在思考的过程中，理解本学科在社会发展中的角色与功能，加深对本学科的社会价值的理解。[7]另一方面，参与者在教师的引导下，在更大的社会公平和社会政策的背景下，思考他们在服务活动中遇到的问题，理解问题背后的历史、社会、文化和政治因素。[8]

举例来说，学生在避难所为无家可归的流浪汉和穷人发放食物，如果他们缺乏批判性的思考，那么他们看到的表象仅仅是这部分人群缺乏教育、没有工作，导致他们生活穷困而依赖救助。但是，服务－学习要求学生对这一群体进行深入调查，之后将其与课堂中关于社会保障与救助的专业知识相结合，并思考哪些因素是导致社会高失业率和贫困问题的根源，进而思考如何解决这些社会问题。相反，如果缺乏批判性的反思，学生在服务活动结束之后，对社会弱势群体的认知依然停留在表面，甚至有时会对这类人群产生错误的认知，例如认为他们仅仅是因为懒惰才贫困。

总的来说，服务－学习表达了这样一种价值观，即服务他人、社会发展与赋权以及互惠性学习，这种价值观决定了服务－学习中的服务者与被服务者、项目组织机构与社区之间，在社会和教育层面进行交换的过程、目的与本质。[9]换句话说，服务－学习是社区能力与学生需求之间、社区需求与学生能力之间的一种交换与互补。同时，服务－学习强调一种积极的、参与式的学习方式，以及对学习者的社会责任感的培养的重视。换句话说，服务－学习要求对传统的教学进行变革。在服务－学习中，课程材料被赋予了新的定义，它不再局限于传统的课本，而是将学生的服务活动以及服务背后所隐藏的问题变成主要的补充学习内容。同时，课堂中的师生关系也发生了变化，教师成为引导学生学习与思考的指导者，激发学生的主动性和积极性。此外，服务－学习还蕴含着关注社会弱势群体和促进社会良好发展的理念，希望通过服务者与被服务者之间的互动，促进社会问题的解决，最终促进社会公平与发展。

---

7 Linda A. Chisholm, The Intersection of Church and College, View& News on Education, Association of Episcopal Colleges, Vol. 2, No.1, Fall 1987, P. 3.

8 Bruce Dollar and Val Rust, Learning by Participation, in Learning from Work and Community Experience: Six International Models, edited by Heather Chisnall on behalf of IMTEC, NFER-Nelson Publishing Company Ltd., 1983, P. 26.

9 Timothy K. Stanton, Service Learning: Groping Toward a Definition, Experiential Education, National Society for Internships and Experiential Education, Vol. 12, No.1, Junuary-February 1987, p. 4.

二、美国大学服务－学习的原则

根据服务－学习的概念与基本要素，许多学者和服务－学习的相关组织，提出了一系列服务－学习的基本原则，用以指导服务－学习的实践与发展。这些基本原则中不仅包含了服务－学习的理念与要素，还包含了服务－学习的实践与过程，对于大学与社区开展服务－学习提供了有益指导。

（一）罗伯特．西格蒙的服务－学习三原则

1979 年，罗伯特．西格蒙（Robert L. Sigmon）提出了服务－学习的三大基本原则，其中包含的理念为之后服务－学习的原则的完善奠定了基础。西蒙格自 20 世纪 60 年代以来一直致力于促进多个地区的服务－学习工作，在实践中形成了对服务－学习的独特的深刻认识。

西格蒙提出的三个基本原则包括：（1）被服务者决定提供的服务。西格蒙提出了服务的"需求者"（acquirer）与"接受者"（recipient）两个概念。需求者意味着积极参与到对服务的需求和控制中，通讨对自我情况的分析选择合适的服务类型和服务提供者；而接受者则意味着在寻求服务过程中只有有限的主动性和决定权。显然，在服务－学习中，社区作为服务的需求者，对服务活动的类型与内容拥有更大的决定权。而服务者即学校，需要对被服务者进行考察，确保所提供的服务是社区真正需要的。（2）被服务者变得能更好地通过自己的行动去服务和得到服务。西蒙格认为，服务－学习蕴含着这样的理念，即所有人都有独特的价值和与他人分享的天赋，且所有人都有权利理解自己的处境并采取行动。因此，被服务者应当借助服务者的资源与帮助，增强自身的能力，从而在日后能够获得更好的自我发展，或者能够寻求更有效的服务资源。（3）服务者也是学习者，能够对预期的学习内容和目标进行有效控制。西格蒙指出，学习来自于服务，学习的目标是基于服务的内容而决定的。服务－学习项目的领导者，应当根据不同的服务活动以及学习者的能力与需求，确定具体的学习目标，而不是从其他项目中将学习目标生搬硬套过来。同时，项目管理者还应当密切关注，即服务者在这过程中是否变得更加智慧、自主和健康，他们的服务意愿是否得到增强。[10]

总的来说，西蒙格提出的三个原则，为"服务"、"服务者"与"被服务者"的概念赋予了不同于以往的新的内涵。在服务－学习中，服务的双方是

10 Robert L. Sigmon, Synergist[J], Spring 1979, pp.9-11.

一种平等的、相互促进和共同发展的关系，强调双方都应当以一种积极主动的姿态，在服务和学习的过程中寻求发展。基于以上这两个基本的要点，服务－学习才是充满活力和有价值的。

（二）NSIEE 的服务－学习相结合的十大原则

1989 年，"全国实习与经验教育委员会"（National Society for Internships and Experiential Education, NSIEE）[11]在威斯康星州召开专门会议（Wingspread conference），包括美国高等教育协会、校园联盟、青年服务美国在内的众多组织参与其中。此次会议主要是为了解决当时社区服务项目质量低下的问题。为此，委员会自 1987 年开始广泛征集对社区服务未来发展的建议，包括全国超过 75 个组织的领导人和成员、社会服务运动的领导者以及其他实践者和研究者，意见征集的过程持续了一年之久。会议结束之后，委员会发布了《服务与学习相结合的良好实践的基本原则》（Principles of Good Practice in Combining Service and Learning），提出了服务与学习相结合的十个基本原则。[12]

这份文件对服务－学习进行了全面而深刻的分析和阐述，也成为之后服务－学习研究与实践的必不可少的参考文献。这十个基本原则包括：

（1）一个有效的项目应当使人们参与到负责任的和有挑战的以公共利益为目标的行动之中。在服务与学习相结合的项目中，参与者的工作应当具有社会意义。个人应当积极参与其中，同时需要个人对其行动负责、敢于承担风险，并使参与者了解自己的行为带来的后果。

（2）一个有效的项目应当给参与者提供结构化的机会，对他们的服务经历进行批判性的反思。确保这些项目给予参与者结构化的机会思考他们的服务与学习，或是通过与他人讨论服务过程中的道德问题等，能够更好地促进参与者形成社会责任感和积极的公民参与意识。同时，当这种反思活动贯穿于整个过程，并且由被服务者、同伴和项目领导者提供反馈时，能够更好地促进参与者的智力和批判性思考能力的发展。

（3）一个有效的项目为每位参与者提供明确的服务和学习的目标。在项目开始时，参与者和被服务者对于应当完成的任务和学习内容都有明确的了

---

11 组织在 1994 年更名为"全国经验教育协会"（National Society for Experiential Education, NSEE），将服务－学习与经验教育的组织进行合并。

12 Howard, J..Community service learning in the curriculum. In J. Howard (Ed.), Praxis I: A faculty casebook on community service learning, 1993: 3-12.

解。服务和学习的目标应当基于当地社区的传统和文化背景，通过与各方的协商来制定，同时反映服务提供者和接受者双方的意见，从而体现服务－学习的互惠性，确保服务活动区别于传统的慈善。

（4）一个有效的项目应当允许由那些需要服务的人来界定他们的需求。真正的服务接受者和他们所在的社区，在确定服务需求时应当扮演主要角色，从而确保服务活动是服务接受者认为真正重要的。

（5）一个有效的项目应当明确每个参与其中的个人和组织的责任。服务和学习项目往往涉及多方团体，通过协商来沟通和明确各方的角色和责任无疑变得非常必要。在沟通过程中，应当分配和明确各方应当完成的任务和责任以及应当遵守的基本原则。

（6）一个有效的项目应当认识到具体情景的变化，将服务提供者和服务需求相匹配。服务－学习的实施环境是会变化的，因而有效的项目必须建立有效的反馈机制，对不断变化的服务需求和服务者日益增长的服务技能提供反馈。同时，各方参与者之间的关系不断变化甚至常常出现问题，需要及时有效的处理。

（7）一个有效的项目要求真正的、积极的和持续的组织投入。为了确保项目的有效性，服务的支持机构和接受机构双方必须有强有力的、持续的投入，例如将服务和学习融入组织的宗旨中、获得行政的支持、被纳入组织的财政预算，以及获得一定的设备和交通等。

（8）一个有效的项目应当包括培训、管理、监督、支持、认可和评价，来满足服务和学习的目标。项目管理者应当意识到培训、监督和管理的重要性，这是服务的提供者与接受者双方的共同责任。在伙伴关系中，参与服务的机构可以通过适当的庆祝、奖励和对服务的认可，来表示对服务价值的肯定。同时，对项目的计划、形成和持续的评估，应当成为每个项目的一部分。

（9）一个有效的项目应当确保，给予服务和学习的时间投入应当是灵活的、恰当的，并且确保所有参与者的最佳利益。确保服务项目能够在较长的时间中持续运行，能够更好地确保项目的有效性。另一方面，完成具体服务活动所需要的时间，需要由各方根据任务内容共同协商。

（10）一个有效的项目应当致力于由多元化的群体组成，并且服务于多元化的群体。一个优秀的服务和学习项目应当消除障碍，促进不同群体的积极参与。项目负责人应当鼓励和欢迎来自不同宗教背景、年龄、经济水平以及残障者参与到项目中。

NSIEE 提出的一系列原则不仅涵盖了服务－学习的基本要素，同时还对服务－学习项目的规划、参与者、实施与管理等各个环节都提出了明确的要求，从而为大学建立和实施有效的服务－学习项目提供有效指导。首先，根据 NSIEE 的原则，服务－学习项目的目标应当基于被服务者的真实需求，并由参与双方在平等协商的基础上制定，最终实现服务和学习的双重目标。其次，服务－学习项目应当建立完善的实施体制，明确界定各方的工作与职责，并建立培训、管理、监督、支持、反馈与评价的实施步骤，确保项目的有序、有效实施。第三，要确保服务－学习项目的可持续稳定发展，不仅需要确保项目的运行时间，更重要的是要将服务－学习的理念融入结构的宗旨之中。NSIEE 提出的服务－学习项目的十条原则，为大学开展服务－学习项目提供了重要的指导。

（三）教育改革服务学习联盟的原则

教育改革服务学习联盟（Alliance for Service Learning in Education Reform）是一个全国性的组织，由来自教育、青年发展和青年领导力领域的组织和个人组成，倡导通过政策来促进服务－学习在基础教育和高等教育领域的发展。在 1993 年，联盟为了促进学校中服务－学习项目的发展，从服务－学习的过程、参与者、成果与收益以及承诺与能力四个层面，提出了服务－学习的十一条原则。[13]

1. 服务－学习的过程。（1）有效的服务－学习能够增强服务和学术学习水平。服务－学习应当在最初就确定清晰明确的学习目标，并通过结构化的准备和反思，以及服务活动本身来实现这些目标。同时，学习目标包括知识、技能和态度，必须与参与者的发展水平相一致。（2）服务－学习模式应当为青年人提供机会，使其能在一种鼓励冒险和奖励竞争的环境中，学习新技能、进行批判性思考和适应新的角色。社区中的服务经历并不是结束，青年应当通过参与有意义的工作，应用新的技能、尝试不同的角色，进而不断强化课堂学习和真实世界的联系。（3）准备和反思是服务－学习发挥其教育性必不可少的组成部分。在准备阶段，应当对服务活动的背景、历史和相关政策进行学习和讨论，并向学生介绍服务所需要的技能。反思是学生对服务活动和

---

13 Alliance for Service Learning in Education Reform, Standards of Quality for School-Based Service Learning(1993). Service Learning, General. Paper 4.

课堂中获得的知识进行分析和整合的过程，学生能够通过反思的过程分析概念、评价服务经历并形成自己的观点。（4）学生的努力应当得到他们的同伴和所服务的社区的认可。在服务的过程中，学生应当与社区和同伴分享自己在服务中的收获。对青年人的认可能够增强青年人的价值和精神的意义。

2. 服务－学习的参与者。（5）青年人应当参与到服务－学习的规划过程中，体现了对青年人的能力的信任，这对于服务－学习的成功是非常重要的。

3. 成果与收益。（6）学生的服务活动应当对社区做出有益的贡献。尽管学生在服务－学习中的角色或项目的类型非常多样，但最重要的是服务活动的目标与成果，应当有益于社区的发展。（7）有效的服务－学习应当包括系统的形成性评价和总结性评价。形成性评价，能够提供关于项目设计的持续性信息，从而对项目的提升和改进有积极作用。总结性评价同样能促进项目的改进，此外还能够对项目的模式的有效性提供有效信息。（8）服务－学习以一种新的、积极的方式将学校与社区联系在一起，有利于减少学校和社区之间存在的阻碍。

4. 承诺与能力。（9）服务－学习被学校和社区看作必不可少的组成部分，并得到理解和支持。（10）成年人的指导与监督对服务－学习的成功而言必不可少。有效的服务－学习需要获得经过良好训练的、知识丰富的成年人（教师、学校领导、社区成员）的指导和监督，以促进学生的学习和发展。（11）服务前的培训和教师培养应当包括服务－学习的理念和方法论，从而更好地确保项目的质量和持续性。

教育改革服务－学习联盟提出的十一条原则，与 NSIEE 提出的原则存在相同之处，例如强调反思活动的重要性、服务者与被服务者之间的互惠性关系，以及制定明确的服务与学习目标等方面。除此之外，联盟也对 NSIEE 的十条原则进行了补充，尤其是强调青年人在服务－学习中的作用与角色。根据联盟提出的原则，青年人应当参与到项目的规划过程中，在活动中与同伴进行及时的分享与交流，他们的工作与成果应当得到学校与社区的认可与鼓励。这种方式能够更好地激发青年学生的积极性与主动性，并鼓励他们将社区参与的习惯延续到日后的工作与生活之中。其次，联盟强调要为参与者提供充分的准备与指导，在服务－学习过程中由教师和管理者给予及时的指导。第三，联盟提出要对参与服务－学习的教师开展培训，使教师具备开展服务－学习的知识与技能。而事实上，教师作为学生最重要的指导者，对服务－学习的成效有着重要影响。

三、美国大学服务－学习的类型

自 20 世纪 80 年代以来，服务－学习在美国大学中不断发展，形成了多种多样的服务－学习项目。根据服务－学习是否与课程相结合，可以将服务－学习划分为两大类，即基于课程的服务－学习（course-based service-learning）和课外服务－学习（cocurricular service-learning）。基于课程的服务－学习指的是将服务－学习融入课程之中作为不可分割的一部分，服务活动的内容与课程知识紧密相关，并将促进学生对本学科知识的理解作为重要目标。课外服务－学习指的是服务－学习发生在课堂之外，多以项目的形式开展，其形式往往更加灵活多样。不论是基于课程的服务－学习还是课外服务－学习，都必须符合服务－学习的基本内涵，包含互惠性与反思的关键要素。

（一）基于课程的服务－学习

基于课程的服务－学习（course-based service-learning）也被称作学术性服务－学习（academic service-learning）或课程化服务－学习（curriculum service-learning），是当前美国高校中最常见的服务－学习的形式。基于课程的服务－学习具有以下几个特点：（1）在时间上，要求在学校的学年时间之内进行，而不是学生的课外时间；（2）在形式上，以课程的形式开展，服务活动融入课程成为不可分割的一部分；（3）在内容上，服务活动与课程的教学内容紧密相关；（4）在目标上，服务活动应当对学生学习和发展具有积极的促进作用；（5）在师生关系上，教师除了传授知识，更重要的对服务活动的监督和对反思活动的指导。总的来说，基于课程的服务－学习需要符合学校对课程的标准，在学校的监督和教师的指导下进行，具有更高的规范性，因而被认为能够产生更好的成效。

服务－学习与课程的结合没有统一的模式，美国的大学在实践中形成了多样化的基于课程的服务－学习，以下是大学中常见的几种类型。

1. 服务－学习作为必修内容的课程。在这类课程中，服务－学习是课程大纲中的一部分且所有学生都必须参与。在课程中，教师组织所有学生参与和课程内容相关的服务活动，反思活动贯穿整个课程始终，同时学生最终的学习成果与评估也和服务活动密切相关。这类课程的优点在于，服务－学习作为课程密不可分的一部分，具有比较完备的规划、组织和操作流程，同时任课教师往往具备较丰富的服务－学习的理论与实践知识，能够给予学生较为完整、优质的服务－学习体验。

2. 服务—学习作为选修内容的课程。在这类课程中，学生可以从若干个选项如服务—学习、案例研究、项目和研究报告中选择一个，作为完成课程目标的方式。在这些课程中，学生可以根据自身兴趣与需求选择合适的学习方式，同时因为参与者人数有限，有更大可能性找到与课程紧密相关的服务活动，教师也有更多时间给予监督和支持。但另一方面，如果这类课程缺乏良好的规划和管理，服务活动就会变得更像是课程额外的附加部分，难以完全发挥其作用。

3. 第四学分课程（fourth-credit option）。在课程中，如果教师愿意为一部分学生提供服务—学习的环节作为课程的补充，那么学生就可以与教师达成协议，对服务活动的内容与要求、服务与课程的联系、反思活动的安排以及学习目标等进行规定，学生根据教师的要求最后完成研究报告或课堂展示，就可以获得额外的第四个学分。需要注意的是，教师应当对学生的服务活动进行监督和指导。这类课程的优点在于，教师只需要为有需求的学生提供服务—学习的指导，而不需要改变整个课程的教学计划，一定程度上减轻了教师的工作量。同时，学生自主要求参与服务—学习，并在整个过程中承担了更多的责任，更能激发学生的自主性和积极性。这类课程的缺点在于，如果参与服务—学习的学生人数少，那么就无法进行团队讨论和反思活动。此外，教师无法时时参与到服务—学习中，也无法及时处理这一过程中出现的矛盾和问题。

4. 一年级课程（first-year experience）。在大学中，服务—学习常常被融入一年级新生的学术活动或课程中，从而为学生介绍服务—学习的概念、大学所在的社区、学科与社会发展的关系，以及如何促进自身的团队合作、批判性思考等能力的发展。由于大多数新生在进入大学之前都有一定的社区服务的经验，因而在一年级课程中融入服务—学习能够帮助学生继续社区服务，认识更多的同龄人，并帮助他们了解大学中自我发展的途径。但有时候，由于新生缺乏必要的知识和技能为社区提供服务，服务活动往往比较简短或者与课程的关联性不够强，影响了服务—学习作用的发挥。

5. 服务—学习实习或独立研究（independent study）。在大学的各个专业中，常常有一些课程要求学生进行实习或独立研究，以完成课程目标。这一类型的服务—学习要求学生投入较长时间（每周 10 小时以上）进入社区进行实习或学习。学生运用他们的知识和技能，通过直接的服务、项目或磋商来推进社区组织的工作，同时将实践经历与课程内容相结合进行反思，并与教师进行定期的会面和讨论。其优点在于学生有机会通过这样的体验获得有价值的知识和技能促进未来的就业或升学，同时较长时间的服务也在更大程度上为社区提供了帮助。但另一方面，教师需要投入较多的时间和努力来建立和监督这样的服务—学习活动，尤其是在缺乏其他行政人员支持的情况下，对教师构成了不小的挑战。

6. 服务—学习顶点课程（service-learning capstone）。在这类课程中，学生整合在整个大学期间学习到的知识与技能，通过高层次的创造性工作，参与解决社会问题和需求的项目中。课程可以是学科本位的也可以是跨学科的，有时常作为某个研究项目中的组成部分，强调学生要开展批判性思考，并完成预期的成果。课程可以学生独自完成或以团队形式开展，可以单独开展或者与课程或研讨会一起进行。通过顶点课程，学生可以更好地回顾自己的大学生活，将自己在大学期间获得的知识与技能进行整理与融合，认识到自己的成长以及仍然存在的问题。同时，学生可以将知识运用于解决社会乃至国家的问题，激发其对自己未来职业选择的思考。另一方面，为了使服务—学习顶点课程达到学生和社区的目标，需要为学生提供预修课程（prior curriculum）使学生具备在之后设计和实施高质量的项目和成果所需要的知识、技能和经验。其次，顶点课程的开展形式要求教师与管理者投入较多的人力、物力和时间资源。

（二）基于项目的服务—学习

基于项目的服务—学习（cocurriculum service learning）指的是，学生在正式课程之外参与到以解决社区和公共的需求为目标的服务活动中，同时进行结构化的专门的反思活动，以达到预期的学习和服务目标，尽管服务—学习发生在课程之外，但同样包含服务—学习的基本要素，即互惠性与反思。

目前，美国高等教育机构中已经形成了非常多样化的基于项目的服务—学习，本研究将列举当前最为普遍的几个类型。

1. 介绍性的、一次性的和短期的服务—学习。这一类型是美国大学中是最常见的课外服务—学习形式之一。几乎每个大学都为学生尤其是新生提供一次性或介绍性的服务—学习的机会，常常被称之为"服务日"。服务日是整个学校层面的大规模活动，可以由服务—学习中心、某个学院或学校相关的行政办公室负责，往往在特定的节假日如马丁路德金的生日、圣诞节进行。其次，学校也常常开展短期的服务—学习，例如在新生开学时组织"另类周末"（alternative weekends）等。这类活动往往在校园周边的社区中进行，能够为新学生提供机会了解大学所在的社区，开始将经验学习作为大学生活的重要组成部分，并且进一步了解服务—学习这一类型的服务—学习的问题在于，要设计和实施高质量的短期的服务—学习活动，并使其包含服务—学习所必须的要素，这对组织者和管理者无疑是一个挑战。

2. 持续的课外服务—学习。这类服务—学习往往由某个学生群体或组织的领袖发起，这些学生或是致力于解决某个社会问题或是寻找与未来职业发展相关的机会，而短期的服务—学习难以满足其需求，因而通过这种方式寻求在社会组织中进行持续的服务—学习的机会。在这类服务—学习中，学生领袖扮演着主要领导者的角色，同时由某个学校机构如服务—学习办公室提供支持和指导。学生领袖是社区伙伴和服务—学习中心之间的主要联络者，其工作包括，与社区组织共同确定学生服务的目标和要求，招募学生、制定计划和确定服务时间，组织学生参与反思，协助进行评估等。参与者一般需要参与至少一个学期的服务活动。此外，学生领导者会接受持续的培训，并且定期会面分享其经验与教训。这一模式也使得服务—学习中心能够在有限的资源条件下，为学生提供大量不同类别的持续的服务—学习项目。该类型的服务—学习所面临的难题在于，学生领袖需要投入大量的时间与精力，如何保持项目的质量、学生的兴趣和参与度、反思活动的组织和开展等，对领导者和管理者而言无疑是一个挑战。同时，学生领袖对项目的影响力至关重要，如何确保组织和项目的运行不会受到学生领袖的离开而停止，这一问题不可忽视。

3. 集中的服务—学习（intensive and immersion experience）。集中的、沉浸式的服务—学习指的是，学生每周超过 10 个小时的服务—学习，并维持相对较长的一段时间，持续地在社区中工作和生活。最常见的形式就是"另类假期"（alternative breaks），往往由经过良好培训的学生所领导，由教职工进行指导，在春季、夏季和冬季假期进行，可以在校园附近也可以远离校园。参与者往往在出发前一定时间提前筛选并进行准备，包括学习关于社区和要完成的任务的知识、了解伙伴组织的目标和宗旨、评估可能遇到的难题、开展团队建设和培训等。要建立这种项目，教师和管理者都面临大量的挑战，包括项目的设计、学生的评估与选拔、服务地点与机构的选择、反思活动的组织、对学生的评价以及对项目成果的评估等。

4. 联邦资助的服务—学习项目。联邦政府通过服务—学习相关项目为高等教育机构提供资助，使其可以为学生提供参与课外服务－学习的机会。例如，根据联邦勤工助学金（Federal Work-Study）的规定，每所高等教育机构获得联邦勤工助学金后，其中至少7%要分配给雇佣学生参与校内或校外的社区服务工作。其次，学校招募的学生中至少要有一个参与到家庭扫盲活动或给儿童进行家庭辅导。为了促进社区服务活动的发展，参与这些活动的学生的工资则完全由联邦的拨款负担。

（三）两种类型的服务－学习的优缺点

服务－学习在实践中形成了多样化的形式，但不论是基于课程的还是基于项目的服务－学习，都必须具备服务－学习的两大核心要素，即互惠性与反思。由于两种类型的服务－学习在形式上存在较大差异，二者各有其优缺点。

首先，两种形式的服务－学习在时间的灵活性上存在差异。基于课程的服务－学习需要与学期时间或课程时间表保持一致，因此社区需要配合学校的时间来安排学生的服务活动。相比之下，基于项目的服务－学习在时间上更加自由灵活，它可以在非学校时间如周末和假期进行，学生可以更自由地安排时间。同样地，社区也可以按照自身的时间规划去安排学生的工作。严格的时间安排，可能会导致不利的结果，例如社区的工作安排与学生的课程时间难以完全匹配，导致学生无法完整地参与社区服务工作，或者课业压力大的学生因为时间问题不愿选择这类课程。但在另一方面，严格的时间安排也是对学生的督促，在一定程度上确保服务－学习的及时完成。

第二，两种类型的服务－学习在服务的内容选择上不同。在基于课程的服务－学习中，教师在选择服务活动时，必须与本课程的内容紧密相关。而在基于项目的服务－学习中，参与者来自学生组织，本身不受专业限制，同时学生选择服务活动主要是基于自身的兴趣，因此选择的范围更加广泛，形式也更加多样化。学生还可以选择在某个社区组织中进行长期的工作，从而可以参与更加更加复杂的、有挑战性的工作。但是，也因为服务活动与理论学习不完全一致，可能导致学生无法运用专业知识胜任服务工作，或者服务活动对理论学习的促进作用不显著。也因此，这就需要学生有更强的学习能力，能够将服务与实践紧密结合。

第三，两种类型的服务－学习的指导者不同。基于课程的服务－学习由教师担任组织者和指导者，教师负责课程设计与实施的所有环节，担任监督者与指导者的角色。教师具有丰富的专业知识与学习资源，掌握熟练的教学技能与教学手段，具有开展服务－学习的丰富经验。因此，教师能够为学生的学习提供有益指导，帮助学生将服务活动与专业学习紧密结合，开展深刻而有效的反思活动。另一方面，基于项目的服务－学习活动由学生个人或学生组织发起或领导。学生领导者在经过相关的理论与实践培训之后，能够更好地了解和掌握同龄人的兴趣和需求，能够招募更多志趣相投的青年人，并在反思活动中很好地将实践与当前的青年人面临的问题相结合，激发参与者的思考和兴趣。但与此同时，由于学生领袖在理论知识与人生阅历方面仍然有限，他们仍然需要依赖教师、导师和学校顾问的指导和支持。

第四，两种类型的服务－学习在结果上可能存在差异。目前，学者认为基于课程的服务－学习往往能取得更好的结果。这是因为它在前期的设计上更加严谨，在后期的实施过程中更加规范，加上教师的专业指导与监督，往往能带领学生取得更好的成果。相对而言，基于项目的服务－学习往往容易在规范性上存在缺失，加上学生领导者在知识与经验方面存在的局限性，最终结果可能不够理想。但最重要的是，学校应当为服务－学习的开展提供相关的资源和支持，包括建立与社区的联系、为学生选择合适的服务地点和组织、提供交通、饮食乃至住宿等方面的协调、为教师提供关于服务－学习的培训，以及提供财政补助和资金等。

第二节　美国大学服务－学习的理论依据

尽管服务－学习的概念在 20 世纪 60 年代才被正式提出，但服务－学习所蕴含的理念可以追溯到更早的时期。其中，尤其是杜威关于经验教育与公民教育的观点，以及大卫．库伯的体验学习理论中关于学习过程与结构的论述，都为服务－学习提供了重要的理论依据。

一、杜威教育思想与服务－学习

杜威的经验主义教育思想与他提出的公民教育思想，为服务－学习提供了重要的理论依据。杜威认为，知识来自于现实世界又运用于现实世界，因而教育应当来源于经验，学生可以通过经验获得学习，而探究与反思提供了获得知识的途径。杜威的公民教育思想，提出教育应当培养学生成为积极公民，使学生有能力和意愿参与社会和公共事务，从而促进民主社会的健康发展。而服务－学习强调将理论学习与服务活动相结合，并通过反思实现学习与实践的相互促进，从而增强学生对理论知识的理解和公民责任感的发展。

（一）杜威关于经验教育与公民教育的思想

1. 杜威的经验主义教育思想

尽管杜威的教育哲学中并不包含服务－学习的概念，但是学界普遍认为杜威关于经验的哲学观点是服务－学习概念的重要来源。

（1）杜威的知识论与经验主义

杜威对知识的本质的理解是杜威教育哲学的基础。杜威对 20 世纪流行的认识论（epistemological theory）进行了批判，杜威认为知识并不是客观的，而是个体对所在具体情境的及时反应，是帮助人们应对现实生活的工具。只有那些能够被运用到现实世界去解决问题、满足人们的知识和理论，才是真正的知识。因而，传统教育中由前人的经验与技能体系构成的教材，以及灌输式的、单一的教学方法，不再能满足学生适应现实生活的需求。为此，杜威提出应当通过经验进行学习，利用现实的不断变化的丰富内容，为学生提供有效应对现实生活的知识与技能。杜威甚至提出，"一盎司经验胜过一吨理论"，任何理论知识只有在经验之中才具有活力和可以证实的意义。

然而，怎样使经验具有教育性，这成为了杜威的经验主义哲学的核心问题。杜威指出，"相信真正的教育来源于经验并不意味着所有的经验都是真正的或者都具有同样的教育意义。经验和教育不能直接互相等同起来。"[14]相反，有的经验甚至会影响和干扰未来经验的积累。为此，杜威提出，真正有教育意义的经验应当满足两大基本原则，即连续性和交互性。经验的连续性原则意味着每种经验既会从过去的经验中获取一些东西，又会以某种方式改变以后要经历的那种经验的性质；经验的交互性意味着，任何经验的客观条件和主观条件相互交互形成了情境，经验总是个体与形成它的环境之间发生交互作用的产物。连续性和交互作用两个原则密不可分，二者共同构成经验的纵横两方面。

（2）探究与反思

经验的两大基本原则表明，有用的知识必须是在情境中获得的，否则知识就会与经验隔离并被忘记或是不能被转换为新的经验。换句话说，知识的获取和应用都依赖于环境，而这其中的关键要素就是环境中的交互作用。而交互的目的就是通过思考（reflective thinking）从经验中获取知识，这就是"探

---

14 [美]约翰．杜威竹，盛群力译，经验与教育[M]，北京：中国轻工业出版社，2016。

究"（inquiry）或杜威所说的科学的方法。[15]

所谓思维或反思，就是识别我们所尝试的事和所发生的结果之间的关系。如果只发现行动和结果之间关联的事实，却没有发现他们是怎么联结的，那就失去了联结的关键和意义。因而需要对行动进行分析，将原因和结果、活动和结果结合起来进行思考。反思的价值在于，帮助个人根据已有的知识推论某种未来的行动，对自己做出的选择产生的结果进行预期，进而对结果保持警觉和注意，并采取必要的步骤，调整未来的行动。

杜威将思维划分为五个基本步骤，包括：（1）困惑、迷乱、怀疑，因为处在一个不完全的情境中，这种情境的全部性质尚未决定；（2）推测预料——对已知的要素进行试验性的解释，认为这些要素会产生某种结果；（3）审慎调查（考察、审查、探究、分析）一切可以考虑到的事情，解释和阐明手头的问题；（4）详细阐发试验性的假设，使假设更加精确，更加一致；（5）把所规划的假设作为行动的计划，应用到当前的事态中去，进行一些外部的行动，造成预期的结果，从而检验假设。通过审慎的思考，个人能够更好地检验自己的已有经验，并通过行动将经验转化为知识。[16]

2. 杜威关于公民与民主的教育思想

杜威教育理论中关于社会、政治理论的论述，进一步体现了对服务—学习作为教育方法的支持。杜威认为，知识和学习在根本上都是社会活动，知识只存在于对其正确性存在共识的社区中，有用的理论绝不仅仅是为了个人的，而应当能够解决社会问题。

对杜威而言，为社会寻求解决之道，民主是最好的解决方法。杜威是最早提倡参与式民主（participatory democracy）的学者之一，他认为民主是最明智的解决人们利益冲突的方式，只有积极的公民参与才有可能发现和解决社会问题。[17]通过这种参与，社会才能保持合作，而这是一个良好社会所必须的。杜威认为，民主是应对个人主义和集体主义这些破坏性思想的替代品。一方面，他认为个人主义需要社会支持和社会参与，因而一个满是冷漠的自我中心的个人的社会，是无法自我实现的也是无法自我维持的。另一方面，

15　游柱然，杜威教育哲学与当代美国服务—学习理论[J]，求索，2009(1)：111-113。

16　[美]杜威著，王承绪译，民主主义与教育[M]，北京：人民教育出版社，1990，10。

17　Jordy RocheleauTheoretical Roots of Service-Learning: Progressive Education and the Development of Citizenship,pp.3-21, in Service-Learning: History, Theory, and Issues, Bruce W. Speck, Sherry Hoppe (eds.) 2004.

杜威反对任何形式的集体主义，因为集体主义试图为了集体利益而抑制个性。杜威认为，一个运作良好的社会需要独立的个人参与做出个人判断。只有通过积极参与的公民发现和提出问题时，社会问题才能得到解决。

个人的社会属性以及民主参与的必要性的观点，对教育有着重要影响。教育应当是一项社会任务，是一项共同的事业。学生应当以团队形式而非个人来解决问题，同时了解真实情况，为进入社会做准备，面对需要合作来解决的问题。这种教学方法旨在促进公民的发展，一方面，他们在思想上是独立的，同时能够通过合作为社会集体利益作出贡献。

（二）杜威教育思想与服务—学习

对于服务—学习的理论基础，学界往往会追溯到杜威的教育思想。杜威关于经验教育的论述，以及公民与民主教育的观点，为服务—学习的教育目标与形式，提供了非常重要的理论依据。

首先，杜威对于知识的本质的观点，为服务—学习的教育理念提供了理论依据。杜威指出，真正的知识来自于个体对环境的反应，同时又能帮助人们应对现实世界的问题，因而课堂不应当与学生的真实生活环境分离，学校教育应当帮助学生从经验中获得学习。[18]这一观点解决了传统教育模式中理论与实践、个人与社会之间的对立紧张关系，形成二者相联结的新模式。服务—学习强调课堂学习与社区服务相结合，学生在社区中获得的实践经历作为教育和学习的内容，成为学校学习的重要补充内容。

其次，杜威关于经验与知识二者关系的论述，为服务—学习的教育形式提供了支持。杜威提出应当需要通过探究与思考的过程，从经验中提取和转化知识。同时，知识转化过程的有效性，还依赖于杜威提出的经验的两个原则，即对于经验的选择是有标准的。服务—学习将反思作为核心要素，它构建了实践经验与理论知识的联结，将实践中的经验转为化知识或者间接促进知识的深化。同时，为了确保反思的有效性，还要求服务与学习在内容和过程上保持一致。尽管杜威对反思的论述，更加倾向于依据已有知识去对行动的结果进行预期和调整，但他对于反思的强调也为服务—学习提供了启发。

---

18 Dwight E. Giles, Jr. Dewey's theory of experience: implications for service-learning [M], Combining Service and Learning: A Resource Book for Community and Public Service, Raleigh, North Carolina: National Society for Internships and Experiential Education, 1990: 257-281.

第三，杜威对教育的社会性与民主参与的观点，为服务－学习的教育目标和服务形式提供了理论支持。杜威提出，教育是一项社会任务，学习在根本上是一种社会活动，有价值的知识应当能够解决社会问题。因此，学校应当让学生参与到社会问题的解决中来，使学生关注社会与民主的发展。在服务－学习中，学生需要了解并尝试通过自己的服务活动解决社区的真实问题与需求。这一过程使得抽象的理论与概念变得更加具体，教会了学生社会参与的技能，使他们为参与民主做好准备。同时，这种服务活动不再是传统社会服务中的直接服务，更加强调在服务中运用学生的知识与技能，使他们对自己的社会角色和社会价值有更加清楚的认识，进而使学生在未来能够更好地参与到民主社会中。

二、大卫．库伯体验学习理论与服务－学习

大卫．库伯（David Kolb）在前人的基础上构建了完整的体验学习理论框架。库伯对体验学习的知识观、发展观、体验学习圈和学习方式的理论阐述，为服务－学习提供了重要的理论基础。

（一）体验学习理论的主要内容

体验学习最初来源于杜威的经验学习，他提出的著名的"做中学"（learning by doing）是体验学习的雏形。之后，库尔特．哈恩（Kurt Hahn），首先将体验学习作为一种独立的学习方式提出。[19]哈恩认为，当时的美国学校教育无法实现促进学生全面和谐发展的目标，为此他提出要在学校为学生提供参与群体活动的机会，使学生在挑战与突破中发展其能力。之后，哈恩被英国海军邀请并研制出了一套专门的训练计划，并开设外展训练学校（Gordonstoun School）。之后，哈恩在英国开设户外训练学校，他的成功经验传入美国并引起广泛关注，兴起了一股兴办户外学校的浪潮。户外学校及其教育模式所蕴含的体验学习的理念，在中小学校园中快速传播并得到了学生与教师的喜爱，体验学习的概念也因而在教育领域得到广泛传播和认可。[20]

然而，体验学习理念的快速传播，同时也伴随着各方批评与质疑的声音。为此，大卫．库伯潜心研究前人的理论并最终在1984年出版了著作《体验学习》，对杜威、勒温、皮亚杰等人关于体验学习的教育思想进行梳理，并吸收

---

19 [美] 库伯著，王灿明、朱水萍等译，体验学习：让体验成为学习和发展的源泉[M]，上海：华东师范大学出版社，2008: 17。

20 王灿明，体验学习解读[J]，全球教育展望，2005(12): 14-17。

当下哲学、心理学等领域的最新成果，阐述了体验学习的知识观、发展观和评价观，从而构建起一个完整的体验学习的理论框架。

1. 体验学习的过程

体验学习理论将"学习"称为"体验"，认为学习是体验的转换和知识创造的过程，强调体验在学习过程中的重要作用。体验学习理论既区别于理性主义和其他认知主义学习理论——后者认为学习的核心是抽象符号的习得、加工和回忆；同时体验学习也不同于行为主义学习理论——后者看不到学习过程中意识与主观体验的重要作用。体验学习将学习看作是体验（experience）、感知（perception）、认知（cognition）与行为（behavior）四个方面整合统一的过程。[21]

根据库伯的理论，体验学习具有六个基本特征。（1）体验学习是学习的过程而不是结果。体验学习认为，学习是起源于体验并在体验下不断修正并获得观念的连续过程。相反，学习结果仅仅呈现的是过去的记录，无法呈现知识的发展。（2）体验学习是以体验为基础的持续过程。每个学习者带着过去的经验进入学习，教育和学习的过程，是旧观念的修正、新旧观念冲突的解决、新观念的灌输以及新旧观念系统相互结合的过程。（3）体验学习是在辩证对立方式中解决冲突的过程。学习是经历自身非常本性的紧张与充满冲突的过程，而解决冲突的过程正是学习产生的过程。（4）体验学习是一个适应世界的完整过程。学习是一个无处不在的持续终身的过程，学习的环境从传统的学校课堂拓展外延到所有社会环境中，学习的时间跨度包含生命的所有阶段。（5）体验学习是个体与环境之间连续不断的交互作用过程。学习是学习者的积极自我指导的过程，个人的主观内部环境与外部客观环境不断交互作用，二者相互渗透和影响。（6）体验学习是一个创造知识的过程。知识分为社会知识——已有的人类文化经验的客观积累，和个体知识——个人主观的生命体验。在学习过程中，客观经验与主观经验之间的转换，即为知识创造的过程。[22]

2. 体验学习过程的结构基础

库伯将体验学习描述为由具体经验（concrete experience）、反思观察

---

21 [美] 库伯著，王灿明、朱水萍等译，体验学习：让体验成为学习和发展的源泉[M]，上海：华东师范大学出版社，2008。

22 [美]库伯著，王灿明、朱水萍等译，体验学习：让体验成为学习和发展的源泉[M]，上海：华东师范大学出版社，2008。

（reflective observation）、抽象概括（abstract conceptualization）和行动应用（active experimentation）四个阶段构成的循环过程。

具体体验与抽象概念、反思观察与行为应用是两组不同的领域。一方面，理解开始于两种对立的看待世界的方式，一种是使体验深入内心并依赖概念解释和符号描述的认知过程，即为领悟过程；另一种是通过依靠真实具体的东西来感觉直接经验的过程，即为感知过程。另一方面，积极主动与反思辩证，是两种对立的经验理解或符号描述的转换方法，分别是内涵缩小的内部反思过程，以及主动积极地操纵外部世界的外延扩大过程。换句话说，感知与领悟是两种基本的理解方式，而外延和内涵则构成两种基本的学习转换过程。

这两种辩证对立的理解形式，以及两个对立的结构性理解的方式，结果是形成了四种不同形式的基本知识：（1）通过感知获取经验，并通过缩小内涵的转换最终形成发散性知识（divergent knowledge）；（2）通过领悟获取经验，然后通过缩小内涵的转换形成同化性知识（assimilative knowledge）；（3）通过领悟获取经验，并通过扩大外延转换经验所得到的是辐合性知识（convergent knowledge）；（4）通过感知获得经验，并通过扩大外延所得到的是顺应性知识（accommodative knowledge）。[23]

图 2 体验学习的基本过程与基本知识形态的结构维度

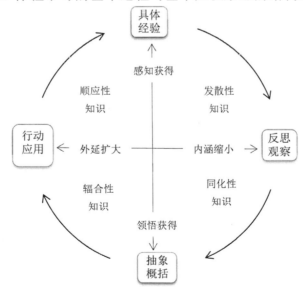

---

23 [美]库伯著，王灿明、朱水萍等译，体验学习：让体验成为学习和发展的源泉[M]，上海：华东师范大学出版社，2008。

来源：[美]库伯著，王灿明、朱水萍等译，体验学习：让体验成为学习和发展的源泉
[M]，上海：华东师范大学出版社，2008。

体验学习是以双重知识论为基础的，既包括经验论者的具体经验，通过直接感知的过程掌握事实，又包括唯物论者的抽象概括，通过抽象概念化的协调过程掌握事实。因此，体验学习认为，通过感知的认识和通过领悟的认识是处于平等地位的，感知和领悟二者是对立统一的，双方之间的动态联系构成了知识创造的核心。

3. 个性特征与体验学习方式

根据体验学习理论，学习过程是一个非常复杂、精细且变化多样的结构模式，感知与领悟、内涵与外延是辩证统一的整体，共同形成更高水平的学习，任何时刻的学习都是以上全部或部分相互作用的结果。

个体根据其独特的个性特征与差异，选择独特的加工结构，最终形成四种不同的体验学习方式。这四种基本学习方式包括：（1）辐合式学习方式，主要强调抽象概括与行动应用，这类学习者通过假设推断来组织知识，在解决问题、制定决策与实际应用方面往往有很好的表现，但不善于社会人际关系的处理。（2）发散式学习方式，强调具体体验和反思观察，这类学习者注重观察、想象力丰富、思维活跃且善于和人交往。（3）同化式学习方式则主要依赖抽象概括和反思观察，这类学习者擅长理性推理和理论模型的建构，关注观点与抽象概念而非人和社会关系。（4）顺应式学习方式，强调具体体验和行动应用，学习者敢于寻求机会与冒险，通过行动和试错来解决问题，但是往往分析能力不足[24]。

库伯认为，学习方式是人类学习中基本的、灵活的、具有独特个性的选择加工结构，许多因素都会影响个体的学习方式，包括过去的基本体验和思维、行动的习惯，个体的基本人格趋向与教育，以及成年之后的外部环境、职业选择与工作任务等。

4. 高等教育中的学习与发展

体验学习理论认为，教育机构就是社会知识的博物馆，其责任和职责就是创造条件让学生获得更好的自我发展并获得社会知识。从基础教育到高等教育阶段，学习者首先获得基本技能并准备好接受社会知识，之后根据自身

---

24 [美]库伯著，王灿明、朱水萍等译，体验学习：让体验成为学习和发展的源泉[M]。

的天赋和社会需求二者选择专门领域并进行社会化，最终使自身的创造力、才智和独特个性得到充分完整并成为一个完整的人。

为了实现高等教育培养完整的人的目标，体验学习强调要在学生个人学习方式的基础上建立对学习过程的管理，教育者应当为学习者构建合适的学习情境（learning environment）。同时，课程设计还需要考虑三种学习目标，即学习内容目标（content objectives）、学习方式目标（learning-style objectives）和成长与创造性目标（grow and creativity objectives）。因而，尽管高等教育强调专业化的培养，但学生的整体发展仍然不应忽视，这对于个人的成功与发展都是非常重要的。为此，大学除了对学生进行专业化的培养，还应当提供综合的学习机构和课程，使学生学会如何学习，并使这种学习倾向与学习能力成为终身习惯。

（二）大卫．库伯教育理论与服务－学习

人卫．库伯将学习称之为"体验"，他对体验学习的理念与特征的论述，尤其是对体验学习的基本过程的分析，为服务－学习中的社区实践活动的合理性，以及反思活动的重要性，都提供了重要的理论依据。

首先，库伯对于"体验"的论述，为服务－学习中的社区服务实践的价值提供了理论依据。库伯认为，体验在学习过程中具有重要作用，学习是将体验进行转换并创造新的知识的过程。因此，学校课堂应当延伸到现实社会中，使学生能够获得新的、真实的体验。在这过程中，学生通过个体与环境之间不断的交互和影响，使新旧经验与观念相互碰撞冲突，之后通过修正与融合形成并获得新的知识。[25]库伯对学习中的体验的论述，与服务－学习所强调的社区服务活动的价值，二者不谋而合。在服务－学习中，学生的课堂不仅是学校内的教室，社区同样是学习的场所。学生在完成课堂理论学习的同时，还要进入社区进行服务活动。课堂内的书本资料与社区实践经历，二者相互补充、共同组成了学生的学习材料。社区作为现实世界中的学习场所，它能够为学生提供了在学校内无法获得的体验。

其次，库伯对体验学习结构的论述，为服务－学习中的反思环节提供了理论依据。根据库伯的观点，体验学习是一个具体经验、反思观察、抽象概

---

25 Sheckley, Barry G., Morris T. Keeton, Service learning: A Theoretical model[M], Joan Schine, Kenneth J.Rehage, Service Learning, Chicago: University of Chicago Press, 1997: 32-55.

括和行动应用形成的循环发展的过程。在这过程中，反思观察是将具体经验转化为抽象的知识的必要环节；同样地，将知识运用到行动中的过程，又能够产生新的经验，进而继续学习的过程。服务—学习强调，学生必须参与结构化的反思，将理论知识与实践经历紧密结合并相互转化。一方面，学生能够通过对实践活动的反思，加深对理论概念与知识的理解；另一方面，学生运用理论知识去思考自己的实践，能够对现实问题获得更深刻的理解，同时增强自己的实践技能。

第二章 美国服务－学习的发展历程

本章将美国大学服务－学习的发展划分为三个主要阶段，即二战前的酝酿时期、二战后至 20 世纪 70 年代的初步发展时期，以及 20 世纪 80 年代之后的快速发展时期。服务－学习的出现与发展，深深地根植于当时的社会背景。因而，本章首先从政治、经济、社会和文化的层面，分析每个时期的服务－学习发展背后的深层驱动因素。第二，本章将对每个时期的高等教育的发展与趋势进行分析，探究服务－学习在高等教育机构内得以扎根与盛行的原因。第三，本章将在此基础上，梳理每个时期内服务－学习取得的主要发展及其特征。通过以上三个层次的分析，本章搭建了一个较为完整的美国服务－学习从萌芽到兴盛的发展历程的框架。

第一节 二战前：服务－学习的酝酿

19 世纪末至 20 世纪 50 年代，是美国服务－学习的酝酿期和摇篮期。在这一时期，美国在经济快速发展的同时，财富两极化、种族矛盾等社会问题日益严峻。同时，进步主义运动的兴起对美国的政治、社会与文化发展产生了重要影响。民众对于扩大民主参与、发展公共慈善的呼声日益高涨，并更加清晰地认识到个人与社会之间紧密的相互依存关系。社会的变革影响着高等教育的发展，1862 年的《莫雷尔法案》增强了大学的实践倾向，大学的服务职能受到重视。1904 年"威斯康星思想"提出，开创了大学直接为政府服务的先例。同时，社会运动的兴起、罗斯福政府的青年资源保护队项目，鼓励更多青少年参与到志愿服务活动中。在这一时期，高校服务社会成为高等教育领域的重要趋势，而青年参与社会服务的理念则在社会中日益深入人心。因此，尽管服务—学习尚未提出，但社会的发展与变革为其奠定了深厚的基础。

一、美国社会的变革

志愿服务是美国社会中的重要文化传统。志愿精神最初源于建国初期普通民众之间的互帮互助，之后在独立战争时期得到进一步发展。进入 19 世纪之后，在宗教教会和社会组织的共同推动下，使得越来越多的民众参与到志愿服务当中。20 世纪初的进步主义运动，对美国的政治、社会和文化产生了全方位的影响，尤其是引发了人们对民主制度、社会参与以及贫困等社会问题的关注和重新思考。

（一）志愿者精神的延续

奥巴马总统曾说，"我们国家的历史开始于对志愿者的召唤"[1]，表明志愿者精神在美国的悠久历史和深远影响。在建国之初，美洲大陆的居民为了生存的共同目标而团结一致、互帮互助。到了 19 世纪，在宗教复兴运动的影响，以及社会慈善组织的带领下，更多的民众参与到以慈善为目的的志愿服务中。

16 世纪 80 年代，第一批英国人开始向北美大陆迁移，并在 17 世纪初在弗吉尼亚建立了第一个殖民地定居点。此后，大批英国人向美洲大陆迁徙移民，在 1620 年，第一批英国清教徒乘坐轮船在达科德角登陆。在这片陌生的大陆上，生存成为所有人的首要目标，人们订立了《五月花公约》，希望通过相互协作来解决生存问题，尤其是农业种植、医疗卫生等与生存密切相关的问题。另一方面，清教徒的教义极大地影响着人们的思想与生活，人们希望通过做好事和帮助他人的方式为自己赎罪。在教会的领导下，民众参与到众多公共活动中，通过劳动、捐赠等方式合作解决社区的共同需求。1736 年，本杰明. 富兰克林（Benjamin Franklin）建立了第一个志愿消防站，由成年男子担任志愿消防员，保卫社区的消防安全，这个传统一直延续到了今天。在殖民地时期，民众为了满足安全和基本生活需求，同时受到清教徒教义的影响，自发地参与到公共志愿活动中，这种精神逐渐融入人们的日常生活，得到人们的认可与推崇。

1　Barack Obama, Proclamation 8363—National Volunteer Week, 2009 Online by Gerhard Peters and John T. Woolley, The American Presidency Project [EB/OL],https://www.presidency.ucsb.edu/documents/proclamation-8363-national-volunteer-week-2009.

　　1775 年，美国爆发独立战争。在漫长的战争过程中，民众自发地联合起来为战争筹集资金，并组织抵制来自英国的各种产品，表现出他们的慈善态度和爱国精神。同时，大量民众和志愿人员加入到战争中，林肯总统曾多次号召民众作为志愿人员参加军队，成为战争中的重要力量。这一时期，志愿服务不仅是民众之间的相互帮助，也被赋予了爱国主义的色彩。

　　在 19 世纪，志愿服务的精神继续在民众之间传播，同时宗教的发展也对人们参与志愿活动产生了极大影响。在这一时期，社会中出现了许多民间志愿服务组织，以关注社会发展与普通民众的生活作为组织的宗旨。

　　在 19 世纪 20 年代，一场被称为"第二次大觉醒"（Second Great Awakening）的宗教复兴运动，使得成千上万的人皈依福音派宗教（evangelical religions）。皈依者们被教导，为了获得救赎，他们不仅要为个人的罪忏悔，还要为社会的道德完善而努力。[2]人们将基督教的教育应用到解决社会问题的努力中，在宗教领袖的带领下，开始了一波又一波的社会改革浪潮。在这一时期，改革以节制、妇女权利和废除奴隶制的社会运动的形式出现。社会活动家们在他们的工作中非常注重道德，认为他们在社会中扮演的角色是净化世界（purifying the world），为此它们开始努力改革监狱，照顾残疾人和精神病患者。他们相信通过自己的工作，以及法律的改变和制度的建立，可以带来救赎的个人。改变世界的兴趣被运用到政治行动中，禁酒、废除奴隶制度和妇女权利运动也在战前的美国兴起。禁酒运动（temperance movement）鼓励人们戒酒以维持家庭秩序，废奴运动（abolition movement）为废除美国的奴隶制而斗争，而女权运动起源于女性废奴主义者，她们意识到她们也可以为自己的政治权利而斗争。各项改革的支持者们，试图将他们的信念贯彻到国家政治中。这次宗教复兴运动，使得大批民众在教会的带领和教义的引导下，参与到了社会志愿活动当中。

　　社会中涌现出大量的基督教组织，施行并号召民众参与各类社会服务。1851 年成立的美国基督教青年会（Young Men's Christian Association, YCMA），把基督教的原则付诸实践。该组织号召青年人去街上讲道、分发宗教传单和从事社会事工，保护年轻人远离酒精、赌博和卖淫的诱惑，发展一个健康的"身、心、灵"，并促进良好的公民意识。1865 年，英国牧师威廉（William Booth）

2　Teach US History.org, The Second Great Awakening and the Age of Reform[EB/OL], http://www.teachushistory.org/second-great-awakening-age-reform, 2020-1-2.

和他的妻子凯瑟琳.布斯（Catherine Booth）夫妇成立了救世军（Salvation Army）。救世军以"为最需要帮助的人做最好的事"为口号，到伦敦的街道上为穷人、罪犯、醉汉等最穷苦的人们布道。1887，另一个著名的慈善组织"联合之路"（United Way）在丹佛成立。[3]该慈善机构由一名当地妇女、一名牧师、两名牧师和一名犹太教教士联合发起，通过向社会民众募捐资金，促进儿童教育、卫生保健等重点领域的发展。

除了宗教组织，由社会民众发起的众多志愿服务组织，也成为了这一时期的志愿服务的重要力量。1881 年，美国红十字会（American Red Cross）成立，吸引和组织大量志愿者参与到救灾运动中，为受灾害的民众提供救济，这一组织到今天已经成为美国历史上最大的志愿者组织之一。1905 年，一位芝加哥的律师成立了扶轮社（Rotary Club），最初是为了将不同背景的专业人士聚集在一起合作并回馈社区，之后组织的工作逐渐扩展到人道服务乃至国际志愿服务。此外，在 20 世纪 30 年代的大萧条时期兴起的"流动厨房"（soup kitchen），为保守经济危机困扰的普通民众提供了事物和住所的支持和帮助。[4]

（二）进步主义盛行

19 世纪末 20 世纪初，进步主义运动席卷整个美国社会，波及政治制度、经济、社会和文化等各个领域，并成为之后政府发起一系列社会改革的重要推动力。

新旧世纪之交的美国已经完成了工业化，国家经济快速发展的同时，也暴露出许多严重的弊病，社会贫富两极化进一步加剧、阶级对抗激烈、社会动荡不安，整个社会处在深刻而全面的变动之中。在这样的背景下，进步主义运动快速兴起，企业家、知识分子、政治家、社会工作者等各个社会阶层都被卷入这场改革潮流中。进步主义运动涉及的领域十分广泛，给美国社会带来了深远的影响，标志着美国已经完全跨入现代社会的大门。

在政治领域，进步派认为美国政治领域的严重腐败，对民主自由制度和民主政体造成了极大的威胁。在这一时期，美国社会的贫富差距进一步扩大，

---

3 Boundless US History, The Second Great Awakening [EB/OL], https://courses. lumenlearning.com/boundless-ushistory/chapter/the-second-great-awakening/,2019-12-2.

4 sBoundless US History, The Second Great Awakening[EB/OL], https://courses. lumenlearning.com/boundless-ushistory/chapter/the-second-great-awakening/,2019-12-3.

不断壮大的穷人队伍使得贫困问题成为难以回避的严峻社会问题。同时，城市开始大规模发展，却并未形成相应的管理体制与管理方法，导致城市管理混乱、基础设施陈旧和缺失。因此，在 20 世纪初，"社会福利"一词开始在美国社会传播开来，民众希望政府能够有所作为，有效地解决贫困问题。[5]在这一过程中，进步派积极投身于到改善社会下层民众生活的运动中，一方面进入底层帮助穷人，另一方面广泛宣传社会改革和公共慈善事业。进步派提出，要解决政治腐败的问题，唯一有效的方式就是扩大人民对政治的参与，加强人民对政府的监督，同时赋予公民表达政治意向、参与政府决策的权力。

在思想意识领域，社会局势的转变引发人们对个人与社会、政府与自由之问题的重新思考。十九世纪下半叶，个人主义向着极端发展，个人行为与社会利益之间的冲突达到了顶点。由于社会控制极度衰弱，加之大公司和大财富的出现，使得少部分人拥有巨大了经济力量和社会权力，对大多数个人的自由与权利构成了威胁，巨大的贫富差距使得穷人几乎丧失了平等与权利。其次，社会上的拜金主义盛行，物欲极度膨胀，人与人之间的竞争日益激烈，人们为了金钱与财富几乎失去自身的尊严与价值。在这种情况下，社会有识之士开始对个人主义进行批判，试图纠正个人与社会之间的扭曲的关系，新个人主义思想逐步形成。社会学家詹姆斯·鲍德温提出，在保护个人自由的同时，应当认识到个体与社会也是相互依存的，应当对个人行为进行适当的社会控制。[6]威斯康星大学校长查尔斯·范海斯在《资源保护与爱国主义》一书中提到，真正的爱国者，是那些首先考虑到其种族及其未来、而非自身的人。新个人主义的特点，在于它调整了个人与个人、个人与社会之间的关系，把个人利益与社会利益视为相互依存的整体，用集体性的行动来弥补个人奋斗的不足，用合作互助来缓和无情竞争。在这一时期，政府对经济事务与社会问题的干预，正是这种思想的体现。

二、高等教育的实践倾向与服务意识

19 世纪末，美国高等教育呈现出向实用化和应用性转变的趋势。1862 年，联邦政府颁布《莫雷尔法案》，一大批赠地学院得以建立和发展。这些高等院

5　李剑鸣，大转折的时代——美国进步主义运动研究[M]，天津：天津教育出版社，1992。

6　李剑鸣，大转折的时代——美国进步主义运动研究[M]，天津：天津教育出版社，1992。

校开设了大量农业和机械制造业方面的课程，为广大的中场阶级和农民提供教育，使得高等教育朝着平民化、实用化的方向发展。与此同时，西方国家技术教育的发展，使得高等院校更加注重实践项目在课程中的运用。

（一）高等教育向实用性与应用性转变

1. 《莫雷尔法案》推动高等教育的实用性倾向

南北战争之后，美国大学的实践性和应用性倾向进一步凸显。在这一时期，西点军校（United States Military Academy at West Point）开始为学生提供高等数学、化学、技术制图、土木工程领域的实践培训。在后来的国家铁路建设中，西点军校所培养的工程师发挥了重要作用。其次，纽约的伦斯勒理工学院（Rensselaer Institute）开设了工程学、测量、收集植物标本、园艺学等课程，并组织学生在进行化学实验前去工厂实地参观。第三，为了响应本州立法机关所提出的建立农业学院、促进科学与农业发展的号召，密歇根农业学院（Michigan Agricultural College）于 1857 年成立，成为美国第一所国家农业学院。学院开设了化学、生理学、数学、电力学等各学科的培训，致力于通过该学院促进农民的道德的、身体的和智力的发展。之后，爱荷华州、马里兰州等州，在南北战争之后也陆续开设了农业学院。

1862 年，联邦政府颁布《莫雷尔法案》（Morril Act），对高等教育的发展产生了深远的影响。该法案的主要内容包括：（1）联邦政府和各州赠予一定数量的土地以自主各种开设农业和工艺教育的学院，促进农业和机械制造业的发展；（2）联邦政府向各州拨赠土地的面积依据 1860 年各州所拥有的国会议员人数而定；（3）各州需要将所赠土地出售，建立永久性资金，资助供给和维持至少一所专门学院，主要讲授农业和机械制造方面的知识，但也并不排斥其他学科和经典学科知识的传授；（4）各州可用联邦政府拨赠土地出售所得资金来购买联邦政府发行的债券或其他可靠性证券，以赢利来扩大永久性资金，资金的 10%可用来购买土地以建立学院或实验性基地。该法案颁布之后，各州的赠地学院迅速发展，各州或是建立新的农工学院，或是在州立大学中开展农业和工艺教育。在 1887 年，美国国会又通过了《海奇法案》（Heath Act），规定联邦政府每年向各州拨款 1.5 万美元，用于在各州的农工学院内设立农业实验站，由教师向农民传授农业知识，运用科学研究的成果指导农民解决农业生产中遇到的实际问题。

《莫雷尔法案》是美国高等教育发展史上一个伟大的里程碑，是美国第一次尝试将通识教育与实践性的和志愿性的学习结合起来的尝试。[7]在法案推动下新建立的一批农工学院，区别于传统的高等学校，在课程方面强调农业和机械制造业方面的知识，强调理论与实践相结合。同时在学生群体方面，这类学院向广大的中场阶级和农民敞开大门，使得高等教育朝着平民化、实用化的方向发展。1890年，赠地学院进一步将教育覆盖到缺少教育的非裔美国人，体现了它的民主特征和服务导向。《莫雷尔法案》及相关法案的颁布，回应了当时美国工农业迅速发展和人口激增对高等教育提出的新要求，使美国高等教育机构向着为社会经济发展提供直接服务的方向迈出了重要一步。

2. 西方技术教育推动美国高等教育的实践性与应用性转变

在这一时期，西欧各国的技术教育快速发展，许多理念与教学方法传播到美国并引起众多教育者的关注。同时，美国的工业化快速发展，社会急需大量受过培训的机械工人、木工等专业技能人才。为此，这一时期的众多学校都开始向着职业化的方向发展。

1876年，美国举办百年纪念国际展览，主题之一即"教育为民主，教育为新的工业秩序"。在该展览中，德国和苏联展示了大量的教学工具和模型，帮助学生在课堂中学习相应技能。此次展览之后，来自麻省理工大学和和华盛顿大学的几位教授深受启发，积极推广手工培训（manual training）的概念，并开设专门学校以实践这一理念。在他们的努力下，手工培训的理念在美国教育领域快速传播，许多高等教育机构开始为学生提供实践性的、实用科目的教育。之后，大量的此类学校转变为中等学校，强调开展职业的和技术的培训。

之后在1893年，美国举办了芝加哥哥伦比亚展览，德国的机械产品成为此次展览的最大赢家。当时，德国的技术教育（technical education）在中等教育和高等教育领域都得到了很大发展，并成为其他国家的典范。德国的技术教育模式中，最重要的一点就是课堂指导和在职培训的结合。对比当时的美国，不仅大量的公立学校教师几乎没有接受过职前教师培训，并且医生的临床培训也同样缺乏。为此，在1896年，美国国家制造业协会（National Association of Manufactures）成立教育常务委员会，呼吁在美国推行德国模式

---

7 Eddy, E.D. (1957). College for our land and time: The land-grant idea in American education. New York: Harper&Brothers.

的技术培训和实践性的实习。[8]在这一时期，医生、律师、教师、社会工作者、工程师等一系列专业相继建立专业组织，为本专业的教育、培训以及资格证书的颁发建立标准。而这些专业组织在对本专业的高等教育的要求中，往往包括了进行一定时间量的实习的要求，体现了职前教育培训中的理论与实践相结合的倾向。

（二）高等教育机构服务意识的初现

一直以来，教育尤其是高等教育的核心目标都是培养能服务于社会的公民。进入 20 世纪之后，美国高等教育机构日益清楚地认识并承认大学服务社会的必要性。

早在柏拉图和亚里士多德时期，教育家们就提出教育要培养完整的人（good person），即拥有知识、以及按照获取的知识行事以追求美好事物的态度。到了现代，古典自由主义（classic liberal）强调价值观和公民在教育中的核心地位。洛克（John Locke）与康德（Immanuel Kant）提倡品格教育（character education），约翰．斯图尔特．密尔（John Stuart Mill）提倡教育应当促进"有能力的和明智"的公民参与。卢梭（Jean-Jacques Rousseau）提倡浪漫的个人主义哲学的教育（romantically individualistic philosophy），他在《爱弥儿》中提出要与其他社会成员进行公民互动。因此，古典教育哲学家都认同，教育应当包括事实与科学理论以及对基本道德伦理的知识，并应当能促进实践知识与品格的发展。在高等教育领域，国家应当为学生提供关于经济、政治领导力和道德伦理的教育，使毕业生能够为减轻人类苦难、保障人权促进社会生产力发展做出贡献。

在美国，教育史学家弗雷德里克．鲁道夫（Frederick Rudolph）曾指出，"美国大学自出现以来就被赋予了公共目标，承担着对过去、现在和未来的责任"。[9]在 19 世纪初期，托马斯．杰斐逊（Thomas Jefferson）在他的弗吉尼亚教育项目中，提倡要为男性普及基础教育，帮助他们做好成为公民的准备。同时，还应当挑选一部分人为其提供进一步的教育，使其能够成为公民领袖

8　Gregory R. Zieren, Peter H. Stoddard, The Historical Origins of Service-Learning in the Nineteenth and Twentieth Centuries: The Transplanted and Indigenous Traditions, in Service-Learning: history, theory, and issues[M], edited by Bruce W. Speck, Sherry L. Hoppe, Westport, Conn.: Praeger, 2004.

9　Rudolph, F. The American College and University: A History. Athens: University of Georgia Press, 1962: 177.

和公职人员。撇去对杰斐逊的精英主义的批判，杰斐逊清楚地认识到对未来精英的教育应当要以有利于国家和社会的发展为目标。学生在毕业之后应当成为公职人员，将知识运用于实践中，或者成为律师、法官和商业领域的领导者。[10]

随着进步主义思潮席卷整个美国社会，高等教育也在这场运动中经历着变革。在进步时代，人们相信实行"大众参与制政治（popular government）"，扩大人们对政治事务的积极参与，培养有文化的开明的投票者是在新时代重塑美国民主的必要的催化剂。因此，人们将目光转向了高等教育机构，希望大学能够承担培养公民的任务。同时。这一时期的大学入学率快速增长，在1890年和1910年之间，高等教育的入学率增长了两倍。随着接受高等教育的青年人数量快速增长，高等教育课程更加多样化，越来越多的毕业生开始进入社会的各个部门，成为社会中的新生力量。[11]社会和民众要求高等教育机构重新思考自身在民主社会中的角色与使命。美国大学开始意识到它作为一个服务机构的使命，大学的教学与研究工作不仅要促进知识的增加，同时也必须承担起向社会大众传播知识的职责。

三、社会服务理念的发展

20世纪上半叶，在政府与社会组织的推动下，社会服务理念在美国社会逐渐兴盛，同时高校也在积极探索服务社会的新形式。"民间资源保护队"项目以及社会运动的兴起，使得大量青年人参与到社会服务活动中。与此同时，"威斯康星思想"强调大学应当参与本州的建设与发展，体现了公共服务理念在高等教育领域的新发展。

（一）联邦政府参与社会服务项目

在这一时期，联邦政府开始参与到社会服务项目的建设中，鼓励民众尤其是青少年积极参与社会服务活动，促进了社会服务理念的传播与发展。

1932年，罗斯福政府成立"民间资源保护队"（Civilian Conservation Corps, CCC），为青年人提供国家资源保护工作（例如，建立防洪措施、保护森林等），以缓解大萧条时期严重的失业问题。民间资源保护队的成立，一方

---

10 Thomas Jefferson and education [EB/OL], https://en.wikipedia.org/wiki/Thomas_Jefferson_and_education#Jefferson's_views_on_education_of_citizens.

11 Eddy, E.D.. College for our land and time: The land-grant idea in American education. New York: Harper& Brothers.1957.

面缓解了工业化和资源滥用造成的自然环境恶化问题，同时也在一定程度上解决了经济大萧条引起的城市青年失业问题与就此相关的城市社会问题。在1933-1942 年期间，该项目为全国大约三百万青年人提供了工作岗位，在美国社会产生了巨大的影响。随着二战的爆发，该项目最终在 1942 年被停止。尽管这一项目并非严格意义上的志愿服务活动，但它明确体现了政府鼓励民众参与国家和社会服务的理念，也被认为是联邦政府开展志愿服务项目的源头。[12]

另一方面，联邦政府与社会组织共同开展社会服务项目。20 世纪初，社会运动在美国兴起，倡导每个民众都有权通过教育获得基本的公民知识与技能，并基于完全的知情参与社会活动。早期的社会工作者往往致力于深入社会底层，为弱势群体提供公民教育和培训。著名社会工作教育者和改革家爱德华.林德曼（Eduard Lindeman）将目光转向青年人，提出通过教育培养专业的社会工作者，使其同时具备专业的公民知识与技能以及强大的社会服务意识。

1935 年，经过社会工作者的倡导和游说，埃莉诺.罗斯福（Eleanor Roosevelt）成立"国家青年总署"（National Youth Administration, NYA）。[13]该组织由一批致力于促进青年参与社会服务的社会工作者组成，主要开展两类项目。其一，校外工作项目（out-of-school work program），为那些退学的、难以就业的 18-24 岁青年人，提供在公共项目中就业的机会。该项目不仅为青年人提供了就业机会和工作经验，同时为经费不足的社区提供了额外的服务，并且为当时的产业发展和国家建设所急需的岗位输送了一批技术人才储备。其二，学生工作计划（student-work program），为中学和大学中的经济困难的青年人提供校内外勤工俭学的机会。一方面，该项目使大量社会底层的青年人能够获得高等教育，促进了教育机会公平。另一方面，该项目基于社会建设的需要为学生选择适当的工作，使学生在这过程中关注社会问题，增强公民技能与责任感。国家青年总署开展的项目，向新生一代尤其是青年学生，传递了服务他人、参与社会工作和改善社会发展的理念，在青年人中引起了广泛影响。

（二）大学社会服务功能的确立

20 世纪初，美国威斯康星大学所提出的"威斯康星理念"（Wisconsin

---

12 徐彤武，联邦政府与美国志愿服务的兴盛[J]，美国研究，2009(3)：25-45。
13 Youth in Industry[EB/OL], https://heinonline.org/HOL/Page?handle=hein.journals/month52&collection=journals&id=1191&startid=&endid=1200, 2019-5-4.

Idea），成为美国大学社会服务理念的集中体现，更是大学社会服务功能确立的里程碑。正如密歇根大学校长詹姆士（James Burrill Angell）所说，在公共服务理念的激励下，大学从"大多数人眼中的一群无用也无害的隐士的家"，变成了"美国民主社会的公仆"。[14]

1848 年，威斯康星大学正式成立。作为一所州立大学，威斯康星大学自成立之日起，就将促进本州的发展、服务本州的民众，作为学校的重要目标之一。之后，威斯康星大学的历任校长，不仅将大学服务本州需要的理念进行传承与发展，并且在任内提出相应的举措开展社会服务的实践活动。例如，第七任校长汤姆．钱伯林，通过在校内开设农业相关的短期课程、建立农民培训机构，为本州的农业推广和机械技能教育工作提供支持。

1904 年，查尔斯．范海斯（Charles R. Van Hise）成为威斯康星大学的校长。在就职演讲中，范海斯提出"州立大学的生命力在于她和州的紧密联系。州需要大学来服务，大学对州负有特殊责任。"[15]范海斯认为，大学承担着二项基本的任务，即（1）培养学生成为具备知识与技能的公民；（2）进行科研研究，发展和创造新的知识和文化；（3）将知识传播给民众，使他们能够运用知识去解决生产生活中的各种问题。在任期内，范海斯非常重视大学为社会服务的职能，并采取了多项改革措施。1912 年，时任威斯康星州立法咨询图书馆秘书、威斯康星大学教授的查尔斯．麦卡锡（Charles McCarthy）出版了著作《威斯康星思想》，标志着"威斯康星理念"的正式提出。

威斯康星大学的社会服务活动可以归纳为三种主要形式。首先是大学教育推广部的社会服务活动。大学通过将知识、技术和信息传播给广大民众，促进本州的经济、文化发展。具体而言，大学通过开设函授课程、开展辩论和讨论、提供信息与服务如流动图书馆等方式，将知识传播到民众之间。第二，大学农业院系开展的社会服务活动。大学一方面向农民传播农业新知识与新技术，另一方面将农业院系的科学研究成果进行转化，用于促进农业的发展，造福本州的农民。最后，大学教师在本州的政府部门中担任职务，基于自身的专业知识，为政府决策提供意见和建议，或是为制定和完善各项法律法规提供支持。

---

14 Rudolph, F.(1962). The American college and university: A history. New York: Vintage Books: 321

15 陈学飞，美国、德国、法国、日本当代高等教育思想研究[M]，上海：上海教育出版社，1998：45

"威斯康星思想"的出现，是美国社会政治、经济和文化领域内的巨大变革的体现，是高等教育机构回应社会对大学的新需求的必然产物。"威斯康星思想"对美国的高等教育产生了巨大的影响，极大地推动了大学社会服务理念的传播与发展，同时也丰富和启发了大学的社会服务形式的多样化发展。

第二节　二战后——20 世纪 70 年代：服务－学习的提出与初步发展

20 世纪 50 年代至 70 年代，服务－学习的理念在美国被正式提出。二战后的美国在经历了快速繁荣之后，陷入经济发展迟缓的困境，教育和公共资源匮乏，民众参与政治生活和社会事务的意愿增强。为此，美国在 60 年代开始进行全面的社会改革，开展反贫困运动、增强社会平等并增强弱势群体的教育。在这过程中，政府将青年一代看作是改革的重要力量，越来越多的青年参与到社会的改革与发展中。同时，联邦政府在"国家服务"理念之下，开展了大量志愿服务项目，激发了青年参与社会发展的积极性。

一、战后美国社会的复杂形势

50 年代之后，美国经济发展陷入困境，同时社会发展过程中出现了诸多矛盾与问题。为此，联邦政府开始发起社会改革运动，肯尼迪总统执政时期的"新边疆"改革，以及约翰逊总统提出的"向贫困宣战"运动，号召民众尤其是青年参与到社会的变革与发展中。

（一）美国经济繁荣表象下暗藏危机

二战之后，美国经济持续快速增长。然而，社会发展的背后却暗藏着许多不可忽视的问题，经济发展缺乏持续的动力、种族矛盾激化、贫富差距悬殊、教育和公共服务缺乏等，严重影响着美国社会的持续发展。

在政治领域，二战之后的世界政治形势发生巨大变化，美苏之间的军备竞赛加剧了紧张的国际局势。1957 年，苏联成功发射第一颗人造地球卫星，使得原本认为居于领先地位的美国当局感到了危机。在经济领域，50 年代开始的第三次科技革命兴起，极大地推动了生产力的发展，美国从工业社会走向后工业社会，整个社会发展呈现出欣欣向荣的局面。

然而，这一时期美国国内经济危机频发，政府采取的反危机政策又造成了日益严重的通货膨胀。同时，尽管劳动力人口大量增加，但却普遍缺乏教育，导致大量人口尤其是青年和少数民族人群失业，结构性失业尤其严重。这种周期性的经济危机以及就业问题，使得国家财政陷入困境，整体经济发展速度下降。在种族斗争方面，第二次世界发展激起了美国黑人的民族意识，为争取自己的民主和自由权利，黑人民权运动在美国社会大规模兴起。最终，联邦政府在 1964 年通过了《民权法案》，宣布禁止任何形式的种族歧视。尽管如此，美国白人对黑人和少数族裔的歧视仍然存在，尤其是在南方各州，黑人在就业、教育等领域仍然无法获得平等待遇。在公共领域，民众对教育、医疗、住房等公共物品的需要不断增长，但社会上消费主义和物质主义盛行，弱势群体的生活陷入困境。在社会生活方面，工厂生产方式的变化影响了人们的日常生活和社会交往的方式，个人与社会团体对社会事务的参与热情高涨，政治参与的意识增强。同时，理论知识在政策制定中的重要性凸显，知识分子成为影响政府决策的重要力量。

总的来说，二战之后的美国一跃成为世界上首屈一指的强国，政治、经济和社会各个领域都经历了巨大的发展与变革。然而，繁荣的表象之下也暗藏着危机，尤其是美苏之间冷战的加剧，使美国时刻感受到潜在的危机。在这种情况下，人们将目光转向教育尤其是高等教育，希望通过高等教育的发展保证国家的安全与发展。

（二）联邦政府开展社会改革

1960 年，肯尼迪总统上台，呼吁进行全面的社会改革。肯尼迪总统宣扬自由主义的改革思想，关注穷人、少数民族和弱势群体的利益，强调扩大联邦政府在经济和公共事务中的作用。为此，肯尼迪提出"新边疆"（New Frontier）改革，采取一系列改革措施，包括：减税和经济复苏、行政部门策略到民权立法、援助教育改革、医疗保险改革以及计划反贫困运动。这些举措体现了政府对社会发展的态度更加乐观主动，关注公民权力和社会平等，在政治领域进行更加积极的政府干预，主张个人与社会发展的一致性。

1964 年约翰逊总统上台，继承了肯尼迪的思路，开始大刀阔斧的改革。约翰逊政府构建了一个全面的"伟大社会"（Great Society）的改革方案，改革覆盖了经济、政治、社会、文化和教育各个领域。首先，约翰逊政府为了实现种族平等，相继通过了一系列法案，如《1964 年民权法》、《1965 年选举权法》、《1968 年住宅开放法》，旨在改善少数民族尤其是黑人的政治和生活状态。其次，在社会领域，根据 1964 年通过的《经济机会法》，约翰逊总统发起了"向贫困宣战运动（War on Poverty）"。约翰逊认为，贫困主要来源于这部分民众缺乏教育以及糟糕的环境，反对贫困要从政治、经济、文化三大领域共同着手。具体而言，政府在政治领域确定了平等参与的原则，对穷人进行就业培训，鼓励其参与社区行动，为其提供法律服务和医疗保障；在经济领域，提供资金援助、住房补贴和儿童照顾等；在文化领域，则通过智力启动、工作队和教育援助等改造"贫困文化"。值得注意的是，政府将青年人作为反贫困运动的重要群体，认为青年人是最容易打破的贫困循环体，优先考虑青年人脱贫。为此，联邦政府建立了"经济机会局"；启动社区行动计划，鼓励人们参与社区行动改善贫困环境，启动和平队计划，通过社会服务来消除贫困；启动工作队计划，为 16-24 岁处于不利地位的青年人提供全职的职业技能培训，提供基础教育、社会技能指导、咨询服务等支持性社会服务等。

总的来说，这一时期的社会改革尤其是反贫困运动，其特点在于，强调通过教育和工作培训的方式改造低收入群体，知识与教育对于改善弱势群体的重要性被社会民众和政府所认可和重视。在政府的推动下，民主参与的理念以及教育和社会服务之间的紧密关系，得到了进一步的发展。

二、高等教育与国家发展紧密联系

（一）高等教育大众化体系正式形成

二战之后到 20 世纪 70 年代，美国高等教育进入了一段黄金发展时期。在这一时期，高等教育的规模扩大、结构调整，同时大学与国家和社会发展之间的联系变得更加紧密。

首先，高等教育的规模不断扩大，入学人数大量增加。二战结束后，大量退伍军人获得联邦的资助进入高等学校，使得大学的入学人数激增。同时，战后生育高峰期出生的儿童已经长大，并加入到了升学的大潮中。此外，科技革命导致产业结构发生重大变化，使得就业市场对劳动力的知识与技能提出了更高的要求。为此，高等教育机构响应社会与民众的需求，进一步扩大了大学的招生规模，使得大学的入学人数快速增加。与此同时，进入大学的学生群体更加多样化。更多中产阶级和低收入家庭的学生在联邦的资助政策下开始进入大学，同时民权运动和妇女权利运动使得更多的黑人和女性也进入大学。

其次，高等教育机构的办学层次与课程结构也发生了变化。两年制学院的数量快速增长，且规模和招生人数不断扩大。这类学院的办学目标更加强调，为学生提供与未来就业紧密联系的课程与科目的学习。与此同时，这一时期的研究型大学数量的增长速度相对有所减慢，政府对基础研究的资助也趋于平缓。在课程方面，大学的课程数量不断增加并且类型更加丰富。课程改革的目标是为了满足更加多样化的学生群体的学习需求，而实质是满足社会与经济的发展对劳动力的新需求。课程改革呈现出更加实用性的特征，将新兴学科纳入到课程体系中，例如计算机、工程学、管理学等，帮助学生为毕业后的就业做好准备。同时，课程与社会发展的联系更加紧密，鼓励学生关注社会发展的问题与变化。

总的来说，美国高等教育在这一时期实现了从精英教育阶段到大众化教育阶段的巨大转变，高等教育大众化体系正式形成。并且，高等教育继续保持着向世俗化发展的趋势，致力于向着满足民众的平等受教育权、履行社会责任、促进社会发展的方向继续发展。[16]

（二）高等教育与国家安全紧密联系

在这一时期，高等教育成为国家发展的战略重点，与国家安全和国防建设前所未有地紧密联系在一起。受到苏联人造卫星发射的影响，美国政府与社会认识到大学教育和人才培养的重要性与紧迫性。1958 年通过的《国防教育法》提出，要改革美国的教育制度、增加教育的财政投入以及提高教育质量。为此，联邦政府为高等教育提供了大量财政拨款，通过设置奖助金和贷款扩大高等教育机会，同时大力发展国家安全所需要的专业和学科，培养国家迫切需要的专门人才。此外，联邦政府在 1965 年颁布《高等教育法》，核心部分在于通过为经济贫困学生颁发的"教育机会助学金"和"学生贷款担保"的方式，为这部分学生提供资助。该法案在反贫困的背景下产生，凸显了教育公平的特征。

总的来说，美国的高等教育这一时期经历了快速的发展，同时大学与国家和社会发展的关系变得更加紧密。大学在国家中的地位不断提高，并且要求大学更好地满足国家事业发展的要求，回应社会的新需求。大学以及大学

---

16 [美]亚瑟·科恩著，李子江译，美国高等教育通史[M]，北京：北京大学出版社，2010。

中的教师和学生，从校园进入更广泛的现实社会，试图为国家发展开辟新的途径，做出自己的独特贡献。

三、服务－学习的提出与初步发展

19 世纪 60 年代，服务－学习的概念被首次提出，标志着服务－学习进入一个全新的发展阶段。在这一时期，联邦政府主导和开展了大量志愿服务项目，吸引了大量民众尤其是青少年参与到项目中，为解决当时的社会发展问题与需求做出了有益贡献。更重要的是，服务－学习的概念被正式提出，美国南部地区教育委员会在南方各州开展了众多大学与社会机构的合作项目，为服务－学习之后的发展奠定了重要基础。

（一）联邦政府主办志愿服务项目

在这一时期，美国联邦政府发起和主办了众多国内外志愿服务项目。这些项目号召来自不同经济文化背景和各个年龄段的民众参与到国家服务中，尤其是吸引了大量的青年人参与到国家建设和社会发展的服务项目中。

1961 年，肯尼迪总统发起"和平队"（Peace Corps）运动，向需要援助的国家尤其是非洲各国派遣志愿者。和平队作为一个对外援助机构，它的出现主要是美国政府出于外交政策的需要，但同时也与美国社会在 60 年代的志愿服务活动兴起密切相关。到 1966 年，和平队的人数达到最高，超过 1.5 万名志愿者在海外提供服务。[17]

在 1964 年，约翰逊总统提出，"一个真正自由的社会决不能是一个旁观者的社会"，并发起"白宫伙伴计划"（White House Fellows program）。参与者将在联邦政府部门中进行为期一年的全职工作，同时还需要参与一个教育项目，与来自公共部门和私立部门的领导人进行圆桌会议，并实地学习美国国内和国外的政策行动。[18]作为一项领导力与公共服务计划，它使得青年人有机会参与到国家的管理工作中，增强公民意识与参与公共事务的能力。1965年，根据《1964 年经济机会法》（Economic Opportunity Act of 1964），联邦政府成立了"服务美国志愿者"组织（Volunteers in Service to America, VISTA）。VISTA 鼓励包括老年人和低收入人群在内的民众，参与有意义的、建设性的

---

17 Michael R. Hall, The Impact of the U.S. Peace Corps at Home and Abroad[J], Journal of Third World Studies, 2017(24): 55.

18 The White House, White House Fellows[EB/OL],https://www.whitehouse.gov/get-involved/fellows/, 2019-10-5.

志愿者服务活动中。通过人力资源的充分利用帮助解决贫困问题，同时为这些群体提供自我发展的机会。[19]

之后在里根政府时期，1971 年成立了联邦机构"行动"（ACTION），作为统一管理美国国内和国际志愿者服务活动的机构。根据规定，该机构负责管理原本由经济机会办公室管理的两个国内志愿者项目 VISTA 和全国学生志愿者项目（National Student Volunteer Program, NSVP）；原本由健康、教育和福利部（Department of Health, Education, and Welfare）管理的"养祖父母计划"（Foster Grandparents program）和"退休老年人志愿者计划"（Retired Senior Volunteer Program, RSVP）；以及国际志愿者服务项目"和平队"。作为全国学生服务的中心机构，ACTION 出版了期刊《合作》（Synergist）；搭建了全国性网络；并为志愿服务项目分配资金。1972 年，该机构发起的其中一个项目"大学行动年"（the University Year for ACTION），为学生提供为期一年的在州政府和非盈利机构中进行志愿者服务的机会，学生每周工作 32 个小时，每学期可以获得 10 个学分，同时每个月还可以获得补贴。[20]该项目吸引了来自一百多所大学和学院的超过一万名学生参与其中。尽管"国家服务—学习中心"只存在了较短的时间，但在此之后，各地的大学与学院通过相关组织继续相互联系并逐渐形成网络。

不仅如此，联邦政府还与社会团体共同合作开展青年志愿服务活动。其中，最具代表性的，是玛丽.科勒（Mary Conway Kohler）于 1967 年在纽约成立的非营利组织"全国青年资源委员会"（National Commission on Resources for Youth, Inc, NCRY）。NCRY 与关注青年人的联邦政府机构进行合作，共同开展青年项目。NCRY 关注青年人的教育与个人发展，帮助他们融入社会，同时注重培养他们的社会参与的意识与能力，鼓励青年人成为社会发展的重要力量。

总的来说，这一时期的联邦政府在国家志愿服务项目中的角色已经发生变化，由最初的参与者逐渐转变为主办者和发起者。同时，这类项目虽然面向广大民众，但对青年人的参与更加重视，鼓励公民参与意识与能力的发展，号召他们以更积极的公民姿态，参与到以国家发展和社会建设为目标的志愿

---

19 Volunteers in Service to America [EB/OL], https://www.britannica.com/topic/Volunteers-in-Service-to-America.

20 UAA. University Year of Action records[EB/OL],https://archives.consortiumlibrary.org/files/2017/03/uaa-0084-2.pdf.

活动中。因此，这类社会服务项目实质上体现了一种"国家服务"（National Service）的理念。该理念的倡导者唐纳德.艾伯利（Donald Eberly）认为，"国家服务"的理念使每个青年人都有机会去服务他的国家，这种服务方式既能满足国家的需要，同时也与青年人自身的教育和兴趣相一致，促进青年的自由和良好发展。[21]

（二）服务－学习的理念首次提出

在这一时期最重要的事件之一，是"服务－学习"概念的正式提出。目前，对"服务－学习"一词首次提出的时间存在一定的争议。有学者认为，1966年，橡树岭核子研究院（Oak Ridge Institute of Nuclear Studies）在田纳西州东部开展的一个部落发展项目中，首次使用了服务性学习的概念。也有学者认为，服务－学习一词最早是在1972年，南部地区教育委员会（the Southern Regional Education Board, SERB）在其报告中率先使用了这个词。可以肯定的是，服务性学习产生于20世纪60年代末70年代初期。

在1967-1972年间，南部地区教育委员会在南方15个州开展"资源发展实习项目"（Resource Development Internship Programs, RDIP）。该项目坚持以促进学生实习、公共服务机构和高等教育机构的资源发展为核心宗旨，其目标包括：（1）通过学生的工作，为那些关注经济和社会发展的机构提供及时的人力支持；（2）为学生提供有益的服务机会，试着参与到社会和经济问题的解决中；（3）鼓励年轻人在毕业后选择相关的公民领导力和社会发展的职业，并为公共服务培养一批经过训练的年轻人储备；（4）允许学生、机构人员和员工参与到每个人都能获益的共同的学习经历中；（5）通过进一步向社区开放大学的资源，以及提供一种将课程、教学和研究与当下的社会需求相结合的方式，增加高等教育与社会、经济发展项目两者之间的更多的沟通机会。

例如，在佐治亚州，1971年发起了"暑期管理者实习项目"（Summer Governor's Intern Program），其目标是将大学生和州政府联合起来实现双方资

---

21 James B. Jacobs, Socio-Legal Foundations of Civil-Military Relations[EB/M].https://books.google.com.sg/books?id=A4IRERNKVAwC&pg=PA112&lpg=PA112&dq=1968+National+Service+Secretariat+Conference+on+National+Service&source=bl&ots=FyzkF6K0bO&sig=ACfU3U1yuN0grDJOPEq_b9kopm1b8LFWaQ&hl=zh-CN&sa=X&sved=2ahUKEwjU2NL714TlAhWUe30KHVVRAFAQ6AEwEHoECAgQAQ#v=onepage&q=1968%20National%20Service%20Secretariat%20Conference%20on%20National%20Service&f=false.

源的最佳利用与整合。该项目为实习生提供在州政府各部门中实习的机会，学生需要完成由机构设计的、对机构运作非常关键的任务，同时该项目强调基于社区的学习，注重特定任务的完成以及对知识和技能的学习和获得。通过该项目，学生获得了对佐治亚州政府的整体的理解——政府的目标、组织、问题、运作，同时实习项目中包含了一系列关于公共政策的讲座，进一步拓宽了学生的学习领域，同时学生的问题解决能力和人际交往能力也获得了发展。

1972 年，南部地区教育委员会发布了项目总结报告《服务—学习在南部地区——高等教育与公共服务 1967-1972》(*Service-Learning in the South. Higher Education and Public Service 1967-1972*)，其中明确提出"服务—学习"的概念。[22]在该报告中，"服务—学习"被用来描述（1）社会服务，和（2）以学科知识来对其经历进行解释并促进知识和对自我认知的发展，两者的结合。行动与反思之间的联结对教育和工作两者都有积极意义，比单纯的教育技术更有利于促进任务的完成和充实教育。[23]其中，"服务"的概念，意味着一种责任去促进他人或社区的福利，作为人类自我发展和满足的方式。它承认了对服务经历进行诚实、合理的解释，并将其作为一种促进对人类需求的理解的规范的方式。这两个概念联结一体，意味着一种充满理解、成熟、承诺和创造力的生活方式的可能性。服务驱动的满足社会需求的行动，不论是作为一种职业或是公民行动，是受到鼓励的，认真的、自我导向的学习作为一种无止境的过程得到了提倡。

根据对参与该项目的学生、机构与社区的调查，服务—学习的模式为校外项目提供了一种新的类型，并且符合公众、大学和学院希望使大学生在非传统的环境中获得新的学习机会的期望。对机构而言，实习生对机构作出了积极的贡献，为社区提供了积极的服务。对学生而言，这类项目增强了他们对社区问题、社会需求、以及影响问题解决方案的现实因素等的理解。通过跨文化的经历，学生了解了大量与他们不同的群体以及与他们共同工作的方

---

22 Southern Regional Education Board, Service-Learning in the South, Higher Education and Public Service 1967-1972, Economic Development Administration, Washington, D.C.

23 Southern Regional Education Board, Service-Learning in the South, Higher Education and Public Service 1967-1972[M], Economic Development Administration, Washington, D.C..

式。学生和指导教师都指出，实习生获得了确定问题、独立选择解决方案的新能力。对大学与社区间关系而言，该项目的形式为建立新的机构—社区之间的关系提供了契机。项目以学生为中心，在机构、教师与社区之间建立了一种独特的基于社区的教学方式，使大学和社区成为密切的合作伙伴。

第三节　20 世纪 80 年代之后：服务－学习快速发展

　　20 世纪 80 年代之后，美国的服务－学习在联邦政府与高等教育机构的共同推动下，进入快速发展时期。80 年代之后的美国，经济增长率下降、政府债台高筑，民众与政府之间的关系日益紧张，民众参与公共事务的意愿不断下降。在这一时期开展的高等教育改革，强调提高教育质量的同时也要增强公民教育。服务－学习在增强学生学习与公民培养方面的作用，恰好迎合了社会与大学发展的需求。在这一时期，联邦政府相继颁布多部法律文件，为服务－学习提供了坚实的法律依据。在高等教育领域，大学开展了大量服务－学习项目与实践活动，同时大力推进了该领域的研究进展，使得服务－学习快速发展起来。

一、80 年代之后美国社会的发展与变革

　　这一时期的美国由于 70 年代末的经济危机，整体经济发展陷入颓势，并且一直延续到 90 年代。联邦政府债台高筑，大量企业处在危机中，失业率居高不下。同时，知识密集型经济逐渐取代劳动密集型经济的地位，社会对劳动力的受教育水平的要求不断提高。在政治领域，民众认为政府无力解决社会和经济问题，导致对政府的不满情绪不断积累。民众参与政治的意愿和能力不断下降，政治冷漠盛行，民主制度受到威胁。

（一）美国社会发展面临挑战

　　80 年代之后，在经济危机与产业变革的双重影响之下，美国社会发展面临严峻挑战。首先，这一时期的美国经济增长率下降，国民经济发展陷入困境。在 1974-1975 年间，美国发生了战后最严重的经济危机，国内通货膨胀率急速上升，国际霸主地位受到威胁。联邦政府试图通过减少医疗、福利等社会项目开支等财政措施稳定国内经济，但由于高昂的军费和公共福利开支，联邦政府的预算仍然不断增长。同时，国内生产力的增长速度下降，经济发展呈现颓势，

导致联邦预算濒临崩溃、政府财政债台高筑。到了 90 年代，美国经济发展衰退趋势仍然没有扭转。1990 年，联邦政府债务已累计超过十万亿美元，几乎达到当年国民生产总值的两倍多。此外，美国国内大量企业处在倒闭和破产的边缘，大量工人下岗，失业率进一步上升。在这种情况下，人们将改变经济发展颓势的希望寄托于高等教育机构。民众希望通过改革高等教育来培养新的人才，利用大学丰富的知识资源来解决社会问题，并通过新的科技发展来创造就业机会，帮助美国走出经济危机。然而，联邦政府的财政危机却导致对高等教育的资助大幅度减少，大学的发展面临危机。

其次，第三次科技革命的兴起与发展，对美国的社会生产和生活产生了深刻的影响。科技革命使得美国的产业结构发生了巨大的变化，高科技行业和服务业迅速发展，知识密集型经济逐渐取代了劳动密集型经济的地位，知识在经济发展中的作用变得更加关键。产业结构的变化对劳动力的受教育水平提出了更高的要求，越来越多的青年人进入大学接受高等教育。与此同时，科技的快速发展与知识的日新月异，要求人们不断更新和补充新的知识与技能，这也使得成人教育和职业教育快速发展起来，成为高等教育中的重要组成部分。显然，知识和教育成为影响个人未来生活和成功的关键因素。与此同时，产业发展对人才的知识和技能提出了新的要求，要求高等教育调整其原有的课程设置和教学方法。

（二）民众与政府的关系紧张

在这一时期，民众与政府之间的关系变得紧张，民众对公共事务的冷漠态度以及公共参与能力的降低，逐渐成为对民主制度的严重威胁。

在政治领域，民众对政府的信任危机日益严重。在这一时期，联邦政府无法有效应对频发的经济危机，贫富差距进一步拉大导致富人与穷人之间的矛盾日益尖锐，同时对少数民族尤其是黑人的种族歧视也仍然存在。而政府对经济和社会局势的不作为，使得民众对政府的不满日益积累，对政府部门充满了不信任甚至敌意。民众对政治的态度变得更加冷漠，参与大选和政治活动的民众人数不断减少。在这一时期，"政治"这个词汇被看作是消极的，政治演说、政治活动只是官僚阶级试图维护个人利益和掩饰社会不公平的表象。民众认为政治最终都是由钱和权力游说决定的，而不是由对公共利益的合理论争或关注而决定的，这种观念几乎成为了人们的共识。政治事务被利益集团操纵，社会问题日益严重，犯罪、毒品和暴力事件不仅影响了社会的稳定，也反过来进一步导致个人的社会价值观念扭曲。[24]到了 90 年代，美国政府腐败之风盛行，民众对政府的信任危机仍然十分严峻，甚至导致民众对美国民主制度的质疑。

与此同时，在社会文化领域，公民参与政治的能力、偏好以及责任意识都在降低。"个人主义"作为美国社会民众的普遍的价值观念，强调个人权利和需求而轻视社会责任，而这种观念的不断发展和强化，逐渐对美国的经济和社会发展带来了消极影响。与此同时，这一时期利己主义和职业中心思想的日益增长，也助长了民众对政治和社会生活的冷漠，社会人际关系疏远、责任意识下降的问题也越发严重。民众不再愿意参与社会公共事务，甚至不愿意参加选举。在青年学生中，吸毒、酗酒和暴力事件频发，不关心国家事务，对参与社会公共活动兴致缺缺。越来越多的民众开始质疑，这样一个缺乏参与的社会能否被称作是民主社会。政治学家们开始意识到，如果没有社会团结、没有对公共利益和个人发展的承诺作为社会的基石，那么社会就无法团结一致。为此，越来越多的政治家开始关注民主和公民权利的发展，社会上兴起了对社会和政治文化的批判，同时提出要恢复参与式民主。[25]

二、高等教育改革注重质量与社会服务

80 年代，美国政治、经济与文化发展局势的新变化对高等教育提出了新的要求。1983 年，美国政府发布报告《国家在危机中——教育改革势在必行》，该报告在美国国内引发了社会各界对教育改革的关注和讨论，揭开了新时期教育改革的序幕。这一时期的教育改革为服务—学习的发展提供了良好契机，同时服务—学习作为一种新的教学方法，满足了高等教育机构的新要求与新需求。

（一）教育质量成为改革的核心目标

这一时期，高等教育将提高教育质量作为改革的核心目标。80 年代之后，美国国内经济发展趋势减缓，同时产业结构发生了变化，新兴产业要求高等教育提高人才培养的质量，向市场输送更高质量的劳动力。然而，大学所面

---

24 Jordy Rocheleau, Theoretical Roots of Service-Learning: Progressive Education and the Development of Citizenship,pp.3-21, in Service-Learning: History, Theory, and Issues, Bruce W. Speck, Sherry Hoppe (eds.) 2004.

25 Jordy Rocheleau, Theoretical Roots of Service-Learning: Progressive Education and the Development of Citizenship,pp.3-21, in Service-Learning: History, Theory, and Issues, Bruce W. Speck, Sherry Hoppe (eds.) 2004.

临的处境却不容乐观，基础设施破旧不足、师资不足、教学方法落后等各种问题，严重影响了大学的人才培养工作。为此，联邦政府和社会各界开始重视教育质量问题，美国高等教育进入以提高质量为中心目标的时代，这一趋势一直延续到了 90 年代。1991 年布什政府通过的《美国 2000 年：教育战略》（America 2000:An Education Strategy），提出要提高高中毕业率、提高学生成绩、提高成人识字率等，显示出政府对教育质量的重视。

除了政府，高等教育机构自身以及研究者，同样将提高质量作为重要议题。博耶尔（Ernest L.Boyer）在《大学：美国本科的经验》（College: The Undergraduate Experience in America）中提出，判断大学教育质量的方法，是考察学生对于知识与生活的方式与意义和道德这两者之间的关系。优质的大学教育，应当培养毕业生具有远大梦想，能够运用知识去建立价值观和促进社会的公共利益。[26]奇克林（Chickering, A.W.）与加姆逊（Gamson, Z.F.）提出了提高本科教育质量的七条原则，包括鼓励学生-教师的沟通、鼓励学生之间的合作、鼓励主动学习、给予及时的反馈、强调学习时间、沟通高期待，以及尊重多样的天赋和学习方式。[27]

1993 年，来自高等教育领域的专家与领导者共同组成"高等教育扩大小组"（Wingspread Group on Higher Education），并发布了报告《美国的当务之急：对高等教育的高期望》（An American Imperative: Higher Expectations for Higher Education）。该报告指出，人口、经济和技术的变化使得高等教育对社会的重要性日益凸显，但是当前的高等教育却无法满足社会和民众的需求。价值观危机、高等教育的高退学率、本科教育质量低下等问题，使得民众对高等教育的未来倍感忧心。因此，高等教育必须提高其教育质量，而这就要求高等教育机构必须解决三个基本问题。其一，高等教育必须重视美国的民主价值观，因为民主社会必须有一个坚实的基础；其二，必须提高通识教育的质量来确保这一价值的实现，高等教育机构必须关注学生的学习，并将学生放在教育的中心；其三，高等教育应当更深入地参与整个教育事业，帮助创建一个学习者的国度。针对这些问题，报告建议所有的大学和学院都应当为学生组织和提供参与社会服务项目的机会，重视为学生提供体验和思考校

---

26 Boyer, E.L. College: The Undergraduate Experience in America. New York: HarperCollins, 1988: 296.
27 Chickering, A.W., and Gamson, Z.F. Seven Principles for Good Practice in Undergraduate Education. Racine, Wisc: Johnson Foundation, 1987: 1.

园之外的世界的机会。[28]

（二）公民教育成为改革的重点

在这一时期，高等教育改革的另一个重要目标，是加强公民教育以培养积极公民。正如前文所说，这一时期的美国，社会资本不断流失，社会性事务正在分崩离析，民众不愿意甚至排斥参与政治活动，美国民主社会的价值观面临危机。这一问题同样存在于高等教育领域，作为未来社会的建设者的大学生群体，对政治事务态度冷漠，公民参与的意识和能力都在不断下降，这种趋势引起了社会各界的忧虑。皮特.哈特研究合作公司在 80 年代对年龄 15 岁-21 岁之间的青年开展调查，结果显示仅有 35%的人参加过社区的服务活动，只有 12%的认为参加选举是重要的公民活动，绝大多数的年轻人不关心也不参与社会生活。[29]

为此，高等教育改革明确提出要加强对学生的公民教育。一方面，大学在课程中增加了美国历史、社会与文化等课程，培养学生对本国历史文化的认识。另一方面，鼓励学生积极参与社会服务，帮助学生增强公民参与的知识与技能。在 1985 年，卡耐基促进教育基金会（Carnegie Foundation for the Advancement of Teaching）发布了纽曼（Frank Newman）的报告《高等教育与美国复兴》（Higher Education and the American Resurgence）。在该报告中，纽曼指出高等教育应当帮助学生成为有担当的公民，而参与公共服务和社区服务能够帮助学生获得必要的公民技能，这是他们帮助国家提高国际竞争力的必要条件。为此，越来越多的高等教育机构开始组织和鼓励学生参与到社会服务中去，甚至将志愿服务作为毕业的要求之一。

与此同时，越来越多的青年人也开始意识到社会参与的重要性。不管是出于主动或是被动的目的，大学生参与社会服务成为这一时期的重要趋势。根据阿瑟.莱文（Arthur Levine）在 1993 年对 9000 多名本科生开展的调查，64%的学生参与了志愿者活动，参与者来自不同类别的高等教育机构，包括社区学院（59%）、四年制学院（67%）、大学（68%）。[30]学生参与的社区服务活动类型多

---

28 Wingspread Group on Higher Education. An American Imperative: Higher Expectations for Higher Education. Racine, Wisc.: Johnson Foundation, 1993: 7.

29 Kendall, J.C. "Combining Service and Learning: An Introduction." In J.C.Kendall (ed.), Combining Service and Learning: A Resource Book for Community and Public Service, Vol.1.Raleigh, N.C.: National Society for Experiential Education, 1990.

30 Levine, A. "Service on Campus." Change, July/Aug. 1994: 4-5.

种多样，旨在应对各种各样的社会问题，包括饥饿、无家可归者、环境问题、扫盲、教育等。著名的哈佛服务－学习专家罗伯特·克勒斯（Robert Coles）曾指出，与 20 世纪 60 年代的年轻人不同，今天的学生们倾向于表达他们参与政治与社会的愿望，以及渴望通过社区服务改变世界的实际愿望。[31]

　　总的来说，美国社会政治经济的发展与变革，对高等教育机构提出了更高的要求。然而，政府经费投入的不足以及高校自身诸多问题，导致高校难以有效回应社会的需求，进而引发民众的不满。这种主要矛盾主要体现在两个方面。其一，社会要求高等教育要重新定位其服务社会的使命，大学应当在解决不断增加的社会问题和满足日益增长的人类需求方面发挥领导性作用。其二，人们对高等教育的人才培养的有效性产生质疑，社会所需要的人才不仅要具备劳动力市场所需的知识与技能，同时应当具有道德品质与公民意识。在这种情况下，大学需要找到一种新的方式，更好地完成其人才培养与社会服务的职能与使命。

三、服务－学习进入快速发展时期

　　20 世纪 80 年代之后，美国的服务－学习得到了快速的发展。在联邦政府层面，服务－学习相关的法律文件相继出台，为其提供了法律层面的有力支撑。同时，政府开展了许多服务－学习及相关项目，并为参与项目的高等教育机构提供财政支持。在高等教育领域，大学服务－学习的实践不断发展，同时关于服务－学习的相关研究不断推进。

（一）政府出台服务－学习相关法律

　　在这一时期，联邦政府相继出台了服务－学习相关的法律文件，并开展了许多服务－学习相关项目，引导和促进全国范围内的服务－学习的规范发展。

1. 联邦政府出台相关法律

　　1990 年，联邦政府出台了《国家与社区服务信托法案 1990》（National and Community Service Trust Act of 1990），之后在 1993 年进行修订。根据该法案，联邦政府将国际与社区服务委员会（Commission of National and Community Service）、ACTION，以及全国平民社区团（National Civilian Community Corps）合并，成立新的联邦机构"国家与社区服务公司"（Corporation for National

---

31　Coles, R. The Call of Service: A Witness to Idealism. Boston: Houghton Mifflin, 1993: 40.

and Community Service, CNCS）CNCS 作为负责领导美国国内的服务、志愿者活动和财政拨款的机构，通过与每个地区的合作伙伴一起开发美国民众的创造力和乐观进取的精神，开展服务和志愿活动来提高生活水平、建立强大的社区和促进公民参与，共同应对国内最严峻的挑战。CNCS 在成立的第一年，发起了全国性服务项目"美国服务队"（AmeriCorps），并创造了近 2 万个志愿服务岗位。同时，该组织还通过"学习与服务美国计划"（Learn and Serve America）在 K-12 和高等教育阶段推广服务－学习项目。在这一时期，国家与社区服务公司开展的各类项目对大学的服务－学习带来了巨大的影响。

除此之外，1992 年出台的《高等教育修正案》（Higher Education Amendments of 1992）也规定，联邦政府拨给每个高等教育机构的勤工助学基金（work-study program fund）中的 5%，必须用于那些参与社区服务的学生。

2. 联邦政府发起服务－学习相关项目

在这一时期，联邦政府陆续发起了若干服务－学习或社会服务项目。1989 年，美国教育部（Department of Education）发起"学生识字小组"项目（Student Literacy Corps, SLC）。联邦政府为大学提供财政拨款，鼓励学校发展识字项目并将其与学术课程相关联，学生在帮助本地的社区提高识字率的同时还可以获得学分。但是 SLC 在 1994 年解散，大部分的项目在此之后也不再继续。此外，乔治．布什总统（George Bush）在 1988 年其总统任命仪式上提出，美国的志愿者组织在全国广泛传播，就像一千个光点，提出"一千个光点"运动（a thousand points of light）。布什总统还呼吁呼吁民众每周都参与志愿者服务从而共同建立社区。之后在 1990 年，布什总统成立了"光点基金会"（Points of Light Foundation），旨在促进私立的、非政府的组织共同参与解决社会问题。

（二）大学服务－学习的实践与研究快速发展

在这一时期，高等教育领域的服务－学习得到了快速发展。一方面，许多服务－学习相关组织相继成立，成为推动服务－学习实践发展的重要力量。另一方面，学者对服务－学习相关问题的研究不断深化和拓展，为服务－学习的实践发展提供了理论支持。

1. 高校组织推动服务－学习实践的发展

80 年代之后，高等教育领域涌现出大量的服务－学习组织，包括大学间的服务－学习组织以及大学内部负责服务－学习的组织。

1985 年 10 月，布朗大学、乔治城大学、斯坦福大学的校长以及美国各州教育协会（Education Commission of the States），联合其他 75 所大学的校长，一起发起了"公共与社区服务项目"（Project for Public and Community Service），宣布校园联盟（Campus Compact）正式成立。校园联盟希望大学校长能够向学生发起呼吁，鼓励学生参与社区服务活动，改变大众和媒体对学生的政治冷漠和物质主义的印象。

在校园联盟发布的声明中，指出大学生对社会的责任意识正在逐渐消失，但这一趋势在近年来已经有所改变，越来越多的大学生意识到参与社会服务的重要性。校园联盟认为，美国社会的民主力量正在增长，高等教育应当通过对社区参与的强有力的支持，对民主社会的发展做出重要贡献。为此，校园联盟希望能够帮助高等教育机构建设有效社区参与的支持体系，包括将推进教育和社区参与作为大学优先事项、社区参与机构的设立与员工培训以及社区工作在教学与科研中的融合等。在此之后，校园联盟的规模快速扩大，成员数量在四年后就增长了一倍。同时，校园联盟致力于促进服务－学习的发展。联盟所发起的"大学学习伙伴"项目（Campus Partners in Learning），专注于国家扫盲和辅导项目，成为当时大学校园中辅导项目的典范。此外，在 1990 年的《国家和社区服务法案》制定和颁布的过程中，校园联盟也扮演了重要角色。1999 年，校园联盟发布了重要声明《关于高等教育的公民责任的校长声明》（Presidents' Declaration on the Civic Responsibility of Higher Education）。在该声明中，来自几十所大学的校长振臂高呼，呼吁高等教育机构重新审视其公共目标和对于民主理念的承诺，并通过教学和行动与社区建立友好关系。直到今天，校园联盟仍然是美国唯一一个将基于大学的公民参与作为唯一目标的高等教育协会。

除了高校倡导下成立的服务－学习组织之外，日益觉醒的大学生群体也成为推动服务－学习发展的重要力量。1984 年，一群来自哈佛大学的毕业生成立了"校园拓展机会联盟"（Campus Outreach Opportunity League, COOL）。组织的创立者们认为，大学生并不像公众所认为的那样冷漠，相反，他们坚信大多数的学生都想参与到社区生活中，只是缺少大学的支持。组织以学生的声音、社会的正义和包容性三大理念作为指导思想。在该组织的推动下，大学校园中陆续出现了更多由学生发起的服务项目，并形成不断扩大的网络。到了 1987 年，机会联盟已经与近 450 所高等教育机构建立了联系与合作，这一数字到 80 年代末继续增长到近千所。此外，组织出版的著作《优质社区服务的关键要素》（Critical Elements of Thoughtful Community Service），成为当时高质量的社区服务项目的标杆。作为一个非盈利组织，机会联盟组织致力于促进大学校园对公民参与的基础设施、资源和支持的建设，希望能促进高等教育机构和学生运用他们的智力、物力和人力资源，真正地参与建设一个安全的、健康的、强有力的和公平的社区。

2. 关于服务－学习的研究不断拓展和深化

在这一时期，高等教育机构和协会相继出版了大量关于服务与学习相结合的著作与期刊，同时服务－学习也成为许多高等教育会议的重要议题，极大地推进了服务－学习理论研究的发展。

在这一时期，"全国实习与经验教育委员会"（National Society for Internships and Experiential Education, NSIEE）出版了大量关于服务－学习的著作。在 1989 年，委员会发布了《服务与学习相结合的良好实践的基本原则》（Principles of Good Practice in Combining Service and Learning），该著作中对服务－学习的定义成为之后研究的重要基础。1990 年，简．肯德尔（Jane C. Kendall）在 NSIEE 的支持下，与 91 个全国性和地区性协会合作，出版了服务－学习领域的重要著作《服务与学习相结合——社区与公共服务资料书》（Combining Service and Learning———A Resource Book for Community and Public Service）。该著作有三卷，将大量的关于 K-12 阶段、高等教育阶段的服务－学习的研究与实践资料整合在一起，包括大量之前出版的、以及大量新的历史的、理论的、政策的、实践的和项目的资料，以及服务－学习文献的参考书目，为服务－学习的研究者与实践者提供了重要的资料参考。1991 年，组织又召开了第二次会议（Wingspread meeting），并发布了报告《20 世纪 90 年代关于服务与学习相结合的研究议程》（Research Agenda for Combining Service and Learning in the 1990s），关注服务－学习未来研究的方向与发展。1994 年，组织再次出版《服务－学习读者：服务中的反思与观念》（Service-Learning Reader: Reflections and Perspectives on Service），对服务－学习中的反思活动进行全面分析，以指导服务－学习实践的开展。

1993 年，在凯洛格基金会（Kellogg Foundation）的资助下，密歇根大学出版了《练习册 1：关于社区服务的教师案例手册》（Praxis I: A Faculty Casebook on Community Service）。1994 年出版第二册，《练习册 2：给大学生、教师与员工的服务－学习资源手册》（Praxis II: Service Learning Resources for University Students, Staff, and Faculty）；之后在 1995 年出版第三册《练习册 3：对话中的声音》（Praxis III: Voices in Dialogue）。这三本著作集中阐述了课程化的服务－学习，对大学教师在设计服务－学习课程具有重要价值。1994 年秋天，密歇根大学开始正式出版期刊《密西根社区服务－学习期刊》（Michigan Journal of Community Service Learning）。

在 1997 年到 2000 年之间，美国高等教育协会（American Association for Higher Education）出版了一套共 18 卷的著作。该系列著作阐述了服务－学习在不同的学科和领域之间的普遍性，每一卷著作分别阐述了如何将服务－学习融入一门学科中。每卷著作都以"服务－学习在（学科名称）中的概念与模范"（Concepts and Models for Service-Learning in [discipline]）为副标题，涵盖了会计、生物学、工程学、历史、管理学、护理学、政治科学、教师教育等共 18 门学科。这一系列著作为那些希望将服务－学习融入某一学科的人们提供了重要的指导。

除此之外，许多重心不是服务－学习或经验教育的高等教育协会，在它们的会议和出版物中也开始出现大量关于服务－学习的文章，其中包括美国高等教育协会（American Association of Higher Education）、独立学院委员会（Council of Independent Colleges）、黑人大学联合基金会（United Negro College Fund）、全国学生人事管理协会（National Association of Student Personnel Administrators）、美国大学人事协会（American College Personnel Association）等。在 1995 年，美国高等教育学会将其年会主题确定为"参与式校园"（the Engaged Campus），反映了教育者对加强大学其与周边社区的联系的关注不断增长。之后在 1996 年，高等教育学会的年会也将服务－学习作为一个子专题。

第三章　美国大学服务－学习实践的外部保障

　　本章对当前美国大学服务－学习实践的外部保障体系进行分析。联邦政府对大学服务－学习实践的支持与保障主要体现在两个方面。一方面，联邦政府通过颁布法律文件，为服务－学习提供法律层面的保障。另一方面，设立联邦机构管理全国范围内的服务－学习实践活动，由机构开展相关的项目以及提供相应的拨款，支持大学服务－学习实践的发展。高等教育组织也为大学服务－学习实践发展提供了强有力的支持。本章选取了三个具有代表性的不同类型的组织，分析发现这些组织通过多样化的方式促进大学服务－学习实践的发展，主要包括倡导、开展项目、提供在线资源、组织会议、提供课程或培训等方式。值得关注的是，近年来联邦政府对服务－学习的政策与财政支持力度有所下降。尤其是特朗普政府上台之后，国家与社区服务公司（CNCS）获得的联邦资助大幅下降，导致政府为大学服务－学习所提供的保障有所削弱。

第一节　联邦政府对大学服务－学习的保障

　　美国联邦政府主要通过颁布法律和设立相关管理机构两种手段保障大学服务－学习的开展。其一是建立对服务－学习的法律保障，联邦政府自 20 世纪 70 年代以来就在多个社会服务和志愿者服务相关法案中，提出对服务－学习的相关规定，推动了服务－学习在法律层面的合法化。其二，联邦政府在

1993 年正式设立国家与社区服务公司（CNCS），负责开展服务－学习及相关项目，并为参与项目的高等教育机构提供相应的财政拨款和支持。

一、建立对大学服务－学习的法律保障

目前，美国联邦政府并没有颁布关于服务－学习的专门法律文件，关于服务－学习的法律规定往往作为关于志愿者服务、公民服务或社区服务的法律文件之中的一个组成部分。2009 年颁布的《爱德华.肯尼迪服务美国法案》，为新时期的大学服务－学习实践发展提供了重要的法律保障。

（一）历史上服务－学习相关的重要法律

1.《国内志愿者服务法案 1973》确立了较完善的联邦志愿服务体系

1973 年，联邦政府颁布《国内志愿者服务法案 1973》（Domestic Volunteer Service Act of 1973）。在这一时期，服务－学习尚未出现，但法案的相关规定体现了政府对志愿者服务和社会服务的重视。

为了延续志愿服务的优良传统，促进美国不同阶级和不同年龄阶段的民众参与到志愿者服务中，联邦政府在 1973 年颁布了《国内志愿者服务法案》，该法案旨在扩大和促进美国国内的社区志愿者公民服务，通过服务活动帮助贫困人群、弱势群体和老年人。法案确定了联邦志愿服务计划的定义、目标、管理、执行、拨款、志愿者权利等内容。该法案首次明确了联邦志愿者机构的法律地位，确立了比较完善的联邦志愿服务体系的法律基础。授权设立"ACTION"机构，对联邦志愿服务项目进行管理，并在全国范围内开展国家志愿者反贫困项目（National Volunteer Antipoverty Programs）和国家老年人服务队项目（National Senior Service Corps）。

2.《国家与社区服务法案 1990》

1990 年，美国联邦政府颁布了《国家与社区服务法案 1990》（National and Community Service Act of 1990）。该法案首次明确提出了服务－学习的概念，对美国服务－学习的发展有着里程碑式的意义，也标志着美国大学的服务－学习进入法律规范的新的发展阶段。

法案重申了在美国社会开展服务项目的重要性，设立国家和社区服务委员会(Commission on National and Community Service)，负责向各州或地方提供资助，使他们能够开展国家或社区服务项目。法案指出，鼓励民众积极参与社会服务项目，尤其是那些与国家需求密切相关的项目，不仅能够促进解决

当前众多的社会问题如贫困、能源、安全等，也有利于促进共同的社会价值观、复兴公民责任道德和社区精神，从而促进社区的发展。在高等教育中，为那些参与国家服务的个人提供奖励，鼓励人们去追求高等教育或职业培训，扩大这部分人群的教育机会。同时，鼓励高等教育机构的学生去参与高质量的服务—学习，发挥服务—学习在学生学习与社区发展两方面的积极作用。根据法案，联邦政府在高等教育领域开展社区服务创新项目，其中也包括服务—学习。在这里，服务—学习被看作是一种创新性的社区服务项目，它能够扩大高等教育机构在社区服务中的参与，并满足邻近社区的人、教育、环境或公共安全的需求。同时，服务—学习也被认为能够增强学生的学术学习与公民意识。

3.《国家与社区服务信托法案1993》

1993年，联邦政府颁布了《国家与社区服务信托法案》（The National and Community Service Trust Act of 1993），对1973年和1990年的国内志愿服务法案进行了修订，并提出建立国家与社区服务公司（Corporation for National and Community Service, CNCS），同时成立全国服务信托公司项目（National Service Trust program of Federal），扩大联邦对社会服务的投资。

法案授权CNCS为高等教育机构开展国家服务计划提供资助，设立国家服务教育奖，以奖励国家服务项目中服务的参加者。在财政部设立国民服务信托基金（National Service Trust in the Treasury），为参与服务项目的人提供资助，以帮助学生支付教育费用。在服务—学习方面，建立以学校为基础和以社区为基础的服务—学习项目（School-Based and Community-Based Service-Learning programs）。修订"服务美国"计划，开展以社区为基础的青年服务项目，同时建立国家服务—学习交流中心（service-learning clearinghouse）。

（二）《爱德华.肯尼迪服务美国法案》开启服务—学习的新时期

2009年3月18日，美国众议院通过了《鼓励志愿服务和教育法案》（Generations Invigorating Volunteerism and Education Act），并于26日在参议院通过并重新命名为《爱德华.肯尼迪服务美国法案》（The Edward M. Kennedy Serve America Act），之后在4月21由奥巴马总统正式签名并正式发布。

该法案对《国内志愿者服务法案1973》和《国家与社区服务法案1990》进行修订，并在项目、财政、管理等方面提出了许多新的规定。该法案重新授权了CNCS和它所管理的项目，并对组织在国家服务方面的目标作出了新的规定。根据该法案规定，CNCS 将致力于为各个年龄阶段的公民提供大量的服务机会，增加对项目的财政投入，增强对机构的管理。同时，该法案增加了对社会资本的重视，强调通过联邦政府的投入以及公共的和私人的非盈利的投资，扩大服务－学习和公民服务，支持大学生在社区服务中的参与，增强在教育、能源保护等各个领域的国家服务能力。

法案在"学习与服务美国计划"（Learn and Serve America）中，新增加了一个专门的服务－学习项目，即创新型服务－学习项目与研究（Innovative Service-Learning Programs and Research）。该项目的目标是将服务－学习融入到科学、技术、工程、数学（STEM）课程、能源保护、应急防灾准备、减少数字鸿沟、中学青年学生辅导员以及研究和评估等活动中。该项目面向全国各级各类教育机构，高等教育机构、公立或私立非盈利机构、以及公立或私立中小学等各类教育机构都可以申请。联邦政府为该项目提供"学习与服务美国计划"总拨款的 15%作为项目经费，并优先为那些致力于低收入城市或农村社区的项目提供拨款。同时，法案还提出了新的"青年参与区"（Youth Engagement Zones）项目。在该项目中，CNCS 为那些合格的机构给予拨款，来实行基于学校的或基于社区的服务－学习项目。

二、设立国家与社区服务公司

联邦政府并未设立专门管理高效服务－学习的机构，国家与社区服务公司（Coperation for National and Community Service, 下文简称 CNCS）作为负责全国社区服务与志愿服务的机构，也承担着管理服务－学习活动的职责。

（一）CNCS 的组织构成与主要项目

1. CNCS 的组织宗旨

国家与社区服务公司由两个机构"行动"（ACTION）和"国家与社区服务委员会"（Commission on National and Community Service）合并而成。ACTION 根据 1973 年的《国内志愿服务法案》而成立，主要负责管理两个项目，即美国服务队（AmeriCorps VISTA）和老年志愿队（Senior Corps）。之后在 1990 年，根据《国家与社区服务法案》成立了联邦机构国家和社区服务委员会，负责在校学生的服务－学习项目、高等教育服务项目、青年团和全国服务示范项目 1993 年，《国家与社区服务信托法案》颁布，将两个机构合并成立新的联邦机构"国家与社区服务公司"，负责管理全国范围内的社区服务相关的各类项目，承担起动员全体美国人参与服务的责任。

CNCS 的宗旨是通过服务和志愿活动改善生活、强化社区并推动公民参与。CNCS 的组织愿景是使组织成为美国服务领域的创造性力量；提供有价值的资源，成为国家、州和地方组织的伙伴，鼓励社区服务和解决社区的需求；创新地、有效和高效地利用它的资源、影响力和活动。[1]在新时期，CNCS 提出了四大战略目标，作为新时期机构发展的重要指导方针。CNCS 提出，组织在新时期要：（1）增加 CNCS 项目所服务的社区中的国家服务的影响力。CNCS 投资社区项目以实现在灾害服务、经济机会、教育、环境管理等领域的成就。（2）增强国家服务从而使 CNCS 项目中的参与者能够始终获得满足感、意义和机会。CNCS 支持国家服务网络，使参与者从服务经历中获得独特的专业的、教育的和生活的有益价值。（3）使服务接受者、合作伙伴和参与者的价值最大化。CNCS 将建立一个开放的知识库包含各种相关研究和评估，开展能力建设活动来促进最佳实践的传播，从而增强对社区成果和强有力的服务经验的关注。（4）加强管理运行，维持一个有能力的、积极响应的和负责任的组织。[2]

2. CNCS 的组织结构

根据法律规定，CNCS 设有董事会（Board of Directors）。董事会由 15 名成员组成，董事会主席由总统任命。董事会的职责在于制定 CNCS 的整体战略，包括审批组织的战略规划、审查组织财政预算、制定各项政策以及向总统提交绩效报告等重要事项。CNCS 现在的董事会主席是 2015 年上任的沙米娜．辛格（Shamina Singh），她曾在政府和企业中担任重要领导职位，具有丰富的管理经验。董事会下设四个委员会，负责董事会的日常工作，包括（1）执行委员会（Executive Committee），在会议期间代表委员会执行工作；（2）项目、预算和评估委员会（Program, Budget, and Evaluation Committee），确保CNCS 的项目能够最大程度地实现组织的宗旨，审查组织的年度财政预算、战略规划以及对 CNCS 项目的研究或评估；（3）监督、管理与审计委员会（Oversight, Governance, and Audit Committee），监督 CNCS 的行政与金融管理，并通知和建议整个董事会；（4）对外关系委员会（External Relations

---

1　Corporation for National and Community Service, Who we are[EB/OL],https://www. nationalservice.gov/about/who-we-are, 2019-4-3.

2　Corporation for National and Community Service, / Strategic Plan [EB/OL], https://www.nationalservice.gov/about/strategic-plan, 2019-4-1.

Committee)，促进整个组织对服务的支持，建立所需要的伙伴关系（公共的、私立的和独自机构）来实现 CNCS 的宗旨，宣传项目的影响力，发展必要的资源来实现组织宗旨。[3]

图 3 CNCS 组织结构图

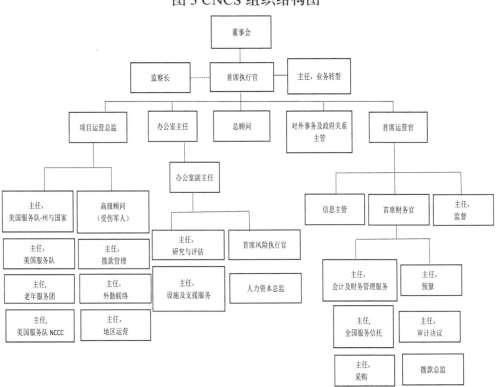

来源: Corporation for National and Community Service, Annual Management Report Fiscal Year 2019[EB/OL], https://www.nationalservice.gov/sites/default/files/documents/FY2019_AMR_CNCS.pdf, 20202-3-1.

CNCS 的首席执行官由总统提名、参议院任命，其职责包括向董事会提交组织的战略规划、提交拨款和岗位等相关的政策报告、提交年度报告以及负责政策的具体落实。现任的首席执行官是 2018 年上任的芭芭拉·斯图尔特（Barbara Stewart），她有着超过 25 年在公共部门、私人部门和非盈利部门的工作经验，拥有丰富的与联邦、州和地方政府一起工作的经验，并曾长期致力于帮助非盈利部门增强其管理、运作与持续发展。

---

3 Corporation for National and Community Service, Board of Directors[EB/OL], https://www.nationalservice.gov/about/who-we-are/board-directors, 2019-2-3.

除此之外，CNCS 在美国 50 个州、哥伦比亚特区以及美属萨摩亚（American Samoa）、关岛、美属维尔京群岛（Puerto Rico and Virgin Islands）都分设有办公室，负责各个地区与社会服务相关的工作。

3. CNCS 的主要社会服务项目

CNCS 主要有两个核心项目即美国志愿队（AmeriCorps）和老年志愿队（Senior Corps）。美国志愿队是一个国家服务项目的网络，由三个主要的项目组成，每个项目都采用不同的方式以改善生活和促进公民参与。参与项目的每个成员都承诺，使用它们的实践来解决迫在眉睫的社区需求，例如提高学术成就、辅导青少年、战胜贫困、保护国家公园和灾害预防等。每年大约有 7.5 万美国民众参与到志愿队中，[4]通过不同的方式来解决社区需求，例如帮助社区进行灾害后的重建、建立导师制项目使大学生能够帮助社区学生进行学习、鼓励社区对当地学校进行捐赠等等。参与者可以在志愿队进行 3 个月到一年时间的服务。

美国志愿队项目之下包括三个子项目，包括（1）平民社区团（National Civilian Community Corps, NCCC）。该项日面向 18-24 岁的青少年，到全国各地区完成项目，通过直接的、团队的服务，满足社区需求的同时增强自身的领导能力。在传统项目之外，还开展了 FEMA 服务队（FEMA Corps）项目，服务队在"联邦紧急事务管理局"（Federal Emergency Management Agency, FEMA）管理之下，在全国范围内完成与灾害预防、减轻、回应和重建相关的服务项目。（2）民族与国家服务队（AmeriCorps State and National）。通过战略拨款，对那些致力于通过服务来解决当地的和国家的挑战的组织给予支持，并通过强有力的经历使参与者获得终身的公民参与能力。受到资助的项目，将通过服务来解决不同领域的重要的社区需求。（3）志愿服务队(Volunteers in Service to America, VISTA)。自 1965 年以来，已经有超过 22 万美国民众参与到这一项目中，共同致力于消除贫困。在美国的 50 个州和所有的属地中，都开展了 VISTA 项目。

另一方面，老年志愿队（Senior Corps）也是 CNCS 的核心项目之一。每年有超过 20 万年龄 55 岁以上的志愿者参加老年志愿队。[5]

---

4 Corporation for National and Community Service , What is AmeriCorps? [EB/OL], https://www.nationalservice.gov/programs/americorps/what-americorps, 2019-2-3.

5 Corporation for National and Community Service, Senior Corps[EB/OL],https://www. nationalservice.gov/programs/senior-corps, 2019-1-3.

（二）CNCS 与服务－学习项目

CNCS 所开展的服务－学习项目主要集中在"学习与服务美国"（Learn and Serve America）这一大的项目之下。根据 2009 年的《爱德华．肯尼迪服务美国法案》，CNCS 目前开展了四个服务－学习项目，包括"基础教育和中等教育服务－学习"、"高等教育社区服务创新项目"、"创新的和基于社区的服务－学习项目与研究"以及"服务－学习影响研究"。这四大服务－学习项目，在教育层次方面覆盖了基础教育、中等教育和高等教育，在内容方面涉及服务－学习实践与研究两个方面，为服务－学习在教育系统中的发展提供了重要支撑。

1. 高等教育社区服务创新项目（Higher Education Innovative Programs for Community Service）。该项目旨在通过为高等教育机构开展的创新性社区服务项目提供支持，扩大高等教育机构在社区服务中的参与，从而满足社区民众的、教育的、环境的和公共安全等方面的需求。高等教育机构需要首先向 CNCS 提交申请，之后由 CNCS 对机构的申请进行审查，并与联邦教育部长进行协商确定最终名额。在此之后，CNCS 与选拔出的机构订立合约，并由联邦政府为这些机构提供相应的财政拨款。

高等教育社区服务创新项目集中致力于以下几个类型的项目，包括：（1）促进高等教育机构建立或扩大社区服务项目，为学生、教师、机构职员或社区居民提供参与项目的机会，促进学术课程与服务－学习二者的结合与协调，促进机构的社会责任感和对社区的承诺；（2）为那些由学生发起的或学生参与设计的社区服务项目提供支持；（3）增强高等教育机构及其教职员的领导力和机构能力，通过将服务－学习作为职前教师课程的重要部分，增强教师在中小学阶段提供服务－学习方面的能力，鼓励教师在课程中使用服务－学习的方法；（4）促进社区服务整合到学术课程中，将服务－学习作为护理、医学、公共政策等专业课程的重要组成部分，并使得学生能够通过为他们的社区服务获得学分；（5）增强高等教育机构中的服务基础设施，为教师、相关教育人员和社区领导提供培训，使其具备发展、监督和组织服务－学习的必备技能。联邦政府为项目提供不超过项目总成本 50% 的财政拨款，其余的成本通过州政府、地方财政、私人资金或捐赠的方式进行补充，以现金或者相应价值的设施、设备或服务等形式。

2. 创新的和基于社区的服务－学习项目与研究（Innovative and

Community-based Service-learning Programs and Research）。该项目面向公立或私立的初等教育机构、中等教育机构、高等教育机构以及其他地区教育机构，鼓励其与以社区为基础的机构、当地政府机构和教育机构等建立良好的伙伴关系，并共同开展服务—学习项目。同时，该项目面向两类机构倾斜，一类是为经济弱势的学生开展服务—学习项目并曾取得良好成绩的机构，另一类是机构中经济弱势地位的学生比例较大，且学生毕业率较低的机构。

为实现这一目标，CNCS 为这些机构开展青年参与区项目（Youth Engagement Zone Program）。教育机构需要向 CNCS 提交申请，之后经过 CNCS 审核并合格的机构，能够获得一定的拨款和和定额补助（fixed-amount grants）。该项目要求教育机构与合作伙伴共同为学生提供参与服务—学习的机会，通过将服务—学习作为课程的组成部分，鼓励学生参与服务—学习活动，在解决社区面临的问题和挑战的同时，也试图解决当地教育机构中不断增长的学生辍学和毕业率低的问题。

CNCS 希望通过青年参与服务区项目，开展多样化的服务—学习子项目，具体包括：（1）将服务—学习课程整合到小学、中学、大专以及大学阶段的科学、技术、工程和数学（STEM）课程中；（2）让学生参与以社区节能为重点的服务—学习项目，包括开展节能教育推广活动，努力提高低收入住房和公共空间的效能；（3）鼓励学生参与以促进电脑和其他新兴科技在低收入地区、老年群体中的推广和使用；（4）为青少年尤其是 6-9 年级的学生开展暑期服务项目提供支持，通过结构化的、监督下的和良好设计的服务—学习项目促进社区发展，学生完成 100 小时的服务将有资格获得暑期服务教育奖励；（5）为学生尤其是经济弱势学生提供一整个学期（至少 70 个小时）的参与校本或社区服务—学习的机会，并将其中三分之一的实践用于实地实践活动，并使得学生获得相应的学分。

获得 CNCS 批准和资助的机构，应当在 3 年之内开展相应的服务—学习活动，并强调将第 1 年作为项目规划的时间，确保后续项目的合理化。此外，CNCS 还将对参与各个机构开展的项目进行评估，并对最佳的实践活动进行传播和推广。

3. 服务—学习影响研究（Service-Learning Impact Study）。CNCS 与接受财政资助的机构合作，共同开展为期 10 年的服务—学习项目的影响的纵向研究。在开展研究时，机构应该考虑服务—学习活动的影响，尤其是要评估这些活动对学生的学术成就、学生参与、毕业率，以及参与者在之后参加其他国家服务、志愿服务或进入公共服务职业等方面的影响。参与研究的机构，不仅需要定期向 CNCS 提交关于实践的报告，还需要在项目结束时提交最终报告。之后，CNCS 还将整理收集关于服务－学习活动最佳实践的资料，并在与联邦教育部长讨论之后，对机构的最佳实践项目进行传播。

第二节　教育组织对大学服务－学习的保障

各类教育组织为大学进行服务－学习实践提供了强有力的保障。一方面，由各类高等教育机构组成的教育组织，为各个大学尤其是其成员在校园中开展服务－学习实践提供有力保障，具体包括：宣言与倡导扩大服务－学习的影响、会议与资源中心搭建交流与分享平台、调查报告与评估建立有效策略等方式。另一方面，对服务－学习感兴趣的教育研究者、实践者、社区组织、企业等，建立的服务－学习社会组织，也为大学服务－学习实践提供了支持。这些组织基于自身的宗旨和目标，通过多样化的形式促进大学服务－学习的发展。

一、高等教育组织——校园联盟

校园联盟是美国目前最大的促进服务－学习实践发展的全国性的大学间组织。校园联盟致力于扩大和深化大学的社区参与，通过大学的资源促进地区发展、解决社会问题，培养参与式公民，实现大学的公共目标。基于这样的目标，校园联盟将服务－学习作为组织的重要领域之一。校园联盟基于组织的丰富资源和影响力，通过多种方式包括倡导、开展专门项目、建立资源中心、提供培训与技术支持，以及开发相关评估指标体系等，全方位地推动大学服务－学习实践的发展。

（一）校园联盟的组织结构与宗旨

校园联盟（Campus Compact）是美国目前最大的国家性的大学间服务－学习组织。目前，已经有超过 1000 所高等教育机构加入校园联盟，成员的类型多种多样。校园联盟的总部设在波士顿，并在全国各个州和地区设立了 26 个地区办公室，负责各个州和地区的相关事务。

1. 校园联盟的宗旨

校园联盟成立于 1985 年，由布朗大学、乔治城大学和斯坦福大学的校长，以及美国各州教育协会（Education Commission of the States）的主席联合成立。这些高等教育领导人担忧民主社会的健康与发展，并坚信高等教育能够更好地推动建立一个以社区参与为牢固基础的持久稳定的民主。基于这样的理念，校园联盟正式成立。校园联盟始终坚持其宗旨，通过提高大学的能力来改善社区生活，并教育学生承担公共的和社会的职责，从而实现大学的公共目标。联盟将大学与学院看作是实现多元民主的重要的代理人与建筑师，承诺教育学生成为负责任的公民，在深化学生的教育的同时提高社区生活的质量。

2016 年是校园联盟成立三十周年，发布了《校长与理事的三十周年行动宣言》（Thirtieth Anniversary Action Statement of Presidents and Chancellors）。在宣言中，联盟提出了组织的核心价值，校园联盟作为一个价值驱动的组织，拥有五大核心价值观：（1）组织为学生、教师、职员和社区伙伴赋权，共同建立相互尊重的伙伴关系，从而为大学之外的社区追求一种公正的、平等的和可持续的未来；（2）帮助学生准备好进入参与式公民的生活，具备追求公共利益的动力和能力；（3）承担着作为地方组织的责任，促进社区在经济的、社会的、环境的、教育的和政治的健康和优势；（4）利用组织在研究、教学、伙伴关系和实践领域的能力，改变当前那些威胁民主社会的社会和经济的不平等；（5）通过为组织成员设定更高的目标，促进形成一种始终坚持以高等教育的公共目标为核心的环境和氛围。[6]

2. 校园联盟的核心工作

校园联盟通过研究与实践为成员提供有效的工具，通过教育和社区伙伴关系来建立民主，并为那些能够增强学习的组织体系、政策和活动提供支持，促进高等教育的公共目标的实现。[7]总的来说，校园联盟的工作可以划分为三大领域：

（1）组织行动和伙伴关系。校园联盟承诺实现高等教育的公共目标，致力于在高等教育和社区之间发展伙伴关系。为了实现这一目标，校园联盟为其成员组织提供：支持参与式教学和研究的政策样本；公民行动规划（Civic Action Planning）资源，将大学的资本与机构的价值观和公共目标相结合；模型

---

6 Campus Compact, 30th Anniversary Action Statement of Presidents and Chancellors [EB/OL], https://compact.org/actionstatement/, 2018-9-3.

7 CNCS, What we do[EB/OL], https://compact.org/what-we-do/.

——建立坚固的伙伴关系基础，以促进校园与社区资源共享；专业化发展——基于现有的研究和实践，促进社区参与的专业化。

（2）教学与科研。联盟强调公民学习的重要性，以及促进学生对社会环境与政策的理解的必要性。联盟认为，大学不仅应当通过正式的课程教育学生，还应当通过建构一定的价值观和实践进行教学。因此，校园联盟为其成员提供丰富的教学资源，包括基于社区的教学与服务－学习相关的教学大纲；工具包，指导开展以解决当地的、国家的和全球的挑战的研究；出版物，聚焦与发展学生的公民能力以及在学术部门内部建立深度的跨学科的路径；学生奖学金，为那些致力于与他人共同促进民主的和平等的未来而努力的学生提供奖学金；教师奖学金，为那些在社区参与中取得卓越成绩的教师提供托马斯．埃里希公民参与教师奖学金[8]。

（3）民主的高等教育。校园联盟强调高等教育在建立民主社会中的角色。因而，联盟致力于分享和宣传大学在实现其公共目标和公共价值领域取得的成就。第一，通过会议，使成员机构和他们的伙伴能够有平台分享学习和建构网络的机会。例如，在2020年4月，校园联盟将在西雅图召开校园联盟第20次全国会议，聚焦高等教育在建立民主健康社区中的重要角色，议题包括公民参与、社区参与研究、服务－学习、大学－社区伙伴关系等。其次，为成员提供相关资源，例如评估对学生的公民学习和社区挑战的影响。第三，通过组织的网站、微博和社会媒体中进行宣传，鼓励机构的社区参与。

（二）校园联盟与服务－学习

校园联盟自成立以来，就是服务－学习运动中的领导者。校园联盟通过研究、网络工具和其他举措，帮助大学开展大学的服务－学习项目。

早在1990年，校园联盟就发起了项目"服务与学术学习相融合"项目（Integrating Service with Academic Study, ISAS）。该项目旨在为那些致力于将社区服务融入教学和科研中的大学，提供培训与技术支持，帮助他们制定有效的战略。该项目不仅为教师提供大量的教学大纲范例，更重要的是强调建立团队和制定行动规划，实现服务在校园中的制度化。在三年的时间里，六十多所成员机构都派出团队参与到该项目中，学习服务－学习的

---

8 Campus Compact Impact Awards[EB/OL], https://compact.org/impact-awards/.

教学法、重新设计服务—学习课程、了解服务—学习在公民教育中的作用以及如何实现制度化等。在完成培训之后，这些团队回到自己的大学中，为本机构的服务—学习发展制定行动计划。在这之后，校园联盟还会派出工作人员去追踪这些大学的进展，提供及时的支持与帮助。校园联盟根据该项目所积累的经验，整理分析影响服务—学习在校园中发展的因素，进而提出有益的建议，并将其整理出版。[9]

校园联盟还为其成员提供服务—学习工具包（Advanced Service-Learning Toolkit）。作为校园联盟"建立参与式校园战略"（Strategies for Creating an Engaged Campus）的一部分，组织为那些希望进一步深化学生的公民教育、增强机构的参与性的大学领导者提供工具包。该工具包中包含着大量与大学开展服务—学习相关的资料、文章与链接等，例如其他大学组织的服务—学习项目、某个大学在服务—学习领域的最新进展、最新的研究成果等，为大学开展服务 学习提供了大量可供借鉴的资料。此外，校园联盟为学术带头人提供高级服务—学习工具包，通过为学院和大学的校长、教务长、首席学术官员和院长提供资源，使其重视并推动学生的公民教育，并增加学院与当地社区的联系。[10]联盟希望通过这种方式，构建一个全国性的网络，致力于培养研究生教育的未来教师，使他们能够在大学中更好地胜任教学、研究和服务的职责。"为未来的教师做准备"是美国大学协会和研究生院理事会（American Colleges and Universities and the Council of Graduate Schools）共同努力的成果，并得到了皮尤慈善信托基金和国家科学基金会（The Pew Charitable Trusts and the National Science Foundation）的赞助。

与此同时，校园联盟多年来都致力于开发参与式校园的评估指标体系（Indicators of an Engaged Campus），[11]帮助大学进一步推进他们的公民和社区参与工作，并对多所大学中的成功实践和模式进行评价。校园联盟的数据库中还包含不同类型大学的大量成功的服务—学习项目模式，为大学提供有益借

9 Nancy C. Rhodes, Campus Compact: The project for public and community service [J], Journal of Public Service & Outreach, 1997(1): 56-61.

10 Campus Compact, Advanced Service-Learning Toolkit for Academic Leaders[EB/OL],https://compact.org/initiatives/advanced-service-learning-toolkit-for-academic-leaders/, 2018-12-1.

11 Campus Compact, Indicators of an Engaged Campus[EB/OL], https://compact.org/initiatives/advanced-service-learning-toolkit-for-academic-leaders/indicators-of-an-engaged-campus/, 2018-9-2.

鉴。此外，校园联盟网站中的服务－学习教学大纲档案馆（Service-Learning Syllabi Archive）中，包含了各个学科成百上千份服务－学习的教学大纲，为大学教师开设服务－学习课程提供参考。

二、社会非盈利教育组织——全国青年领导委员会

随着服务－学习的发展，出现了越来越多致力于促进服务－学习发展的组织。这些组织往往由对服务学习感兴趣的研究者或实践者或者社区机构所建立，通过开展项目、召开会议、提供培训等多种方式发挥积极作用。本研究选取全国青年领导委员会（National Youth Leadership Council, NYLC）进行具体分析，该组织近年来在服务－学习领域进行了大量的工作。NYLC 致力于在学校中开展高质量的服务－学习课程，培养积极公民和该领域的青年领导者，促进服务－学习的可持续发展。目前，NYLC 主要通过在线资源库、为学校和社区提供培训和技术支持、组织会议以及开展相关研究等方式，推动服务－学习的发展。

（一）组织结构与宗旨

全国青年领导委员会（NYLC），是美国当前致力于服务－学习发展的非盈利组织。组织最初由詹姆斯．吉尔斯麦尔（James Kielsmeier）博士在 1983 年创立，之后逐渐发展壮大，其成员包括对服务学习即相关领域感兴趣的教学研究者、实践者、企业、机构、青年等。NYLC 在成立以来的三十多年里，致力于在学区、课堂、课后项目中提供高质量的、有活力的服务－学习课程，使青年人在成长过程中都能够通过参与服务－学习成为积极公民。[12]同时，NYLC 强调通过项目和服务，培养年轻的领导者和教育者，以促进服务－学习领域的发展。NYLC 希望通过服务－学习的新途径，使所有青年人参与解决现实世界的问题并激发他们去服务和学习，最终建立一个更加公平、可持续和民主的世界。

NYLC 在发展过程中始终秉承五种价值观念：（1）青年人的声音（youth voice），重视青年人的领导力。NYLC 将青年人作为决策制定过程中的合作伙伴。只要给青年人领导的机会，他们就能理解他们在促进公共利益中所拥有的权力和应承担的责任。（2）正直（Integrity），信任与透明的管理。组织努力

---

12 National Youth Leadership Council, WHO WE ARE, https://www.nylc.org/page/who-we-are, 2019-3-2.

成为利益相关者和公众的信任、资源和宗旨的负责人的管理者，并对工作的过程、成果、组织伙伴关系负责任并做到公正透明。（3）胆识（Audacity），挑战的勇气。NYLC 努力帮助青年人培养和展现他们在解决社会问题中的激情和创造力，使组织成为青年发展领域的领导者。（4）成长与学习（Growth and Learning），通过卓越的个人来建立社区。NYLC 与其他组织和伙伴进行合作，使个人参与到社会工作中，通过正式的和非正式的学习和自我反思，促进个人的发展。（5）多样化（Diversity），包容公共目标的多维视角。NYLC 认为来自不同领域的贡献和领导力都是有价值的，组织努力给每个利益相关者在决策制定中的位置[13]。

（二）全国青年领导委员会与服务－学习

NYLC 为实现其组织目标，在服务－学习领域形成了两大战略。第一，加强教育机构中的服务－学习的可持续性。NYLC 致力于成为服务－学习领域的领导者，通过对服务－学习思想与价值的引导，对服务－学习相关政策的倡导，推动服务－学习的可持续发展。第二，NYLC 与校内外的教育工作者合作，通过开展项目、开发和传播资源等方式提高服务－学习的质量，使其成为一种有效战略。[14]目前，NYLC 在服务－学习领域的工作主要包括，为成员提供丰富的服务－学习在线资源、为学校和社区组织提供专门培训、为学校服务－学习提供技术支持、组织服务－学习会议以及开展前沿研究等方式，实现组织对服务－学习的支持。

1. 开展服务－学习培训

NYLC 促进服务－学习发展的主要工作之一即开展服务－学习相关培训。NYLC 以"身边的引导者"（Guide on the Side）作为开展培训工作的理念，取代了传统的"讲坛上的圣人"（Sage on the Stage）[15]，强调帮助学员主动学习而非被动接受。NYLC 采用建构主义的教学方法，参与者通过经验和对这些经验的反思来构建自己对世界的理解、意义和知识。培训工作坚持 4 个关键的学习原则——准备、经验、自主和行动，即关注学习者的需求，尊重课

13　National Youth Leadership Council, WHO WE ARE, https://www.nylc.org/page/who-we-are, 2019-3-2.

14　NYLC, National Youth Leadership Council Strategic Framework[EB/OL], :https://cdn.ymaws.com/www.nylc.org/resource/resmgr/resources/strategic-framework-00517.pdf, 2020-1-1.

15　NYLC, Training & Keynotes, https://www.nylc.org/page/trainings-and-keynotes.

堂上的知识和经验，让参与者成为他们自己教育的领导者，并注重学习的即时应用。[16]目前，NYLC 的培训主要包括两类，包括面向教育者的培训工作坊和培养青年领导者的培训工作坊。

教育者培训与工作坊（Support Educators Trainings & Workshops）面向学校中的服务—学习教育者，帮助教师了解服务—学习课程与教学的理论知识与技能。这类培训主要包括五个主题：①介绍服务—学习，帮助教师了解服务—学习的基础理论知识，包括服务—学习的内涵、特征、历史发展等基本内容。②青年人与成年人的伙伴关系，帮助青年工作者和他们的教育者学会在课堂和项目中如何建立有益的伙伴关系，进而促进双方的合作，并使得青年的声音能够在课堂和项目中得到重视。③服务—学习课程规划，使参与者亲自体验在课堂中开展服务—学习，并为其提供有益的模板与工作，以及通过和专家进行探讨，帮助教师了解如何进行服务—学习课程的规划。④高级教育者培训，参与者将亲自参与制定与学术课程相结合的服务—学习计划并接受专家评估，获得服务—学习课程开发的模板与工具包，与专家合作探究如何将学生融入服务—学习单元的开发与实践，并在培训结束后获得 NYLC 提供的技术支持和大量资料。⑤定制化培训，NYLC 还可以与学校合作，根据学校的需求开展专门化的培训，从而更好地满足学校和学生的需求。

NYLC 的另一种培训，是专门培养青年领导者的培训与工作坊（Developing Young Leaders Training & Workshops）。NYLC 相信，青年人能够通过激情和创造力改变世界，应当通过为青年人提供领导机会、培训和丰富的资源来培养年轻的领导者。为了实现这一目标，NYLC 提供青年领导力培训，为青年人提供获得社区行动的知识与技能的机会。通过这一过程，参与者能够获得与各种背景的人一起工作的能力，获得参与社区变革的知识与技能，培养积极的价值观、自我认同感和社会责任感，以及增强他们参与社会活动的积极性。

下方的表格中整理了 2019 年 11 月至 2020 年 4 月期间，NYLC 在全国各地举办的服务—学习培训及其主题。[17]

---

16 National Youth Leadership Council , Training & Keynotes[EB/OL], https://www.nylc.org/page/trainings-and-keynotes, 2019-4-2.

17 National Youth Leadership Council, 2020 National Serve-Learning Conference [EB/OL], https://www.nylc.org/page/conference, 20190-1-5.

表 1 NYLC2019-2020 年的服务学习培训

时　间	地　点	培训主题
2019.12.15	南加利福尼亚州蒙克斯科纳	青年/成年人伙伴关系培训
2020.01.14	伊利诺伊州劳伦斯维尔	服务－学习课程规划
2020.02.07	/	登上成功的阶梯：青年/成人伙伴关系网络会议
2020.02.24	明尼苏达州圣保罗	声音，权力，改变：让学生领路
2020.04.16	新奥尔良	2020 年服务－学习年度会议：发掘你的潜力

2. 开展服务－学习项目

NYLC 也致力于开展服务－学习项目，促进服务－学习在校园中的发展。目前，NYLC 主要开展两个服务－学习项目，即课后服务－学习（Afterschool Service-Learning）和公民教育中的服务－学习（Service-Learning in Civic Education, SLICE）。

课后服务项目由查尔斯斯图尔特莫特基金会（Charles Stewart Mott Foundation）提供资金，在密歇根、新泽西、宾夕法尼亚等八个州建立项目网络以发展本州的服务－学习项目。被选定的网络都将获得一万美元的资助、来自全国青年领导委员会（National Youth Leadership Council）的培训和技术援助，以及 NYLC 在线服务－学习社区中的丰富资源和工具。[18]通过该项目在学校、课外项目、学院和其他相关机构之间建立有效的合作伙伴关系，并开展服务－学习计划，在满足社区需要的同时为年青人提供机会参与社区机构的工作。

第二个项目是公民教育中的服务－学习（Service-Learning in Civic Education, SLICE），目标是通过建立一个优质的服务－学习教师团队，促进学生参与服务－学习，提高学生的公民参与和成就。[19]NYLC 认为，服务－学习是公民教育的一种教育方式，民主公民所需要的重要知识与能力都可以通过服务－学习得到提高。但是，在资源不足的社区，社会研究和公民教育往往被牺牲，以增加标准化考试科目的教学时间。为此，NYLC 试图通过服务－学习来消除这种分歧。SLICE 项目为教师提供专业发展和技术援助，特别是

18　National Youth Leadership Council, Afterschool Service-Learning [EB/OL],https://www.nylc.org/page/afterschoolservicelearning, 2019-6-1

19　National Youth Leadership Council, Service-Learning in Civic Education[EB/OL], https://www.nylc.org/page/slice

那些在资源不足的社区工作的教师。该项目的目标是实施学术上严格的服务－学习，以提高学生在在美国历史、公民和政府以及地理方面的公民参与和成就。

3. 召开全国服务－学习会议

NYLC 认为，应当重视青年人在社会变革中的作用，并帮助他们为实现这一目标做好准备。为此，NYLC 每年召开全国服务－学习会议（National Service-Learning Conference），大学的教师、校长、行政人员、大学生、教育部门职员等都可以参与会议。组织希望通过会议，为参与者提供交流经验的平台，探索新的教学方式以促进学生获得社会参与的知识与技能。

2020 年，NYLC 确定会议主题为"发掘你的潜力"（Unmask Your Potential），号召教育工作者和社区成员与学生合作，为世界做出积极的改变。[20]会议将通过研讨会、主题演讲和思想领袖会议，为参与者提供超过 60 个实践学习的机会。会议的主题从社交情绪学习和公民教育到青年领导力和国际服务－学习。 此次会议为那些对服务－学习感兴趣的人们，提供与世界各地参与者交流和分享的机会。同时，会议非常注重学生的参与，学生人数占到会议参加者人数的一半，而且非常鼓励学生参与研讨会、项目展示以及参与实践服务项目和其他青年活动。

4. 其他

NYLC 也是一个重要的服务－学习资源平台，它所建立的服务－学习网络（Service-Learning Network, SLN）由 1.5 万多名青年和成年人组成[21]。该网络的成员可以获得各种与服务－学习的相关资源，包括免费的专业发展机会，例如每个月的网络研讨会，进入国家服务－学习交流中心（National Service-Learning Clearinghouse）的权限，以及与世界各地的同行建立在线小组进行交流的机会和空间。此外，NYLC 还通过在公共政策、宣传、研究和伙伴关系方面的集体行动，积极提高服务－学习在全国的知名度，同时游说政府官员加强对服务－学习的重视。

---

20 National Youth Leadership Council, 2020 National Serve-Learning Conference[EB/OL], https://www.nylc.org/page/conference, 2019-5-3.
21 National Youth Leadership Council, SERVICE-LEARNING RESOURCE CENTER [EB/OL], https://www.nylc.org/page/resources, 2019-5-4.

三、其他教育组织

除此之外，随着服务—学习的发展和影响力的扩大，许多教育协会和高等教育组织也开始关注服务—学习问题。这些组织通过开展服务—学习项目、组织会议、出版著作等多种方式，将服务—学习作为组织工作的一部分，同样也为服务—学习的发展提供了支持。

国家经验教育协会（National Society for Experiential Education, NSEE）成立于 1971 年，是一个非盈利的教育者、企业家和社区领导者组成的协会。NSEE 作为一个旨在促进全国范围内经验教育发展的国家资源中心，希望通过经验学习促进青少年的智力发展、跨文化的和全球意识、公民的和社会的责任感和道德发展。

NSEE 的宗旨是培养教育者，使其能有效利用经验教育的方法，促进学习者在个人的、专业的和公共的学习的发展，并鼓励学习者参与公共利益的发展。为了实现这一目标，NSEE 的工作主要包含三个方面，即（1）支持教育者的专业化发展，通过增进对经验教育的理解、意识、知识、技能和态度，来培养成员的发展和领导力；（2）参与研究，并通过会议、出版和其他宣传工作进行研究成果的分享；（3）通过教育系统和它在社区中的价值来倡导有效的经验学习的传播。[22]

为了促进经验教育的发展，增强成员机构在经验教育领域的专业化能力，NSEE 建立了经验教育学院（Experiential Education Academy, EEA）。EEA 的目标是为 NSEE 的成员提供有关经验教育的理论与实践基础，帮助其成员评估他们机构的经验教育项目来确保他们能实现有效的实践，以及为成员提供机会来发展其知识、技能和竞争力以增强机构自身的经验教育。自 EEA 建立以来，已有来自几十所高等教育机构的上百名教职工参与其中并获得证书。EEA 课程包含必修课程和选修课程，而选修课程中就包含服务—学习的课程。

服务—学习也是 NSEE 各年度会议中的重要议题，例如 2015 年的年度会议，主题是"21 世纪的经验教育——在数字和虚拟世界中保持高影响的实践活动"中，来自北卡罗来纳大学的教授作了"在线上课程中融入服务—学习"的报告；2016 年的年度会议中来自北佛罗里达大学的教授作了"通过国际服

---

22 National Society for Experiential Education, About NSEE[EB/OL], https://www.nsee.org/about-us, 2018-12-3.

务－学习促进教学多样性"的报告。[23]

此外，还有许多大学组织也将服务－学习作为它们工作中的一部分，通过开展服务－学习项目、出版服务－学习相关著作、开展服务－学习研究等不同方式，促进服务－学习的发展。例如，美国高等教育协会（American Association for Higher Education, AAHE）在 1997-2002 年期间，相继出版了 18 本著作，并由该专业领域的学者编写，每一本著作都从理论和教学实践的角度，对于如何在一个特定的学科内开展服务－学习，从理论研究、课程模式、文献资料和项目描述等几个部分，进行充分探讨。此外，美国社区学院协会（American Association of Community Colleges, AACC）曾在 1994 年开展项目"服务－学习与社区学院：建立全国性网络"（Service Learning and Community Colleges: Building a National Network）。该项目获得 CNCS 的拨款和凯洛格基金会（Kellogg Foundation）的资助，旨在增强社区学院中的服务－学习基础设施建设，对教师进行培训使其具备开展服务－学习的基本知识与技能。[24]

23 National Society for Experiential Education,Conference Presentations[EB/OL], https://nsee. memberclicks.net/index.php?option=com_content&view=article&id=111:2015-conference-presentations&catid=27:events, 2018-11-1.
24 Barnett, Lynn, "Service Learning: Why Community Colleges? ". Higher Education. 1996:6 http://digitalcommons.unomaha.edu/slcehighered/6.

第四章　美国大学服务－学习实践的内部运行

在大学中，服务－学习的运行是大学与社区两个了系统，在平等互惠的基础上向着共同目标开展协调与合作的过程。通过大学与社区两大系统的协作，服务－学习能够达到双方独自难以实现的目标，最终实现大学与社区的共赢。大学内部的服务－学习的运行，可以划分为三个主要的阶段。首先，大学与社区建立互惠性的伙伴关系，为服务－学习的开展奠定坚实基础与前提。第二，大学与社区合作实施服务－学习，将课堂学习与社区服务紧密联结。最后，大学与社区共同推动服务－学习的制度化，实现服务－学习从组织的边缘向中心的转变。

第一节　大学服务－学习的基础：大学－社区伙伴关系

大学与社区之间的伙伴关系，是开展服务－学习的必要基础和前提条件。大学－社区伙伴关系必须坚持互惠性的核心理念，确保大学与社区处于平等地位，同时双方的利益与需求得到同等的重视与满足。同时，围绕这一核心理念，大学与社区还应当遵循一系列的基本原则，才能建立真正稳定、有效的伙伴关系。在实践过程中，大学－社区伙伴关系的建立可以划分为两个主要阶段，即相互了解与自我评估以及规划与建立。在这之后，双方还需要通过增加资源投入、建立有效沟通渠道、增强能力建设以及开展评估等方式，增强伙伴关系的稳定性与持久性。

一、大学－社区伙伴关系的核心理念与原则

在服务－学习实践中，大学与社区之间的伙伴关系以互惠性为核心原则，强调双方的民主平等、互惠共赢。同时，大学与社区在伙伴关系的建立与发展的过程中，都需要遵循一定的基本原则，确保伙伴关系的有效性与稳定性。

（一）大学－社区伙伴关系的核心理念

伙伴关系指的是一种伙伴之间紧密的相互合作，并且双方有着共同的利益、责任、权限与能力的关系。在良好的伙伴关系中，双方能够通过合作的过程将彼此的知识、技能或资源相结合，从而使他们能够完成比双方未合作时更多的事，这也被称为伙伴关系的协同作用（partnership synergy）。[1]换句话说，伙伴关系并不是简单的双方之间的资源交换，而是双方通过合作来建立新的、有价值的事物，从而使整体大于部分之和。当双方合作的过程达到高度的协同，这种伙伴关系就能够以一种超越各自合作者能力的方式去思考，执行更复杂的、综合的举措以实现更大的目标。

服务－学习自出现以来，就希望能够打破大学与社区之间的隔离与阻碍，建立一种更加紧密的伙伴关系。因此，服务－学习中的大学－社区伙伴关系，强调以互惠性作为核心理念。互惠性指的是，在服务－学习中，大学和社区处于同等地位，双方的需求与利益得到同等重视；同时，大学与社区在这过程中都受益于对方的独特资源和参与，最终实现双方的互利共赢。

对于社区而言，建立在互惠性理念基础之上的伙伴关系，更有利于实现社区的长远发展。在传统的大学－社区关系中，大学在与社区的合作中居于决定性地位，而社区的声音与利益却不被重视。大学开展的社会服务形式往往是单向的、独断的，缺乏对社区及其需求的充分了解，专断地采取行动，往往带有一种服务名义伪装之下的"家长式作风"（pitfall of paternalism）。[2]相反，在互惠性伙伴关系中，社区与大学处于平等地位，有权力根据自身的真

1　Center for the Advancement of Collaborative Strategies in Health. Partnership Self-Assessment Tool[EB/OL], http://www.cacsh.org. 2019-3-1.

2　Jane C. Kendall. Combining Service and Learning: An Introduction[M], Jane C. Kendall and Associates. Combining Service and Learning: A Resource Book for Community and Public Service, Raleigh, North Carolina: National Society for Internships and Experiential Education, 1990: 1-36.

实需求与大学共同决定服务的内容与形式。同时，社区也能够获得大学更多的丰富资源与专业化的技术援助，并在这过程中提高自身的能力，实现自身的长远发展。

对大学而言，互惠性的大学—社区关系也更有利于促进学生的学习与发展。社区基于对学生的发展目标的充分了解，为学生提供更适合的服务岗位和相应的支持，学生可以深入参与到社区工作中，与社区工作者共同参与解决社区面临的挑战与问题。[3]这不仅使学生的实践活动更加丰富而有深度，也有利于增强学生的归属感和社会责任感。

总的来说，互惠性作为大学—社区伙伴关系的核心理念，强调建立一种民主平等、利益共享、合作共赢的良好关系。这一理念使得大学与社区的合作区别于传统的社会服务形式，它既是大学与社区开展服务—学习的基础，也是服务—学习实现双赢目标的重要保障。

（二）大学 社区伙伴关系的基本原则

围绕互惠性的核心理念，大学在与社区建立伙伴关系时，还应当遵循一系列的基本原则。在这基础之上建立起来的大学—社区关系，才是真正平等、民主和稳定的伙伴关系，才能够为服务—学习奠定坚实的基础。

在 2000 年，校园联盟将大学—社区伙伴关系的建立划分为三个阶段，即伙伴关系的设计、建立与维持，并指出在每个阶段都应当满足一定的基本原则。[4]只有遵循这样的基本原则所建立的伙伴关系，才是真正民主的、强有力的和持久稳定的合作关系。

在大学—社区伙伴关系的设计阶段，应当以建立双方之间的民主平等关系为核心。为此，合作双方应当坚持两个基本原则。第一，真正民主的伙伴关系建立在双方共同的、明确的愿景和价值的基础之上。第二，真正民主的伙伴关系应当使所有参与者都受益。大学与社区不再是彼此分隔的独立组织，而是成为更大的"社区"成员，共同致力于更大的愿景的实现。

在伙伴关系的初步形成阶段，应当以促进更强有力的合作关系为核心。为此，合作双方在这一阶段应当坚持三个基本原则。第一，真正民主的、强

---

3 Jacoby, B.. Service-Learning in Today's Higher Education[M], B. Jacoby(Ed.). Service-Learning in Higher Education: Concepts and Practices. San Francisco: CA: Jossey-Bass, 1996: 3-25.

4 J. Torres(Ed.). Benchmarks for Campus/Community Partnerships. Province, RI: Campus Compact, 2000: 5-7.

有力的伙伴关系是由建立在相互信任和尊重的基础之上的个人关系所组成的。良好的伙伴关系必须重视人与人之间的联结，时间的积累和经验的分享所深化的个人关系网络，是建立强大合作关系的基础。这里强调的是大学与社区之间的应当具有平等的话语权，并通过定期的、开放的交流，共同承担合作过程中的责任、风险和回报。第二，在真正民主、强有力的合作关系中，合作伙伴是多维的，各个部门都应当参与到问题的解决中。合作双方应当通过整合各自的独特资本和资源，共同应对挑战、解决问题。第三，真正民主、强有力的伙伴关系应当建立清晰的组织结构。合作双方都应当清楚自己的职责并了解整体的运作，同时还应当具有灵活的领导，才能有效应对各种变化。

在伙伴关系的维持阶段，应当以增强合作关系的稳定性与持久性为核心。因此，合作双方在这一阶段应当遵循三个基本原则。第一，真正民主且能够稳定而持久的伙伴关系，应当将其融合到双方的宗旨中。最有效的维持伙伴关系的方式，是将合作关系与机构的宗旨相匹配，并在机构内部进行宣传，从而获得机构的全面支持。第二，真正民主且能够稳定持续的伙伴关系，需要通过双方沟通、共同制定决策和实施变革的过程来维持。合作双方应当进行观念和思想的沟通与分享，建立一种灵活的结构以应对和处理合作过程中出现的变化与挑战。第三，真正民主且能够稳定维持的伙伴关系，应当定期进行对合作方式与成果的评估。合作双方应当定期召集合作伙伴和利益相关者，对合作的过程、成果等进行评估，从而调整现有的实践并规划未来的工作。

总的来说，校园联盟所提出的伙伴关系的基本原则，试图在大学与社区之间建立一种民主的、强大的且稳定持久的伙伴关系。这是一种相互受益且明确的关系，并且包含着这样的承诺：共同的目标、共同制定的框架和共同分担的责任、致力于成功的共同权威和责任、共同分享责任和奖励。[5]这种伙伴关系的实质，是大学与社区探索利用彼此资源建立深度合作，消除彼此之间有形或无形的障碍，从而建立完全参与式的大学（engaged campuses），并最终建立一个真正民主、强大的社区。

二、大学－社区伙伴关系的建立

在服务－学习中，大学－社区伙伴关系的建立与发展需要经过三个基本

5　Paul W. Mattessich, Barbara R. Monsey, Collaboration: What Makes it Work[EB/OL], https://files.eric.ed.gov/fulltext/ED390758.pdf.

阶段。首先，大学与社区应当对彼此形成更加全面、深入的了解，为伙伴关系的后续建立奠定基础。之后，大学与社区共同协商规划并建立伙伴关系。在双方建立了伙伴关系之后，还应当通过加强沟通、定期评估等方式，促进伙伴关系的持久稳定发展。

（一）大学与社区的相互了解与自我评估

大学与社区伙伴关系建立的第一步，是加深双方之间的相互了解。大学不仅应当对社区的基本情况、问题与挑战进行调查，了解社区的真实需求。同时，大学还需要对自身进行评估，尤其是要了解机构对社区参与的理念与态度。

1. 大学应当加深对社区的了解。首先，大学应当通过多种方式开展调查，形成对社区的全面、深入的了解。大学可以从了解社区的基本事实情况入手，例如从图书馆、各级政府办公室等获得社区的人口普查资料，了解社区的居民、种族构成、收入、教育水平等基本情况。也可以通过各类报纸、杂志文章等，了解社区的历史背景、重要历史事件以及当前面临的问题。其次，要了解社区的真实面貌，大学还应当进入社区、参与社区的活动，与社区内各类组织的负责人以及社区的长期居住者进行交流。此外，大学还应当了解社区是否有过开展服务－学习的经验，同时了解社区的重要负责人对服务－学习的观点和态度。[6]在这一过程中，教师与学生应当将社区成员放在专家和教育者的位置，认真倾听和记录与社区相关的信息。

2. 大学应当开展自我评估。大学进行自我评估的目的，在于了解组织自身开展服务－学习的优势与劣势。在现实中，许多大学仅仅将社区看作是教学或研究的实验室，双方的合作也只存在于大学的宣传册中。因而，大学在开展服务－学习前应当自问，组织自身如何看待与社区之间的关系，建立伙伴关系的目的又是什么，以及组织具备哪些资源与不足。[7]通过自我评估，大学能够更加明确自己对社区参与的态度，为之后建立伙伴关系打好基础。与此同时，大学还可以通过这一过程，纠正自身可能存在的一些错误观念。例如，认为教师拥有专业的知识与技能，能够比社区工作人员更好地解决社区

6　Kupiec, T.Y. (ed.). Rethinking Tradition: Integrating Service with Academic Study on College Campuses. Providence, R.I.: Campus Compact, 1993.

7　Enos, S.L., & Morton, K.(2003). Developing a theory and practice of campus-community partnerships. In B. Jacoby(Ed.), Building Partnerships for Service-Learning, San Francisco, CA: Jossey-Bass.

的问题。[8]这种错误的观念可能导致大学形成对社区和自身的错误认知，忽视社区的优势和应有权力，对双方的合作产生不利影响。

（二）大学—社区伙伴关系的规划与建立

大学在获得对社区的充分了解之后，进入伙伴关系的正式协商与规划阶段。在这一阶段，大学与社区进一步加深了解，协商确定合作目标与职责划分，共同开展项目，标志着伙伴关系的初步建立。

1.大学与社区共同参与规划。大学应当与社区共同进行伙伴关系的规划。大学应当邀请社区利益的相关者，如社区组织、当地政府以及重要的社区成员共同参与规划。大学与社区应当相互展示自己的历史、传统、文化、组织结构、宗旨等重要情况，增进双方的了解与信任。同时，大学与社区的负责人应当共同确定未来会面的时间与内容，明确之后需要商议的事项。此外，合作双方还应当明确各自的责任归属，指定双方的联络人以确保后续沟通的顺畅，并建立专门的委员会以负责合作关系的开展。在这过程中，大学与社区都必须了解并坚定双方在合作中的平等地位，任何一方存在错误的优越感，都可能对伙伴关系造成破坏。

2. 对社区的发展能力进行评估。大学应当与社区共同对社区的能力、需求和预期目标进行评估。不同于传统服务活动中由大学等方面决定服务的内容，服务—学习强调要尊重并满足社区的真实需求，并进一步提高社区的自我发展能力。为此，有学者提出了"基于资本（asset-based）的社区发展"方式，即有效的社区发展应当建立在对社区的资本、能力与发展潜力有充分了解的基础之上。[9]这种社区发展方式应当是"基于资本"的，即大学与社区应当共同挖掘社区具有的资本，包括社区居民、机构、协会等具有的资源与能力，并以此作为制定社区发展战略的基础。其次，社区的发展应当是"内部聚焦"的，即强调培养社区的投资能力、创造力与自我管理能力，为社区的发展提供更强的推动力。第三，社区的发展应当是"关系驱动"的，即注重与社区居民、机构之间的关系建设，维持良好的合作关系。通过对社区资

8 Catherine R. Gugerty, Erin D. Swezey, Developing Campus-Community Relationship [M], B. Jacoby(Ed.). Service-Learning in Higher Education: Concepts and Practices. San Francisco: CA: Jossey-Bass, 1996: 92-108.

9 Kretzmann, J.P., and McKnight, J.L. Building Communities from the Inside Out: A Path Toward Finding and Mobilizing a Community's Assets. Evanston, III[M], Center for Urban Affairs and Policy Research, Northwestern University, 1993.

源与能力的评估，大学不仅能够更好地满足社区的需求，更重要的是有利于促进社区的长久发展。

3. 初步建立伙伴关系。至此，大学与社区之间的伙伴关系已经初步建立起来。大学与社区根据之前的协商结果，各自承担项目中的职责和任务，共同致力于合作目标的实现。对大学而言，需要帮助参与的学生进行前期准备，对教师开展培训，使他们了解服务－学习项目的具体内容与目标。对社区而言，可以通过使有经验社区工作者进入课堂，或者组织学生进入社区参观，帮助学生加深对社区与服务内容的了解，并在项目推进过程中为学生提供及时、有效的支持。在服务－学习项目的开展过程中，大学与社区共同维持和推进伙伴关系的发展。

三、大学－社区伙伴关系的发展与维系

大学与社区在建立起合作关系之后，还需要通过双方长时间的努力，建立更加长久、稳定的伙伴关系。在这过程中，大学与社区需要根据双方的具体情况与需求，增强双方在资源、沟通渠道、能力建设等方面的投入。坚实稳固的伙伴关系，是大学与社区共同推动服务－学习的长久发展，增强服务－学习成果与影响的有力保障。

（一）大学－社区伙伴关系的发展模式

大学－社区伙伴关系的建立与发展是一个长期的过程，各种主客观因素都可能影响双方关系的进展。例如，大学对服务－学习的重视程度，直接影响大学在与社区关系建设中所投入的人力、物力与财力。其次，大学与社区是否具有开展服务－学习的经验，也会影响双方对伙伴关系的经营。此外，大学与社区伙伴关系的时间长短，以及双方制度和组织文化的差异等因素，都是影响双方关系发展的重要因素。换句话说，大学与社区基于自身的具体情况，对伙伴关系的资源投入不同、发展进度不同，最终形成的伙伴关系也必然存在差异。有学者提出，大学与社区之间的伙伴关系一般可以划分为三种基本模式：集中模式（Concentrated Model）、破碎模式（Fragmented Model）和综合模式（Integrated Model）。[10]这三种伙伴关系模式在大学与社区的交流、通道

---

10 Pigza, J.M., & Troppe, M.L. (2003). Developing an infrastructure for service-learning and community engagement. In B. Jacoby(Ed.), Building Partnerships for Service-Learning, San Francisco, CA: Jossey-Bass.

与机会、资源获取与共享、参与的深度与范围，以及责任的划分与承担五个方面，都存在或多或少的差异。具体情况详见表2。

表2 服务－学习中大学－社区伙伴关系的基本模式

特征＼模式	交　流	通道/机会	资　源	参　与	责　任
集中模式	与社区的交流主要是单向的，并且由大学控制，大学内部几乎没有交流。	社区要进入大学存在着显著的障碍，二者之间的伙伴关系非常薄弱甚至不存在。	社区的优势、知识和资源不被大学认可。	大学的社区参与局限在特定部门和特定方式。	参与的责任集中限定在大学中的指定机构。
破碎模式	大学内部的交流仍然有限，大学与社区之间的沟通不断增加。	大学与社区之间的伙伴关系不断增强，社区能够更轻易地进入大学。	大学的各个机构开始认可社区伙伴的优势、知识和资源。	广泛的、多样化的参与，但是信息、专业知识之间的协调非常有限甚至为零。	大学中更多的部门承担起参与的职责，但是缺乏集中化和部门间的协调。
综合模式	建立的联结促进了大学内部与外部的交流，对伙伴关系的持续的相互评估成为双方交流的一部分。	大学的界限变得可渗透，大学被看作是社区的一部分。	大学与社区的专业知识都得到了认可，双方都愿意共享资源。	参与随着时间不断增加、调整，并为未来的参与建立社会资本，伙伴关系建立在共同的目标和愿景之上。	专业知识和资源集中在大学和社区中的特定部门，不断增长的参与和协作贯穿于整个系统中。

来源：Pigza, J.M., & Troppe, M.L. Developing an infrastructure for service-learning and community engagement[M], B. Jacoby(Ed.), Building Partnerships for Service-Learning, San Francisco, CA: Jossey-Bass, 2003:106-130.

在集中模式的大学－社区伙伴关系中，双方伙伴关系的目标是限定的。此时，社区能够获得的大学资源仍然非常有限，同时，大学与社区用于建立伙伴关系的资源集中在特定的部门中，他们的工作往往不被其他的部门所知晓。这种模式的优点在于，由于大学与社区的合作只在特定机构中，因而社区在寻求与大学的合作时能够更容易地找到负责的机构。但该模式的缺点也十分明显，社区参与并未融入大学的文化，大学与社区的合作仍然十分有限。破碎模式的伙伴关系中，大学与社区之间的交流更加频繁，双方的资源能够更加自由地流动和共享。同时，大学内部的社区参与进一步拓展，更多的机构、教师和行政人员参与到与社区的合作中。但是，由于伙伴关系缺乏组织性，导致机构之间的工作缺乏协调、责任归属不明确，使得伙伴关系难以持久和扩大。

而综合模式的伙伴关系中，大学与社区之间的界限逐渐瓦解，大学更清楚地意识到自己作为社区的一部分，更加重视与社区的关系建设。此时，大学与社区之间、大学和社区内部各机构间的交流更加密切，并建立了负责伙伴关系的协调机构。同时，社区参与融入大学文化之中，双方的合作项目更加多样化。更重要的是，大学与社区的伙伴关系的目标不仅仅是解决双方当下的问题，而是实现双方长久的良好发展，因而也更注重伙伴关系的维持和发展。总的来说，综合模式的伙伴关系在在大学与社区之间建立了最紧密、稳定的联系，伙伴关系已经融入双方的宗旨与文化中，这种模式也最有利于服务—学习目标的实现。但是，这种模式并不一定适合所有的大学和社区，伙伴双方应当根据具体情况，建立最适合双方的伙伴关系。

（二）大学—社区伙伴关系的维系

在大学与社区的伙伴关系中，许多因素都会影响双方关系的持续发展。大学应当寻求与社区建立更加稳定、长久的伙伴关系，这有利于双方开展更加紧密的合作，进而提高服务—学习项目的质量。

首先，大学应当重视社区的发展。在大学与社区的关系中，大学往往占据主导地位，而社区的声音容易被忽视。因此，要维持伙伴关系的长久发展，需要从社区的角度去考虑其参与的动力和目标。大学可以通过邀请社区进入校园参观、参与大学的会谈和讲座等方式，增加社区在大学中的参与度，增强双方对彼此文化的了解与接受。同时，大学应当增加社区在服务—学习的设计与实施过程中的参与，在服务—学习评估时听取社区的意见，使社区能够有效发声。更重要的是，大学应当基于社区的需要，与社区建立真正的资源共享机制。最终，使得社区能够通过自我的学习与建设，实现可持续的自我发展。[11]

其次，大学应当与社区建立良好的沟通渠道。大学与社区都应当意识到，双方作为一个整体存在着错综复杂的关系，因而需要在双方之间建立多元化

---

11 London, S. Higher Education and Public Life: Restoring the Bond. Dayton, Ohio: Kettering Foundation, 2001. P.13.

的、良好的沟通渠道。大学应当定期举行关于伙伴关系的进程和成果的对话，交流当前的合作进展与基本情况，并对未来进行规划和调整。此外，应当增加教职员在伙伴关系建设中的参与。社区伙伴需要与教职员工联系来规划课程设置、协商学生的安置等各项工作，因而教职工与社区机构及其负责人之间的关系建立，是维系双方沟通的重要方式。[12]

第三，大学与社区都应当增强自身的能力建设。一方面，大学应当建立一个专门的中心，作为协调双方合作的主要机构。[13]这类中心机构可以协调大学内部各个机构之间的资源和工作，促进各类资源的整合与分配，避免机构内部的重复工作。同时，这类机构能够为教师和学生提供丰富的资源和培训机会，为服务—学习的实施提供支持。另一方面，社区也需要增强自身的能力，包括与大学合作沟通的能力、开展服务活动的能力以及自我建设和发展的能力。

第四，大学应当重视伙伴关系中的细节问题。在大学与社区的合作过程中往往存在许多容易被忽视的细节问题，能否妥善地处理这些问题十分重要。合作过程中涉及许多后勤保障问题，最常见的问题之一是参与社区服务的学生的交通问题。当社区距离大学较远或者公共交通不便时，能够妥善安排交通和出行将影响学生的参与热情。同时，学生的服务活动往往会受到学校学期和课程时间安排的影响，因而在安排服务活动的日期和时间总数的时候，大学需要与社区进行沟通和协调，确保满足双方的时间要求。

第五，大学应当定期开展评估。大学应当定期对伙伴关系的发展及成果进行评估，并根据结果及时地对双方的合作进行调整。大学可以根据具体情况采取不同的评估方式，例如通过组织利益相关者反馈组（stakeholder feedback group）的方式，由项目参与者的各方代表共同进行评估。[14]另外，大学与社区也可以寻求第三方部门来实施评估，获得对成果与影响的更客观的评估结果。不论采取何种方式，评估都应当由大学与社区共同协商决定，根

---

12 Campus Compact. Mapping the Geography of Service on a College Campus: Strategic Questions About the Institution, Stakeholders, Philosophies and Community Relationships. Province, R.I.: Campus Compact, 1994.

13 Mattessich, P. W., and Monsey, B. R. Collaboration: What Makes It Work[M], St. Paul, Minn.: Wilder Foundation, 1992.

14 Sherril B. Gelmon, Barbara A. Holland, Sarena D. Seifer. Community-University Partnerships for Mutual Learning[J]. Michigan Journal of Community Service Learning, Fall 1998: 97-107.

据双方的需求和实际情况选择合适的评估工具。同时，评估活动应当以促进合作双方的理解、增进项目成果作为基本方向。评估不仅是检验大学－社区伙伴关系发展的手段，更重要的是这一过程使双方能够更好地分析、沟通在合作中遇到的问题，为建立长期稳定的伙伴关系提供有益指导。伙伴关系的建立仅仅是大学与社区合作的开端，而如何维系良好的伙伴关系，仍然需要大学与社区的共同努力。

第二节　大学服务－学习的实施：服务－学习课程

在大学－社区伙伴关系的基础之上，大学与社区开始正式开展服务－学习。在这一过程中，学校内的课堂理论学习与社区中的服务实践紧密结合，并且相互转化、相互促进。为此，大学需要首先对服务－学习课程进行重新设计，确定课程的教学目标、教学策略与评估手段。在具体的课程教学过程中，教师达应当遵循一定的教学原则，合理规划课堂教学与社区服务的时间、内容与要求。与此同时，为了将理论学习与服务－学习紧密结合，服务－学习课程必须包含反思的核心环节，通过思考实践经历增强对理论知识的理解，同时通过思考学术知识增强实践技能，促进二者相互转化与增强。

一、服务－学习课程的设计

服务－学习将传统的基于课程的理论学习和非传统的基于社区的经验学习相结合，要求教师对课程进行重新设计。与传统的教学模式相比，服务－学习的教学法在课程目标、课堂控制、主动学习、主客观学习等方面都存在差异。服务与不同课程的结合并没有统一的模式，教师应当根据具体课程和学生的情况，对课程的目标、教学策略和课堂形式等进行重新设计，确保课程目标的实现。课程重新设计的过程，需要教师与学生的共同努力和建设。[15]

（一）确定服务－学习课程的目标

重新确定课程的目标，是服务－学习课程设计的第一步。与传统课程相比，服务－学习课程除了传统的学术目标外，还能够有效促进公民学习目标的实现，从而在促进学生的学术知识学习的同时，增强学生的公民素养与技能。

15　Jeffrey. P.F. Howard, Academic Service Learning: A Counternormative Pedagogy, New Directions for Teaching and Learning, 1998(78): 21-28.

1. 确定服务－学习课程的学术目标

在服务－学习课程中，促进学生的学术学习，仍然是课程的核心目标之一。服务－学习课程强调，服务活动作为融入课程之中的一部分，必须与课程内容紧密相关，不应破坏课程本身的完整性。因此，不论是课堂内的理论学习，或课堂外的服务活动，都是为了促进学生对知识的深入理解与掌握。同时，服务－学习课程还增强了传统课程难以完成的学习目标，包括对社区的学习以及综合实践能力等。

具体而言，服务－学习能够增强传统学术学习中的五个基本学习目标类别，包括课程的学术学习（course-specific academic learning）、一般的学术学习（generic academic learning）、学会学习（Learning how to learn）、社区学习（community learning）、人际的和内省的学习（inter-and Intra-personal learning）。[16]一般而言，传统课程的学习目标更集中于学术学习的目标，但服务－学习强调将社区服务作为课堂学习的重要补充，因而关于社区的学习以及个人的综合能力发展也同等重要。在不同的课程中，教师可以根据课程内容以及学生的具体情况，确定合适的、可操作的学习目标，并在制定课程大纲和教学计划的过程中，不断调整并确定最终的学习目标。

在服务－学习课程中，这五类学习目标具体包括：（1）课程的学术学习。这一目标类别之下的学习目标包括课程专门的知识、技能、态度和行为。在大学中，许多课程既可以是传统形式，也可以增加服务－学习成为新的课程。教师可以先记录课程原本的学习目标，之后思考社区服务实践能够促进哪一些学习目标的发展，再调整或增加新的学习目标。（2）一般的学术学习。这一类别之下的学习目标包括，所有大学课程中能够学到的通用的知识和技能，例如批判思考能力、问题解决能力等。教师可以根据课程和学生的具体情况，选择若干个重要的目标。（3）学会学习。与传统课程相比，服务－学习强调培养学生的学习主动性和自主性，因而帮助学生学会如何学习也是重要目标之一。让学生学会学习，即帮助学生构建学习能力的知识和相关技能，例如学习如何成为独立的学习者、从经验中学习、将理论知识运用到实践中以及跨学科学习等具体目标。（4）社区学习。服务－学习最大的特征之一，就是在课堂学习之外增加了社区服务活动，因而学习有关社区的知识，无疑

---

16 Howard, Jeffrey, Service-Learning Course Design Workbook[M], Corporation for National Service, Washing, DC., 2001.

是课程目标的重要内容。具体而言，学生在课程中不仅应当通过在社区中的工作增加对社区的了解，更重要的是要从服务和实践过程中，深入了解和探究贫困、无家可归者、失业等社会问题。（5）人际的和内省的学习。这一类别的学习目标对学习者的个人发展非常重要，例如合作能力、自我认知能力、综合素养（自信、赏鉴、倾听等）以及多元文化能力等。服务－学习丰富了课程的学习形式，也使学生有更多的机会发掘自身的潜能、提高自己的综合能力。

2. 确定服务－学习课程的公民学习目标

服务－学习既区别与传统的课程形式，也不同于简单的社会服务活动。它强调使学生通过服务活动深入了解社区现象背后的社会问题及其根源，同时通过学生自身的专业知识与技能去参与到社会问题的解决中，从而培养学生的社会责任感和担当，使学生认识到自己在社区乃至社会发展中的个人角色与价值。因而，服务－学习课程除了学术学习目标，还十分重视促进学生的公民学习。

公民学习指的是，任何能够帮助学生为在一个多元民主化的社会中为社区或公民参与做好准备的学习。公民学习不仅指的是参与投票、遵守法律等为人们所熟悉的公民参与的形式，还包括对自己所在的当地的社区做贡献的意识和能力，以及在未来的社区中积极参与的知识、技能、价值观和意愿。在服务－学习课程中，教师应当根据课程和学生的具体情况，选择若干个适合的公民学习目标，如果设置太多的目标反而可能削弱课程的学习成果。具体详见表3。

表3　服务－学习课程中的公民目标

公民学习的目标类别	知　识	技　能	价值观
学术学习	理解社会问题产生的根本原因	培养积极学习的技能	社区能够提供一些课堂所没有的独特的知识
民主的公民学习	熟悉公民的相关概念	增强挖掘社区资本的能力	积极公民是社区发展的基础
多元化学习	理解个人主义和制度主义	发展跨文化的交流技能	在制定社区的决策时应当考虑少数群体的声音

政治的学习	了解公民群体如何影响和改变他们的社区	培养游说技能	公民权不仅是投票和缴税
领导力学习	理解领导力的内涵	发展能够促进领导力能力的技能	理解领导力是一个过程，而不是一个人或一个角色的特征
内在的和人际的学习	理解个人多元的社会身份	发展问题解决能力	学习关怀伦理
社会责任感学习	特定职业中的个人如何按照社会责任感的方式来行动	明确如何将一个人的专业技能运用到社会的发展中	所有职业都应当承担对他人的责任

来源：Howard, Jeffrey, Service-Learning Course Design Workbook[M], Corporation for National Service, Washing, DC., 2001。

确定课程目标，是教师进行课程设计的第一步，使得教师对课程以及服务－学习部分有了更加形象、客观的认识。如果在完成这部分之后，教师发现在自己的课程中能够切实增强学生的公民学习，同时学生参与社区服务能够成为完成课程目标的方式，那么就可以进入课程规划的下一个阶段。相反，如果发现公民学习与课程不适合，或者学生参与社区服务不是实现本课程的公民学习目标的合适途径，那么教师就需要重新思考服务－学习是否适合自己的课程。

（二）确定教学策略与评估方式

确定服务－学习课程的学习目标仅仅是第一步。接下来，教师应当思考哪些方式能够使学生实现这些目标，即确定合适的教学策略。表4体现了在这一阶段，从确定学习目标到选择策略再到学生评估的过程。

在服务－学习课程中，教师应当选择适当的教学策略，一般包括课堂策略和学生策略两个方面。（1）课堂策略——在课堂中什么活动能使学生满足学术学习的目标？例如小组讨论、一分钟反思报告、模仿等。（2）学生作业——什么样的作业能够使学生实现其学习目标。例如综合论文、结构化日记（structured journal）、反思性访谈（reflective interview）等。同时，教师还应当确定合适的评估方式，对学生的学习表现和目标完成程度进行评估。评估方式可以是形成性评估或总结性评价，例如公共政策报告、口头展示、小组日记等多种方式。

表4　学术学习的教学策略和评估方式

	目　标	策　略		评　估
促进学术学习的目标类别	特定目标	课堂策略	学生作业	学习评估
课程的学术学习				
一般的学术学习				
学会学习				
社区学习				
人际的和内省的学习				

表5　公民学习的教学策略与评估方式

公民学习的目标类别	具体目标	课程策略	学生作业	学习评估
学术学习				
民主的公民学习				
多元化学习				
政治学习				
领导力学习				
内在的人际的学习				
社会责任感学习				

二、服务－学习课程的教学与实施

　　服务－学习课程的教学与实施，是依据课程设计进行课堂教学与社区服务－学习的具体过程。一方面，教师在课堂中对学生进行理论知识的传授，并帮助和指导学生进行社区服务；另一方面，社区机构也为学生的服务活动提供支持与帮助。

（一）服务－学习课程实施的基本原则

　　服务－学习课程的实施包含课堂教学与社区服务两个部分，由于它区别于普通课程的形式，因而要确保课程的成功实施需要遵循一定的基本原则。密歇根大学社区服务与学习中心在《服务－学习课程设计手册》中，提出了服务－学习课程教学与实施过程中应当遵循的十条基本原则，[17]它也在之后成为美国大学实施服务－学习课程中的重要依据。

---

17 Howard, Jeffrey, Service-Learning Course Design Workbook[M], Corporation for National Service, Washing, DC., 2001.

服务—学习课程的课堂教学过程，既具有普通课程教学的一般特征，也要求遵循特定的原则。首先，学分是为了学习而不是服务。在传统课程中，教师通过对学生从传统课程资源（教科书、课堂讨论、研究等）中取得的学习成果给予学分和成绩。同样的，在服务—学习课程中，教师既要评估学生从传统课程资源中获得的进步，也要评估从社区服务中获得的学习，以及从对服务和学习的混合中获得的学习。因而，学分并不是由于学生做了服务或者服务的质量，而是学生在课程结束后展现出的在学术和公民学习中取得的成果。

其次，不应当破坏学术严谨。社区服务往往被误认为是一种"软性（soft）"的学习资源，可能会破坏学术的严禁性。事实上，这种"软性"服务反而提高了课程的挑战。学生不仅需要掌握传统的课程学习资料，还需要学习如何从社区服务中获得经验，并将其与课程知识相融合。同时，学生不仅要满足学术学习目标，还需要满足公民学习的目标。

第三，教师应当为学生提供具有教育意义的学习战略，促进社区学习的成果和课程学习目标的实现。在服务—学习课程中，教师应当利用学生的服务经验帮助学生达到课程目标，例如，教师可以通过批判性反思、分析、服务经验的应用等来帮助学生学习。与此同时，课程的学习活动应当鼓励学生将学术学习和经验相融合，例如，课堂讨论、展示、报告等，可以帮助学生在课程学习过程中同时对服务经验进行分析。

第四，教师应当重新思考自己的指导角色。教师应当通过更加多样化的教学方法和指导，帮助学生成为掌握更多学习技能和潜能的更积极的学习者，帮助学生获得更好的学习成果。

第五，学生的学习成果可能存在一定差异，教师对此应当做好准备。在传统课堂中，所有学生都受到教师的监督，学习成果相对比较一致。但在服务—学习课程中，由于服务经历的差异以及其对学生的影响程度的差异，学生的学习成果可能出现较大的差异性，甚至有时脱离教师的掌控，教师应当提早认识到这一点。

服务—学习课程还包括社区服务活动，同样需要在实施过程中遵循一定的原则。首先，确定选择服务活动的标准。教师在为学生选择服务活动的地点和内容时，应该依据一定的标准，以确保服务活动能达到其促进学习的作用。具体而言，选择服务活动应当遵循 5 条原则，包括基于课程的内容限制可接受的服务安排的范围；根据学生的具体情况选择特定的服务活动；确保充足适当的服务时间，确保课程的学术和公民学习目标的实现；社区的项目应当能满足社区的真正需求。

首先，帮助学生做好进入社区学习的准备。教师应当为缺乏经验的学生提供充分的支持，例如提供学习社区服务和学习技能的机会以及往年的成功案例等。

其次，使学生对进入社区学习做好准备。由于很多学生缺乏从经验中提取知识以及将其与课程学习相融合的经验，教师应当为学生提供充分的支持，包括学习支持，例如提供机会去学习如何从服务中收集知识的技能；以及成功案例（例如往年的学生报告等）。

第三，使课程的社区责任导向最大化。服务－学习课程的一个重要条件就是有目的的公民学习。因而，教师应当在课程中使学生认识到自己所承担的解决社区问题的责任感，从而提高学生的公民责任感。

第四，使学生的社区学习角色与课堂学习角色之间的差异最小化。课堂和社区是非常不同的学习环境，要求学生有不同的角色。在课堂中，学生相对于教师，扮演的是较为被动的学习者；而在社区中，学生则需要成为更积极的学习者。这种角色的转换可能为给一些学生带来困难。要解决这一问题，就要改变传统的课堂学习环境，培养学生成为更积极主动的学习者。

（二）不同层次的服务－学习课程实施

在大学中，服务－学习课程可以面向各个年级的学生开设，包括本科新生、高年级学生以及研究生。不同年级和类型的学生，在知识储备、实践经历、学习技能以及服务－学习的经验等方面都有一定程度的差异。另一方面，服务－学习课程在师生角色的定位上也不同于传统课程，它强调让学生学会积极学习、主动思考，学会为自己的学习和发展负责。因此，教师面对不同类型的学生，应当采取不同的课程设计形式，使课程能够适应学生的能力与需求。同时，教师在设计课程时还应当为学生提供一定的挑战，使学生在自身已有能力的基础上得到更高的发展。

一般而言，服务－学习课程从低层次到高层次进行划分，可以分为暴露（exposure）、能力建立（capacity building）和责任感（responsibility）。不同阶段的服务－学习课程在实施过程中，其课程目标、教师角色、学生责任、项目强度等各个方面都存在一定差异，也要求教师根据课程差异和具体的学生需求，在课程实施过程中进行一定的调整。

表 6 服务－学习课程的三阶段模型

	阶段1：暴露	阶段2：能力建设	阶段3：责任感
课程目标	使学生了解服务－学习和课程内容/概念；培养基本技能、了解学术性反思、建立文化的和人际的能力	提高期望，增强学生对成果的责任感；练习之前了解的个人的/专业的技能；进行更高层次的批判性反思	学生对学习成果负完全责任；精通相关技能；精通更高等级的批判性反思与表达技能
教师角色	初级管理者——界定项目，促进学生与合作者的联系，确定清晰的过程和预期目标，提供紧密的指导	引导者——提供结构但是要求学生进行项目管理，选择合作伙伴并确立成果，同时要求学生的投入	辅导者或顾问——对战略和结构提出建议，但是赋权学生进行实施和重新；监督进程
责任感的等级	参与——在教师的领导下，设计项目以要求学生参与；强调学生之后需要使用的技能培养	贡献——逐渐地退出使学生承担更多的责任；邀请学生对项目设计、过程和成果做出贡献	完全责任——给学生以支持，使他们负责界定和管理部分或全部的项目内容。
团队合作的程度	课堂项目——指导全体学生参与合作项目，确保每个学生找到有价值的角色	个人项目——帮助学生通过承担个人项目来进一步提高技能和能力	小组项目——要求学生建立或参与小组项目，使用之前获得的技能来与他人进行有效合作
服务－学习项目的强度/持续性	一次性/不连续的——明确界定的次数有限的服务－学习项目；将课程内容应用到该案例中并持续一个学期	基于课程的——在课程内容与服务－学习之间达到平衡，使服务－学习项目的时间延续更久并要求更多的关注	长期承诺——项目成为课程的核心，要求使用之前课程中获得的知识
社区联系	假设的/非直接的——控制学生与合作伙伴的接触，项目可能局限于课堂之内	间接的——使学生参与到现场中，但是仔细管理学生与社区的接触并提供支持	直接的——学生在现场与被服务者或者普通民众进行合作，并由他们管理与合作伙伴的接触

来源：Carrie William Howe, Kimberly Coleman, Kelly Hamshaw, et al, Student Development and Service-Learning: A Three-Phased Model for Course Design[J], International Journal of Research on Service-Learning and Community Engagement, 2014(1): 44-62。

　　处于第一阶段的服务－学习课程，其课程目标是使学生接触服务－学习、建立初级技能，同时开始了解学术性反思的过程，并建立文化的和人际的能力。在这一阶段，教师作为初级管理者，需要在课程期间为学生在目标制定、联系合作等方面，提供紧密的指导。学生在教师的领导下，参与课堂项目，并在过程中锻炼自己的技能、找到自己的价值。但此时的服务－学习项目强度较低，往往是一次性的或不连续的，学生与社区的联系也相对较弱。总的来说，阶段 1 的服务－学习课程，更适合那些低年级、理论知识有限、服务－学习经验不足的学生。课程中的服务－学习强度较低，且教师需要承担更多指导者的角色，帮助学生了解并熟悉服务－学习。

当服务－学习课程处于第二阶段时，其目标集中于提高对学生的期望以承担对成果的责任，并使其练习专业技能，以成为更加熟练的反思性思考者。在这时，教师作为引导者帮助提供项目的结构，但要求学生投入更多、承担更多的责任，并在项目过程中提高自身的能力。同时，此时的服务－学习时间往往持续更久，并要求学生在与社区的合作中参与更多的工作。

第三阶段的服务－学习课程，目标是使学生成为更高层次的课堂的主人，培养学生的沟通技能、更高级的批判性反思技能与表达能力。对于理论知识与实践经验更丰富的高年级学生，教师在设计课程时可以让学生承担更多的责任，而教师则作为顾问对整体结构提出建议，使学生管理和监督项目的发展。这一阶段的服务－学习成为课程的核心，要求学生与社区建立更直接密切的联系，并在课程学习中实现自身技能的发展。

三、服务－学习课程的核心环节：反思

在服务－学习中，学生在学校进行课堂学习的同时参与社区服务活动，之后在教师指导下将实践与理论相结合进行结构化的反思，从而在提高学生学习的同时推动社区发展。反思活动是学生将实践与理论知识之间进行联结和转化的必要环节，是服务－学习的基本特征和关键环节。

（一）反思的内涵与功能

唐纳德. 肖恩（Donald A. Schön）将反思看作是"思考与行动的持续的交织"，"反思性实践者"是"那些对隐含在个人的行为中的，以及显现、重构和体现在未来的行动中的理解进行反思的人"。[18]罗杰斯（Russell Rogers）指出，

---

18 Schon, D. (1983).The reflective practitioner: How professionals think in action. New York, NY: Basic Books

反思是一个过程，学生将从实践中获得的理解融入个人经验中，从而提高个人的整体效能，并在未来做出更好的选择或行动。[19]在服务—学习中，反思是学生在教师指导下、在结构化的时间里，运用创造性和批判性的思维技能，探究理论知识与实践活动之间的复杂关系，使二者得以相互促进、相互增强，最终增强自身的专业学习与实践能力。

（二）反思的基本原则

教师在开展反思活动时，应当遵循一定的基本原则，以确保反思的质量与有效性。首先，教育者应当定期组织反思活动。根据杜威的教育理论，反思性思维的发展可以划分为五个阶段：（1）混乱、困惑和怀疑；（2）推测性的预期和尝试性的分析；（3）谨慎地检验和分析，以阐明现实世界中的问题；（4）对试验性假设的详细解释；（5）通过实践来验证假设。[20]换句话说，学生的反思性思维发展是一个循序渐进的过程。定期进行反思，可以帮助学生推进自己的学习和思维水平的发展，并将每一次反思的成果不断积累，逐步深化和拓展对服务活动的思考，最终学会反思。

第二，教育者应当确保，学生在反思活动中始终将服务经验与学习目标紧密关联。在服务—学习中，学生在社区进行的服务活动，为他们提供与课程学习相关的经验。之后，学生参与反思活动，将他们的经验与课程知识相联系，深化他们对理论知识的理解和掌握，同时挑战他们对某些事物的旧有观念。

第三，教育者应当为学生的服务活动提供指导。课程教师、助教以及社区机构的负责人等都可以为学生的反思活动提供指导，其中教师的指导尤为重要。在课程开始之初，教师就应当清楚告知学生服务活动的内容、反思活动要求和目标，并将其明确写入教学大纲中。在反思活动中，教师需要根据学生的能力、偏好的学习方式、过往参加反思的经验，给予及时的、适当的指导，确保学生正确理解反思活动的目标和任务。相比于高年级学生，新生往往对反思活动缺乏了解，这时就需要教师给予更多的指导。

第四，教师应当对学生的反思成果进行评价并及时反馈。教师通过对学生的反思成果进行评价，一方面能够了解学生的学习情况，及时调整教学计

19 Rogers, R. (2001). Reflection in higher education: A concept analysis. Innovative Higher Education, 26, 37-57.
20 游柱然，杜威教育哲学与当代美国服务—学习理论[J] 求索，2009(1): 111-113。

划；另一方面可以发现学生存在的疑难与问题，给予有针对性的指导。此外，教师还可以要求学生进行自我评价，教师则从旁进行指导。例如，教师可以要求学生进行个人自述，学生在课程开始时记录一个与服务活动相关的故事，之后在课程结束时再记录一个故事，并且将二者进行比较，使学生更好地看到自己从服务－学习中取得的进步。

最后，教师应当引导学生认真反思自己的价值观。[21]服务－学习将课堂延伸到社区，学生在新的情境中进行体验，需要跨越文化和社会经济背景的界限。在这过程中，学生遭遇到的陌生情境和问题，往往会与他们与以往的认知形成冲突或矛盾。为此，教师可以在反思中要求学生着重描述在服务过程中发生的问题或矛盾，引导学生去阐述、探究和修正自己的旧观念，帮助学生从服务经验中重新思考个人的价值观，引导学生更好地做出选择。与此同时，教师应当引导学生将服务活动与公民责任相联系，培养学生的社会责任感与公民意识。

（三）反思的形式

在实践过程中，教师可以选择多样化的形式开展反思活动。DEAL 模式是常见的反思活动形式之一，它将反思划分为描述、检验和明确表达三个阶段。此外，教师还可以根据学生与课程的具体情况，采用学生日记、研究报告、案例分析、课堂讨论等不同形式。

1. DEAL 模式

DEAL 模式将反思划分三个阶段：（1）描述（Describe），学生详细描述他们的服务实践活动；（2）检验（Examine），学生对服务经历进行分析和思考；（3）明确表达（Articulate Learning, AL），学生将自己获得的学习与思考形成反思报告。[22]这三个环节环环相扣，构建了一个完整的反思活动框架。

根据 DEAL 模式，反思活动的第一个阶段是描述。学生需要对自己在社区进行的服务经历进行详细的、客观的描述，在阐述中回答一系列的问题，包括：谁？什么时候？在哪里？发生了什么？等。通过这些问题，学生完善、细致地叙述自己的服务经历，为之后的反思活动提供客观材料。

---

21 Julia A. Hatcher, Robert G. Bringle, Richard Muthiah, Designing effective reflection: what matters to service-learning? Michigan Journal of Community Service Learning, Fall 2004, pp.38-46.

22 Lenore M. Molee, Mary E. Henry, Assessing learning in service-learning courses through critical reflection[J], Journal of Experiential Education, 2010(3): 239-257.

在第二个阶段，学生将根据服务－学习的三大学习目标，对服务经历进行深入思考与分析。服务－学习的学习目标可以归为三类：（1）学术进步（academic enhancement），即学生通过服务活动与课程学习，对理论与实践之间的相同点与差异进行分析，获得对课程知识的更精确、细微的理解；（2）个人发展（personal growth），即学生通过服务经历与自身感受，探究自身优缺点、信仰等个人特质，并进一步思考如何通过学习促进个人潜能的发展；（3）公民参与（civic engagement），学生通过服务－学习获得能够促进社区发展的知识、技能与价值观，并提出相应的实践举措。[23]学生可以从这三个层面去分析自身的服务活动经历，思考自己在学术、个人和公民参与三方面的收获与遇到的疑难和问题。这种方法既为学生在分析服务经历时提供了明确方向，同时能够培养学生的自主思考能力，并鼓励学生深入探究在服务活动中的自我角色与价值。

在第三个阶段，学生将获得的学习与思考形成书面的反思报告。在该报告中，学生同样需要从服务－学习的目标即学术进步、个人发展与公民参与三个层面展开论述。为了确保反思报告更加结构化，DEAL 模式还设置了四个引导性问题，即（1）我学到了什么？（2）我是怎样学习的？（3）为什么这个学习是重要的、有意义的？（4）我在实践中可以怎样运用自己获得的知识和技能，我还应当提高自己哪方面的能力？[24]学生可以按照这四个问题，阐述自己的反思成果。例如，学生在阐述自己通过服务活动获得了哪些学术收获时，可以从四个方面展开：（1）你通过服务活动学到了哪些学术概念？（2）你是如何将这些学术概念运用到服务实践中的？（3）比较理论概念与自身的经历和旧有观念，二者存在哪些异同点，对理论知识的复杂性获得哪些新的理解？（4）根据自己获得的学习，在未来应当如何改变和完善自己的行动？通过结构化的反思报告，学生将自己的服务与学习紧密结合并进行批判性分析，使反思的结果超越了及时的经验本身，获得对理论知识与实践经验的复杂性和深刻性的理解。

最后，教师可以依据反思报告从呈现的学生在学术、个人发展和公民责

---

23 Sarah L. Ash, Patti H. Clayton, Maxine P. Atkinson, Integrating reflection and assessment to capture and improve student learning[J], Michigan Journal of Community Service Learning, Spring 2005: 49-60.

24 Campus Compact. Revitalizing our democracy: building on our assets—2016 Annual member survey executive Summary[R/OL].(2017-03-08)[2019-3-4].

任感方面的进步，以及报告准确性、逻辑性、深度与广度和清晰表达等，进行全面的评估。之后，教师可以将评估结果及时反馈给学生，使学生可以进一步完善报告、深化思考。

2. 反思的其他形式

除了 DEAL 模式，教师还可以采取其他多样化的反思活动形式，如学生日记、研究报告、小组讨论、课堂展示等。

（1）学生日记（Student Journal）

学生日记是一种最常见的反思形式。为避免日记成为流水账，教师应当选择一些更加结构化的日记形式，例如：①关键阶段日记（key phase journal）：学生在记录服务活动时，着重描述和讨论服务活动中的关键阶段；②双页日记（double-entry journal）：学生在页面左侧描述他们的服务经历与个人想法，在页面右侧则对应左侧的内容与课程中的关键概念、理论知识等相结合并进行讨论，也可以在二者之间画箭头以表明对应关系；③关键事件日记（critical incident journal）：学生重点描述服务过程中发生的特定事件，并从课程中找到与该事件相关的知识，对该事件进行探究并思考自己应当采取何种有效行动；④三部分日记（three-part journal）：学生需要在日记中完成三个部分的内容，包括描述自己的服务经历（完成的任务、困惑及与他人的互动）、分析具体课程概念与特定服务经验之间的关联，以及理论知识在实践中的应用以及自身价值观和认知的变化。

（2）经验研究报告（Experiential Research Paper）

学生选择在服务活动过程中发生的某个特殊事件或某段特殊经历，通过查询资料与课程学习，在更宏观的社会背景之下分析该事件，并为如何解决问题提出建议。例如，学生在为无家可归的青少年提供卫生保健服务时，可以通过查询期刊、文献等资料分析国家和社区的卫生保障和相关政策，并寻找能够解决该问题的概念和理论，进而对社区提出相关建议以影响社区机构的未来政策。

（3）道德案例分析（Ethical Case Study）

学生在服务活动中不仅会遇到知识性、实践性的问题，还会遇到很多道德问题。学生可以记录在服务活动中遇到的道德困境，描述事情发生的背景、人物和具体的冲突或困境。之后，结合课程内容对其进行讨论和分析，并通过课堂展示或小组讨论与他人分享。这种方式能够使学生从不同的角度探讨道德问题，帮助他们深入探究和厘清自己的价值观。

（4）定向阅读（Directed Reading）

学生在服务活动中会遇到各种复杂的问题，有时课程的内容无法满足学生多样化的学习需求。因而，教师可以为学生提供针对性的拓展书目，帮助学生对问题进行更深入的探究。之后，学生需要完成一篇阅读笔记，分析文献中的知识与服务活动的联系，展示自己的阅读和学习成果。

（5）课堂展示与讨论

学生可以在课堂中通过视频、演讲、专题讨论等方式，展示他们的服务经历、感想与收获。课堂展示不仅使学生能对自己的服务经历进行总结和反思，也是对学生取得的成果的庆祝与鼓励。同时，教师还可以邀请社区机构和相关人员共同参与课堂展示，共同分享学生的反思成果。在课堂中，教师可以为学生提供一个公共的讨论平台，学生可以详细阐述服务经历中的某个具体案例，并以此来论证或反驳课程中的某个知识点或概念。在课堂讨论中，学生能够相互分享和学习自己的经历，同时教师也能给予学生及时的指导，从而为学生提供更广泛的学科知识和更多样化的视角。

反思活动形式的多样化，使其能够适应不同课程的内容与特点，满足学生多样化的能力与需求。反思活动的意义，一方面在于建立服务与学习之间的联结，增强学生对理论知识的理解与服务活动背后的社会问题的认知，实现服务－学习的教育目标。更重要的是，学生通过反思的过程，能够不断提高自主学习和探究的能力，养成积极主动的学习态度，并锻炼自己在阅读、协作、交流、团队合作和问题解决等方面的综合素养。在反思活动中，教师不仅要确保反思活动的顺利进行，还应当从自身积累的专业知识与经验出发，给予学生有益的指导。

第三节　大学服务－学习的制度化：大学与社区的深度合作

服务－学习的制度化，是大学与社区两个子系统实现深度合作，共同致力于服务－学习高效稳定发展的过程。在这过程中，大学与社区将服务－学习融入机构的日常运行、核心目标乃至组织宗旨之中。具体而言，大学服务－学习的制度化需要大学机构、教师群体、学生群体以及社区机构四个方面

的共同努力，才能真正实现服务－学习发展的规范化和稳定性。大学与社区
还可以通过制度化的评估量表，定期对本机构的服务－学习发展进度进行评
估，从而为之后的发展提供指导。

一、大学服务－学习制度化的内涵

（一）大学服务－学习制度化的定义

从广义上说，服务－学习的制度化要求服务－学习从大学的边缘逐渐发展
并最终成为大学的中心。[25]服务－学习的发展是高等教育参与社会服务的重要
体现，只有当大学的转变是内在的、持久的并且对所有利益相关者都有意义时，
服务－学习才能实现制度化。[26]具体来说，服务－学习的制度化要求，大学机
构、社区、教师与学生都认可服务－学习的理念与价值，对服务－学习的目标
达成共识，并共同努力以实现服务－学习的规范化和持久稳定的发展。

高等教育中的服务－学习的制度化是一个复杂的过程，其发展受到多种
因素的影响。不同机构实施服务－学习的目的不同，推进服务－学习制度化
的方式也不同。同时，服务－学习往往还涉及到大学课程与教学的改革。因
此，服务－学习在高等教育中的制度化并没有统一的路径。服务－学习在各
个机构中的制度化过程，是一个多方面因素相互影响的复杂的过程，涉及到
机构的、学术的、社会因素的不断发展的过程，它不是一个线性的而是一个
螺旋上升的过程。并且，服务－学习制度化的过程是一个无限发展的过程，
只有随着机构的发展而变化才能保持在大学中的主体地位。

服务－学习是一个大学、教师、学生和社区多方参与的过程，因而服务
－学习的制度化也是一个各方参与者共同推进的过程。大学实现服务－学习
的制度化，事实上是为服务－学习确立更加规范的制度，确保各方的资源投
入，最终实现服务－学习的持久稳定发展。

（二）大学服务－学习制度化的基本要素

罗伯特．布伦格尔（Robert G. Bringle）与朱莉．哈彻（Julie A. Hatcher）
提出"服务－学习的综合行动计划（Comprehensive Action Plan for Service

---

25 Andrew Furco, Institutionalizing Service-Learning in Higher Education, The Journal of Public Affairs.

26 Bringle, R.G., Games, R., & Malloy, E.A. (1999). Colleges and universities as citizens. Boston: Allyn& Bacon.

Learning, CAPSL）"模型，提出了服务—学习制度化的四个基本维度。

该模型最初是为了指导大学制定服务—学习制度化的战略规划，同时也明确指出，服务—学习制度化涉及四个主要的利益相关者，即机构、教师、学生和社区。这四个关键利益相关者，正是构成服务—学习制度化发展的四个基本要素。[27]因而，大学要实现服务—学习的制度化，就可以从这四个要素出发。同时，该模型还界定了每个利益相关者从最初的服务—学习的规划到最终实现其制度化的十项活动，即规划、意识、标准、资源、扩展、认可、监督、评估、研究和制度化。具体来说，在最初的服务—学习规划之后，机构需要采取行动提高各方对服务—学习的认知和意识。随后，机构可以建立具体的案例或典型课程，进一步促进这一进程。同时，服务—学习的负责机构进一步整合资源和开展相关活动，并通过记录和监督服务—学习的实施以及对成果的评估，来促进服务—学习的发展。机构的成果可以通过媒体或发表的学术研究得到公众的认可，并最终实现服务—学习的制度化。该模型为高等教育机构推进服务—学习的制度化提供了一个方向，确定了制度化的四个基本要素，以及各要素发展过程中的基本步骤。

安德鲁．福柯（Andrew Furco）提出"高等教育中的服务—学习制度化自我评估量表"（Self-Assessment Rubric for the Institutionalization of Service-Learning in Higher Education），同样对制度化的基本维度进行了界定。与布伦格尔和哈彻的模型相同，福柯也将教师、学生、机构和社区作为服务—学习制度化的基本要素。但除此之外，福柯在量表中增加了服务—学习的哲学与宗旨这一维度，从而形成了五个基本维度。福柯将大学在宗旨和战略层面对服务—学习的重视，与大学在实践层面对服务—学习的支持如机构建设、资金投入等，划分为两个不同的维度。福柯认为，大学应当基于学术研究领域对服务—学习的基本定义，结合组织自身的独特性和需求，形成对服务—学习的深入认知。大学对服务—学习的界定，在组织内部是得到普遍认同的，并且与大学的宗旨与战略规划是相一致的，深深地融入到组织战略中，成为大学发展不可分割的一部分。福柯还将每个维度具体分为若干个具体的要素，表 6 详细列举了制度化的各个维度及其要素。

---

27 Bringle, R.G., & Hatcher, J.A. (1996). Implementing Service learning in higher education. Journal of Higher Education. 67, 221-239.

表7 服务－学习制度化的五个维度

维 度（Dimensions）	要 素（Components）
服务－学习的哲学与宗旨	服务－学习的定义 战略计划 与组织宗旨的一致性 与教育改革的一致性
教师对服务－学习的支持和参与	教师的意识 教师的参与和支持 教师的领导力 教师的激励与奖励
学生对服务－学习的支持与参与	学生的意识 学生的机会 学生的领导力 学生的激励与奖励
社区的参与和伙伴关系	社区伙伴的意识 相互理解 社区机构的领导力与声音
机构对服务－学习的支持	协调机构 政策制定机构 机构员工 机构资金 行政支持 考核与评价

来源：Andrew Furco, Self-assessment rubric for the institutionalization of service-learning in higher education[EB/OL],http://bonner.pbworks.com/w/file/fetch/109996222/Self-Assessment%20Rubric%20for%20the%20Institutionalization%20of%20Service-Le.pdf, 2019-5-2

　　福柯认为，大学服务－学习的制度化是一个全方位发展的过程，只有在五个维度上都实现了制度化的发展，才能认为大学完成了服务－学习的制度化。具体而言，第一，服务－学习的哲学与宗旨。大学对服务－学习的具体内涵的界定，往往会根据自身的宗旨和目标而有所不同。因而，大学实现服务－学习制度化过程中最基础也最重要的，就是根据大学自身的组织宗旨、发展战略与改革规划，明确机构对服务－学习的内涵的界定，并为服务－学习的未来发展制定战略规划。第二，教师对服务－学习的支持与参与。福柯认为，教师是服务－学习发展的关键推动力，教师对服务－学习的态度和认知、教师在服务－学习中的参与度、教师在推动全校服务－学习发展中的领导能力，以及服务－学习教师的激励机制，都是制度化发展中的核心要素。第三，学生对服务－学习的参与和支持。该维度的基本要素包括，学生对服务－学习的认知、学生参与服务－学习的机会、服务－学习的学生群体在整个学生群体和校园中的领导和号召力，以及大学为学生设置的激励和奖励机制。第四，社区的参与和伙伴关系，基本要素包括社区与大学的伙伴关系、社区机构对服务－学习的了解和接受程度，以及参与服务－学习的社区机构的领导力和影响力。第五，机构对服务－学习的支持。机构维度的服务－学习的制度化包括以下几个要素，即服务－学习的协调或政策制定机构、员工人数和配置、能够获得的行政和资金支持，以及是否定期开展对服务－学习的评估。

二、大学服务－学习制度化的策略

大学在服务－学习制度化过程中扮演着主导者的角色，是推动制度化进程的主要力量；教师作为服务－学习的授课者与学生的指导者，是影响制度化进程的核心要素；学生是服务－学习的参与者，他们的参与和支持是推进制度化过程中的关键因素；社区作为开展服务－学习的另一方，他们的参与和配合同样影响着服务－学习的制度化发展。因而，大学在制定服务－学习制度化的策略时，往往从这四个方面展开。

（一）大学：服务－学习融入大学宗旨与组织结构

在不同的高等教育机构中，服务－学习往往具有多样化的形式，服务－学习的制度化也没有统一的形式。大学开展服务－学习的目标各有差异，同时机构自身的独特性和文化，也会影响服务－学习制度化的发展过程。

1. 服务－学习融入大学的宗旨

大学的机构环境是开展服务－学习的基础，将服务－学习与大学的宗旨与核心目标相结合，是推进制度化进程的关键要素之一。许多大学在开展服务－学习之初，往往是部分教师、学生或机构内部的小型活动，人力、物力和财力等资源都相对有限。随着服务－学习规模的不断扩大，它往往需要更多的资源和支持。服务－学习只有成为大学发展改革规划的一部分时，才能够更好地获得大学各个部门和教师的支持，并且确保服务－学习在未来发展中获得大学在政策、资金等各个方面的保障。

2. 设立服务－学习专门办公室

在大学中成立服务－学习办公室，是服务－学习制度化过程中的重要环节。服务－学习办公室作为专门促进大学中服务－学习发展的核心机构，承担着为服务－学习提供技术支持与后勤保障、协调各部门工作、收集服务－学习教师与学生信息、以及在校园内部和各类媒体上倡导和宣传服务－学习等重要职责。[28]

首先，服务－学习办公室有利于促进教师在服务－学习中的参与。办公室可以通过定期举办各类讲座、工作坊等方式，为那些对服务－学习感兴趣的教师提供了解该领域的机会，增强教师在服务－学习领域的理论知识。同时，也可以通过邀请有服务－学习授课经验的教师，为新教师传授服务－学习教学的实践技能，为教师提供更多专业发展的机会。此外，服务－学习办公室能够集合各个学术部门的教师的意见，推进大学对服务－学习教师的薪酬和奖励机制。

第二，服务－学习办公室可以协调各个学术部门中的服务－学习发展。在大学中，各学院会开展多种多样的服务－学习项目，但由于各部门之间缺乏交流与协调，往往会导致许多的重复工作。服务－学习办公室能够有效协调各部门的资源，促进各部门之间的沟通，实现资源和信息的共享。同时，大学作为一个庞大的机构，许多社区在寻求与大学的合作过程中，往往不知道该与哪个具体的机构联系。在设立了服务－学习办公室之后，社区在寻求与大学的合作时，能够更快速地找到对接机构。

第三，服务－学习办公室是重要的信息收集与整理机构。一方面，办公室能够收集校园内服务－学习课程与项目的信息，评估服务－学习的发展水平；收集参与服务－学习的教师与学生的数据，了解教师和学生的参与水平、对服务－学习的态度和认识。另一方面，办公室能够更好地整理与大学有合作的社区的资料，加强和巩固与社区的合作，进而建立更加稳定、长久的伙伴关系。

第四，服务－学习办公室还承担着在校园内外宣传服务－学习的职责。办公室能够在学校的年度会议或大型活动中，宣传大学在服务－学习领域取

---

28 Hammond, C. (1994). Integrating service and academic study: Faculty motivation and satisfaction in Michigan higher education. Michigan Journal of Community Service Learning, 1, 21-28.

得的进展与成就，扩大服务－学习在学校内部和周围社区中的影响力。

第五，服务－学习办公室凭借其拥有的资源，能够更好地确保服务－学习与大学的宗旨相结合。办公室的工作人员有丰富的专业知识和实践经验，能够制定更加有效的服务－学习发展计划，确保服务－学习与大学的整体发展方向与宗旨保持一致。最后，服务－学习办公室能够提供全面有效的技术支持和后勤保障。服务－学习的课程与项目发展需要各种人力、物力和技术的支持，而办公室作为专门机构，能够很好地满足发展过程中的琐碎要求。

（二）教师：培养服务－学习师资队伍

教师群体是服务－学习制度化过程中最强有力的推动因素。在服务－学习发展最初主要以课程的形式出现，在教师的工作领域之内。随着服务－学习的发展，它逐渐超出大学的教育职能，与大学的研究与服务职能联系在一起。而不论服务－学习作为大学哪项职能中的一部分，教师都是最重要的参与主体。在学术层面，当服务－学习成为课程体系中不可分割的一部分，并不依赖于小部分教师群体时；在行政层面，当服务－学习得到认可并且被纳入人事决定包括薪资与晋升时，就可以说是服务－学习在教师群体中实现了制度化。因此，大学应当通过为教师提供专业发展与培训的机会培养服务－学习的教师队伍；同时将服务－学习与教师的薪酬与晋升相联系，增强教师参与服务－学习的动力。

1. 提供教师专业发展与培训

为教师提供在服务－学习领域进行专业知识与技能的发展与培训的机会，能够增加教师对服务－学习的了解、接受与支持。在服务－学习课程和项目中，教师的工作不仅需要大量的专业知识与技能作为基础，还需要具备丰富的参与服务－学习的经验。

首先，大学应当为教师提供服务－学习相关的学习资料。服务－学习课程对教师的专业知识、学生管理和教学技能都提出了更高的要求，因此需要教师对服务－学习的理论与实践有更全面的认识。服务－学习办公室可以建立服务－学习专门图书室，为教师提供相关的书籍与资料。许多大学还制定了服务－学习指导手册，介绍服务－学习的基本理论，以及在本校开设服务－学习课程或项目的相关内容，包括具体程序、要求和规范。同时也可以为教师尤其是新教师提供服务－学习课程的大纲范本，为教师进行课程设计提供有益参考。

其次，大学可以通过建立服务—学习教师发展项目，为教师提供专业培训与发展的机会。通过开展讲座或工作坊的方式，帮助教师了解服务—学习的相关知识。还可以邀请有经验的老教师，为新教师或者对服务—学习感兴趣的教师，进行经验的分享。这种项目还可以邀请社区负责人、相关部门工作人员、学生代表等，与教师共同进行座谈或讨论会，帮助教师了解其他人员对服务—学习的认识。例如，教师可以通过了解学生对服务—学习的态度和观念，决定是否在自己的课程中加入服务—学习。此外，可以为那些缺乏与社区共同工作的经验的教师，提供进入社区参观和调研的机会，帮助教师建立与社区之间的关系网络。

第三，大学可以设立服务—学习相关奖项，为那些在服务—学习领域取得优异成绩的教师提供奖励。通过这种方式，不仅可以使教师获得一定的经济资助，用于服务—学习课程后期的建设与完善。

2. 将服务—学习纳入教师薪酬与晋升制度

将服务—学习与教师的薪酬与晋升制度相结合，是提高教师在服务—学习中的参与度的核心环节，也是服务—学习制度化的重要因素。教师对服务—学习的参与度，在很大程度上取决于他们的工作所获得的奖励和支持。大学的支持可以是无形的，即教师在服务—学习中的参与，受到所在部门或同事的积极评价，被认为是部门所重视的事物。更重要的是，大学还应当给予教师以有形的、更强有力的支持。因此，大学应当将教师在服务—学习领域所做的工作，纳入对教师考评制度中，将其与教师的任职、薪酬和晋升相联系。只有当大学对教师在服务—学习中取得的成就给予明确的支持时，教师才会投入更多的时间和精力用于发展高质量的服务—学习项目。[29]然而，这一点也是服务—学习制度化过程中的难点。从目前美国高校的情况来看，要实现将教师考评与教师在服务—学习中的工作相结合，情况仍然不乐观，绝大多数高校还未能实现。

（三）学生：增加学生在服务—学习中的参与

学生是服务—学习的参与者和受众，无疑是服务—学习制度化过程中的重要因素。在学生层面，服务—学习的制度化体现在多个方面，包括服务—

---

29 Andrew Furco, Advancing service-learning at research universities [J]. New Directions for Higher Education. Summer 2001, no.114, pp. 67-78.

学习课程的学生入学率、服务—学习课程的数量、学生对服务—学习活动的评估、学生中的服务—学习文化等。

1. 为学生提供了解和参与服务—学习的机会

学校首先应当通过整合各方资源，为学生提供充分的机会，使学生能够了解和参与到服务—学习中。其一，增进学生对服务—学习的基本内涵与理论的理解。学校可以通过开展学术讲座、论坛、研讨会等方式，为那些对服务—学习感兴趣的学生提供学术学习的机会。其二，增进学生对本校的服务—学习发展情况的了解。大学对于服务—学习并没有统一的界定，往往会根据自身情况确定本机构的服务—学习的内涵。因此，学生需要了解本校的服务—学习的基本内涵，了解其标准、要素和目标。更重要的是，学生应当了解本校的服务—学习课程或项目的基本情况，包括服务—学习课程的开设、项目开展、奖项设置、配套资源等，明确自己可以获得哪些参与服务—学习的机会。为此，学校应当通过宣传册、讲座、宣讲会等方式，为学生提供相应的机会。第三，尤其是想要参与服务—学习的学生，应当提前了解服务—学习课程的基本信息。一般来说，学生可以通过负责服务—学习的机构或行政人员获得相关资料，或者直接向开设服务—学习课程的教师获取具体信息。通过邀请具有服务—学习课程学习经验的学生参与到宣传活动中，分享他们在服务—学习中的收获和切身感受，往往更有吸引力和说服力。此外，大学还可以通过在校庆、国家节日庆祝活动等学校层面的大型活动中，加入服务—学习的介绍或宣传环节，使更多学生有机会了解相关信息。第四，学校应当为学生提供参加校外服务—学习活动的机会。除了校内的服务—学习资源，许多高校间组织、服务—学习组织、政府机构等都提供一定的服务—学习资源，例如服务—学习的学习资料包、线上课程或培训或者相关会议等。学校应当对此类信息进行整合，并通过相应渠道向学生提供使其便于获取。

2. 增加对参加服务—学习的学生的吸引力

大学应当营造一个良好的学习氛围，对在服务—学习中取得卓越表现的学生以认可和鼓励。首先，也是最重要的是，大学应当为学生提供优质的服务—学习课程。大学应当为学生提供经过良好设计的优质的课程，使学生能够获得良好的体验，真正感受到服务—学习对促进学习和个人发展方面的积极作用。第二，大学应当深入了解学生对服务—学习的认识和需求。例如，相关机构可以通过问卷的方式对参加服务—学习课程的学生进行前测和后测，收集学生对课程的体验、收获、满意度等相关数据，了解学生对服务－学习的真实想法。基于这些数据和反馈，大学能够不断调整和发展服务－学习课程的相关制度，从而为学生提供更优质的课程。第三，为参与服务－学习的学生提供额外的学分，是吸引学生参与服务－学习活动的最常见的方式之一。与传统课程相比，服务－学习课程要求学生投入更多的时间和精力，对其学习能力和综合素质提出了更高的要求，因而大学可以根据学生的参与和表现，为学生提供额外的学分。第四，学校应当为学生参与服务－学习提供一定的补助。这种补助可以根据学生的需求分为多种类型，例如为经济困难的学生提供交通补贴、为学生参与服务－学习会议提供资助等。第五，大学可以设立服务－学习奖项，为那些在服务－学习中取得优异表现的学生提供奖励。通过这种奖励制度，为那些在服务－学习领域取得优异成绩的学生提供肯定与支持，对于提高学生的积极性非常重要。[30]

（四）社区：扩大和深化社区的参与度

服务－学习强调社区中的服务活动与大学中的课堂学习的结合，社区是服务活动开展的场所，同时也是被服务的对象，因此社区对服务－学习制度化有着至关重要的影响。但是，目前大量的关于服务－学习制度化的研究都从大学的角度出发，而从社区角度开展的研究还很不充分，因而基于社区的角度提出的促进服务－学习制度化的建议仍然相对有限。尽管如此，促进社区在服务－学习制度化中的参与，是当前急需且非常重要的方面。总的来说，社区在服务－学习制度化过程中的影响主要体现在两个方面，一方面是大学与社区的伙伴关系，另一方面是社区与大学的资源投入与共享。

1. 建立强有力的大学－社区的伙伴关系

强有力的大学－社区合作伙伴关系，是大学开展服务－学习实践的基础，也是大学推进服务－学习的制度化的重要内容。第一，大学应当将社区看作是平等、紧密的合作伙伴。大学应当尊重社区的平等地位，将社区的利益放在与大学同等的地位。大学可以建立与社区的对话与沟通机制，听取并尊重社区的合理意见。同时，大学可以邀请社区更广泛和深入地参与到校内的服务－学习中，例如为学生开设讲座、参与课堂教学或者参加学校的庆祝活动

---

30 Gray, Maryann J., Elizabeth H. Ondaatje, Ronald D. Fricker, and Sandy A. Geschwind. 2000. Assessing Service-Learning: Results from a Survey of Learn and Serve America, Higher Education. Change 32: 31-39.

等。第二，社区应当成为积极的参与者。在服务—学习中，社区不是被动的参与者，而是主动的获得者和学习者。社区应当主动学习关于服务—学习的相关知识，积累与学校共同开展活动的经验。

2. 增加资源的投入与共享

大学与社区都应当增加资源的投入，并在两者之间应当建立有效的资源共享机制，包括人力、物力与财力等各类资源。第一，社区应当培养或选拔有服务—学习知识和经验的员工，负责与大学合作的各项工作。社区应当选择既能充分代表社区利益同时具有丰富的服务—学习实践经验的员工，参与服务—学习的规划、人员培训、沟通、监督等各项工作。同时，对于其他员工，尤其是不了解服务—学习的人，社区负责人需要给予他们正式的或非正式的教育和指导，使其了解服务—学习项目的内容和工作。第二，大学应当增加对服务—学习的资源投入。大学应当将与社区相关的资源进行整合，包括建立与社区联系的机构、配备专业的员工、增加经费投入等。第三，大学应当与社区应当建立双方之间的资源共享渠道。尤其是大学作为拥有丰富专业知识的资源库，应当消除与社区之间的隔离，向社区敞开资源获取的大门。同时，大学还应当帮助社区共同挖掘社区的有益资源，探索如何将其充分利用以促进双方的合作。另一方面，作为合作伙伴的社区，也应当在合作过程中积极探索如何充分利用大学的资源，增强机构在未来获取服务以及服务他人的能力。通过大学与社区双方的资源投入与共享，增进社区在服务—学习中的参与度和积极性，建立双方之间更深层次的合作关系。

第五章　佐治亚大学服务－学习实践的个案

本章选取美国佐治亚大学为个案，对大学开展的服务－学习实践进行梳理与分析。对佐治亚的发展历史进行梳理，尤其对大学的社会服务使命与实践的发展历程进行回顾和分析。在此基础上，对佐治亚大学当前的服务－学习实践进行了分析，主要从服务－学习机构、服务－学习课程与项目、服务－学习教师培训与发展三个方面进行了探讨。

第一节　佐治亚大学服务－学习的历史沿革

社会服务是佐治亚大学具有悠久历史的重要传统。《莫雷尔法案》颁布之后，佐治亚大学接受联邦政府的拨款成为一所赠地大学，进一步发展大学为社会服务的能力。进入 20 世纪之后，佐治亚大学成立了公共服务与拓展机构，为本地区乃至全国提供公共服务。2005 年，佐治亚大学成立服务－学习办公室，负责协调和管理本校的服务－学习工作，并将促进服务－学习发展作为大学新时期战略规划的重要组成部分。

一、大学的历史与发展

佐治亚大学成立于 18 世纪 80 年代，在《莫雷尔法案》颁布之后，大学在联邦政府的资助下成为了一所赠地大学。佐治亚大学在进行科研与教学工作的同时，也承担着为本地区乃至全国提供社会服务的重要职责。在佐治亚大学的 2020 年战略规划中，大学再一次明确了其服务社会的重要使命。

（一）作为赠地大学的佐治亚大学

佐治亚大学（University of Georgia, UGA）成立于 1785 年，是美国第一批公立大学，是美国公共高等教育的诞生地。佐治亚大学作为一所赠地大学（land-grant and sea-grant university），同时也是本州最古老、最全面、最多样化的高等教育机构，它自成立以来始终肩负着促进本州发展的责任与义务。

1784 年独立战争（Revolutionary War）之后，佐治亚州议会（the General Assembly of Georgia）决定拨出 4 万英亩土地用于建立一所学院或神学院。次年，毕业于耶鲁大学的律师和大臣拉罕·鲍德温（Abraham Baldwin）撰写了创建佐治亚大学的宪章。在《宪章》中，鲍德温指出，受过教育的公民对自由政府至关重要，政府有责任确保公民接受教育，包括富人和穷人、特权阶级和平民阶级在内的所有人都有受教育的权利。1785 年 1 月，州议会批准了该宪章，佐治亚大学成为第一所由州政府建立的大学，并为后来的公立学院和大学体系提供了框架。

但是，在接下来的 16 年时间里，建立佐治亚大学的设想却仅仅存在于文件中，原本指定给大学的土地被用于其他用途，直到 1801 年，建立大学的提议重新得到人们的重视，州立法委员约翰·米利奇(John Milledge)买下了奥科尼河(Oconee River)边境沿线的 633 英亩土地，并将其捐赠给学校。另一位耶鲁毕业生约西亚·梅格斯（Josiah Meigs）被任命为校长和唯一的教员，并于 1801 年开始教授大学的第一批课程。但早期的佐治亚大学风雨飘摇，财政状况极其拮据，一直到 1859 年法学院成立之前，大学仅设立了一所艺术与科学学院。南北战争之后，佐治亚大学在关闭了两年之后，迎来了全新的发展契机。根据《莫里尔法案》（Morrill Act），佐治亚大学成为一所联邦赠地大学，并被赋予开展农业和机械技术的任务。《莫雷尔法案》正式确立了佐治亚大学的公共服务使命，并逐渐承担起为本州农业与经济社会发展的职责。

进入 20 世纪初，佐治亚大学逐步设立了药学院、林业学院、教育学院、商业学院、新闻学院、家庭经济学院和研究生院。在这一时期，佐治亚大学也开始接受妇女为学生，之后在 60 年代开始接收黑人学生。在 20 世纪下半页，佐治亚大学开始大力加强对研究与技术创新的支持。在 1960 年，大学建立了兽医学院，为本州的畜牧业提供研究与技术支持。从 20 世纪 60 年代到 80 年代，在校长弗雷德·戴维森(Fred Davison)的领导下，大学增加了对科研的财政投入，聘请了大量在各个领域的学者与专家，使得大学的科研收入和支出在二十年间增加了两倍。在加强研究的同时，佐治亚大学还大大扩展了公共服务项目，建立了遍布全州的服务与合作机构，包括在 1953 年成立的继续教育中心、海洋推广服务项目等。1985 年，佐治亚大学庆祝 200 周年校庆，并完成了一次重要筹款活动。之后在 1987 年至 1997 年期间，佐治亚大学投入了大量资金用于校园建设过程，建立了东校区、艺术和音乐综合体、学生健康中心等设施。

进入 21 世纪之后，佐治亚大学继续推进其教学、科研与服务事业。佐治亚肩负着教学、研究和服务三大使命，并在在乔治亚州的五个地区、华盛顿特区、英国和意大利设有分校，并与六大洲的 50 多个国家建立了伙伴关系。目前，大学设立有 17 个学院和机构，招收超过 37000 名学生，培养了大量的优秀学者与行业领导者。此外，佐治亚大学的八个公共服务和外展单位是全国最强大的单位之一，它们帮助创造就业、培养领导人和应对重大社会挑战。大学校园中有近 800 个注册学生和服务机构，显示出学生在大学事务与本州事务的中的影响力。

（二）佐治亚大学 2020 战略规划

佐治亚大学以"教导、服务和探究事物的本质"为校训，肩负着教学、研究和服务的三重使命。为此，大学始终致力于：（1）实现对本州的责任和对卓越的承诺，获得国家和国际认可的学术成就；（2）致力为多元化的学生群体提供优质的教与学环境，致力提高学生的成绩，并提供适当的学术服务；（3）致力于卓越的研究、学术和创造性的努力，创造、维护和应用新的知识和理论，提高教学质量和效果；（4）承诺在公共服务、经济发展和技术援助活动方面精益求精，以满足本州的发展需要与民众的需求。

在 2009 年，佐治亚大学开始进行十年规划，并任命了一个 30 人的战略规划委员会，在广泛征求教师、员工和学生等各方代表的意见基础上，委员会在 2010 年制定了新的战略规划草案。最终，经过校务委员会战略规划委员会（Strategic Planning Committee of the University Council）的批准，在 2012 年公布了最终的《成就卓越，佐治亚大学 2020 战略规划》（Building on Excellence, University of Georgia 2020 Strategic Plan）。在这份文件中，佐治亚大学制定了新的战略目标，并提出了七大战略方向。

文件提出，佐治亚大学在未来十年的首要任务，是找到新的方式将大学的资源和专业知识带给本州乃至国际社会，并提供具有领导力和技能的人才来帮助社区、私营部门和政府在 21 世纪的发展。大学将致力于将研究成果用于解决本州最严峻的社会问题，提高民众的生活质量。为了实现这一目标，佐治亚大学也将增加本科生和研究生在社区服务－学习中的参与，鼓励大学的研究、创新与现实世界的问题两者之间的紧密联系，帮助学生发展成为本州乃至美国的合作性的问题解决者、企业家和领导者。

《成就卓越，佐治亚大学 2020 战略规划》提出了佐治亚大学的七个战略目标，包括（1）发展卓越的本科生教育；（2）增强研究生与专业教育；（3）投资既有的和新兴的研究卓越领域；（4）服务佐治亚州及以外的公民；（5）提高教师的认可度、留职率和发展；（6）改善和维护设施与基础建设；（7）加强自然资源管理，促进校园可持续发展。[1]佐治亚大学的七个战略目标之间相互依存、相互促进，共同致力于大学的教学、科研与服务使命。

二、大学服务－学习的历史与发展

作为一所赠地大学，佐治亚大学的公共服务传统具有悠久而深远的历史。自 20 世纪中后期以来，佐治亚大学进一步拓展其社会服务职能，并组建了公共服务与拓展机构。之后在 90 年代，佐治亚大学又成立了服务－学习办公室，专门负责协调和管理大学的服务－学习活动。

（一）公共服务的传统历史悠久

佐治亚大学的公共服务传统从大学建立之初就已确立，19 世纪 70 年代之后，佐治亚大学成为一所赠地大学，公共服务教学与科研共同成为大学的三大宗旨。

1785 年，佐治亚大会（Georgia General Assembly）决定建立佐治亚大学，成为美国第一所州立大学。在 19 世纪，美国大学的公共服务运动不断扩大和深化，1872 年《莫里尔法案》（Morrill Act）颁布，佐治亚大学成为了一所赠地大学。在这之后，佐治亚大学进一步拓展其公共服务，运用大学的人才与知识资源促进本州发展，并逐渐开展了一系列服务与拓展项目。例如，1914 年在佐治亚州发起的合作拓展服务项目（Cooperative Extension Service），在百年时间里，佐治亚大学的教职工在佐治亚州 159 个县的大部分地区建立了

---

1 Office of Accreditation and Institutional Effectiveness, Strategic Planning[EB/OL], https://provost.uga.edu/oaie/strategic-planning/, 2018-10-1.

拓展项目。[2]多年来，服务使命从农业扩展到许多不同领域的推广项目，如家庭和消费者科学、林业和兽医。

20 世纪后期，佐治亚大学进一步扩大重要公共服务和拓展资源，在 1968 年建造了国家植物园（State Botanical Garden of Georgia），向民众传播植物和园艺知识。在 1970 年，大学将服务拓展到海洋领域，发起了海洋推广服务（Marine Extension Service），之后又在 1971 年创立了佐治亚海洋拨款项目（Georgia Sea Grant），为沿海社区和海洋工业提供以研究为基础的信息和教育项目。1972 年，佐治亚大学成立了文森学院（Vinson Institute），前身是公共事务学院（Institute of Public Affairs），通过学院的国际中心，机构将其公共服务和拓展使命扩展到了佐治亚州和世界各地的政府领域。佐治亚继续教育中心(Georgia Center for Continuing Education)成立于1957 年，是美国最早的成人教育中心之一，后来成为职业发展和终身学习的中心。小企业发展中心（Small Business Development Center）成立于 1977 年，旨在为本州的企业家提供的咨询和技术援助。之后在在 1982 年，大学建了立一个领导力培训机构，并以大学第五任负责服务的副校长命名，成立 J.W.范宁领导力发展学院（J.W. Fanning Institute for Leadership Development）。进入 21 世纪之后，为了延续佐治业大学的公共服务传统，适应社会与高等教育发展的需要，大学在 2005 年启动了拱门伙伴关系（Archway Partnership）和服务一学习办公室（the Office of Service-Learning）。服务一学习办公室吸引了近四分之一的佐治亚大学学生参加服务一学习活动，而拱门伙伴关系团队与社区合作，强调帮助解决社区问题，如经济发展和战略规划等。[3]

目前，这八个公共服务与拓展机构附属于公共服务与拓展部门（Public Service and Outreach, PSO），共同服务于佐治亚州的发展，通过培养领导人才、创造就业机会，增强佐治亚在地区、国家和国际上的竞争力。

（二）大学公共服务与拓展机构的建立

公共服务与拓展部门的宗旨是通过帮助创造就业和繁荣、培养领导人以及解决该州最关键的问题来改善人们的生活。为此，部门致力于整合佐治亚大学的综合专业知识，调动整个大学的力量以解决关键的社会需求；与社区、

2　PSO, History[EB/OL], https://outreach.uga.edu/about/history/, 2019-3-2.
3　UGA's "Morrill" Obligation[EB/OL], https://news.uga.edu/ugas-morrill-obligation/, 2020-2-3.

企业、政府、学校、非营利组织和其他机构合作，解决现实世界的挑战；通过将课堂教学和研究与重要的公共问题联系起来，调动教师和学生的积极性；通过培育企业文化，确保大学成为公共投资的好管家，并产生具有长期影响的切实和可衡量的结果，从而最大限度地利用国家资源。[4]

目前，PSO 面向学校教职工主要开展了四个项目：（1）PSO 奖学金计划（PSO Fellowship Program），为终身教授和终身教授提供支持，使他们能够在一个学期内专注于 PSO 单位的工作。这些经验为研究员提供了机会，加强他们的学术课程和研究，并将学术成果投入应用与实践。（2）PSO 领导学院（Vivian H. Fisher PSO Leadership Academy）为具有领导潜质的教职员提供一个培养领导才能的机会，同时加深他们对佐治亚大学公共服务及外展服务范围的认识。（3）新教师游园会（New Faculty Tour）向新教员全面介绍佐治亚州的基本情况尤其是佐治亚大学作为赠地大学的历史与使命，同时使他们能够与校园内的同行建立联系并发展专业关系。（4）促进学院（Facilitation Academy）是一个教师专业发展项目，培养教师在专业发展、社区关系和领导能力的发展。

PSO同时还开展学生发展项目：（1）研究生助理奖学金计划（PSO Graduate Assistantship Program），鼓励研究生在 PSO 下设的八个机构中工作，与 PSO 教职员工共同参与公共服务和拓展计划和项目；（2）学生学者计划（Student Scholars program），选拔一批优秀的本科生参与为期一年的社区服务工作，并帮助学生将他们的公共服务经验与他们的职业和教育目标联系起来，创建一个学生学者社区，让他们了解公共服务在佐治亚州的作用。

（三）服务－学习办公室的设立

佐治亚大学在 2005 年设立服务－学习办公室（Office of Service-Learning, OSL），负责大学的服务－学习相关事务。服务－学习办公室的成立，标志着佐治亚大学的服务－学习进入一个全新的发展阶段。

1. 服务－学习办公室的成立

2005 年，佐治亚大学的教务长在一次报告中提出，建议成立一个专门的办公室，负责在学校中协调、推进和拓展学校的服务－学习课程。[5]报告指出，

4　Public Service & Outreach, Mission Statement[EB/OL], https://outreach.uga.edu/about/mission-statement/, 2019-3-2.

5　OSL, About the OSL[EB/OL], https://servicelearning.uga.edu/about-osl, 2019-12-13.

促进社区参与在学术课程中的融合，对实现佐治亚大学作为一所赠地学院的宗旨具有重要意义。促进服务－学习的发展，不仅能够提高学生的学习质量、增强学生的公民责任感，同时促进大学参与到社区的发展中，促进地区的发展。为此，学校正式成立了服务－学习办公室，代表了佐治亚大学几十年来在支持学生与教师参与社区服务的努力达到了新的顶峰。服务－学习办公室由教学副校长（Vice President for Instruction）和公共服务与拓展副校长（Vice President for Public Service and Outreach）共同负责，也表明了它将大学的教学与服务两大宗旨紧密联结起来。

服务－学习办公室在成立之初确立了三大主要目标，包括（1）为教师设计和教授服务－学习课程提供支持；（2）为跟踪和评估服务－学习建立制度化的结构；（3）在学习和社会服务两大模块之间建立更强有力的联系，拓展服务－学习课程和经验学习的机会。[6]经过多年的发展，服务－学习办公室进一步确立了机构的宗旨，通过建立社区－大学的互利伙伴关系，为学术性服务－学习和社区参与活动提供支持，从而增强学生的公民的和学术学习，促进参与研究，同时满足社区的需求并对公共事业做出贡献。

2. 服务－学习办公室的组织结构

服务－学习办公室成立于2005年，目前共有12位职员，其中包括4位研究生助理，共同负责办公室的日常工作。莎伦. 布鲁克斯（Shannon Brooks）是服务－学习办公室的第一位主任，自2005年至今已在该机构工作十五年时间，她主要负责制定机构的战略规划与发展方向。副主任保罗. 马修斯（Paul Matthews）作为副主任，负责协调办公室的日常工作，包括开展教师发展和奖励项目，跟踪服务－学习和社区参与的机构报告，进行研究和评估，协调服务－学习计划，指导佐治亚大学的美国服务队VISTA网络以及教授服务－学习课程等。业务经理负责处理办公室的行政职能，包括处理工资、数据录入等行政工作。助理主任主要负责社区合作和参与，尤其是"参与佐治亚"平台（Engage Georgia），帮助建立与社区的伙伴关系，协调社区伙伴和服务项目的沟通和支持。同时，针对办公室开展的三个项目——美国志愿服务队VISTA网络、大学体验项目、种植与体验（Grow It Know It）项目，分别由一位职员负责其日常工作。

6　OSL, Mission & History[EB/OL], https://servicelearning.uga.edu/about-osl/mission, 2019-12-14.

3. 服务－学习办公室的战略规划。

根据佐治亚大学发布的《成就卓越，佐治亚大学 2020 战略规划》，服务－学习是实现大学服务职能的重要手段之一。一方面，服务－学习是发展卓越的本科生教育和研究生教育的重要举措。佐治亚大学致力于为本科生提供更多的机会参与到服务－学习课程中，使服务－学习课程的数量从 2011 年的 50 门增加至 2020 年的 100 门，同时使至少参加一次服务－学习课程的学生人数从 2011 年的 21%增加至 2020 年的 30%。在研究生和专业教育中，除了增加服务－学习课程与参与学生人数之外，还提出要为学生提供参与国际化的服务－学习机会。另一方面，服务－学习办公室将致力于为本校的所有学生提供参与服务－学习课程以及其他拓展行动的机会，促进学生的公民的和学术的学习。此外，还提出要建立并完善评估手段，评估服务－学习课程和拓展活动对学习学习和个人发展的影响，并以此进一步完善服务－学习的发展。

根据大学的战略规划，服务－学习办公室在 2012 年发布了新的《服务－学习办公室战略规划 2012-2017》（Strategic Plan for 2012-2017）。在战略规划中，服务－学习办公室确立了四项新目标，组织将致力于教师能力建设、鼓励学生学习、鼓励社区参与以及促进参与制度化四个方面的工作，促进服务－学习的发展，扩大服务－学习办公室在校园中的工作与影响力。[7]

4. 服务－学习办公室的主要工作

具体而言，服务－学习办公室的四项主要工作包括：（1）教师能力建设——通过拓展性的教师发展机会，鼓励参与式教学与研究。增强教师能力建设，为教师提供参与式教学和研究的发展机会，培养服务－学习教师队伍，是促进服务－学习发展的重要基础。服务－学习办公室将与所有教师合作，将服务－学习和社区参与的原则融入到教师活动中，发展具有特色的教师发展项目如教师发展工作坊等。其次，鼓励教师开展社区参与研究，它作为服务－学习项目的自然产物，有利于教师寻求新的资助、开拓研究方向和增强社会影响。（2）鼓励学生学习——为服务－学习和经验学习提供新的学习途径。通过服务－学习增强学生的学术与公民学习，始终是服务－学习办公室的核心宗旨。为此，服务－学习办公室将进一步拓展学生参与服务－学习与体验学习的课程途径，使各个年级的学生都能参与到服务－学习课程与项目中。其次，服务－学习办

7　OSL, Strategic Plan[EB/OL],https://servicelearning.uga.edu/about-osl/strategic-plan, 2018-5-9.

公室将增加参与服务－学习和基于社区的研究的机会，帮助学生探索服务－学习的教学与科研，培养未来的服务－学习教师储备人才。(3)鼓励社区参与——支持社区－大学间伙伴关系发展。服务－学习办公室作为社区与大学之间的纽带，通过建立互利互惠的伙伴关系，拓展服务－学习的机会。(4)使参与制度化——评估影响、增加拨款，以维持服务－学习和社区参与活动。服务－学习办公室将继续建立对服务－学习成效和大学－社区伙伴关系的评估体系，推进服务－学习的制度化。其次，服务－学习办公室通过寻求社会拨款以继续维持和扩大服务－学习办公室的工作和影响。

第二节　佐治亚大学服务－学习的实施现状

自服务－学习办公室成立以来，佐治亚大学的服务－学习在近年来不断发展。目前，在服务－学习课程与项目开展方面，大学在各个学院中都开设了服务－学习课程，并通过专门的课程审核体系确保课程的质量，吸引了越来越多的学生参与其中。大学也开展了多样化的服务－学习项目，满足学生多样化的需求。与此同时，教师是促进大学中服务－学习发展的重要力量，因而佐治亚大学也注重建设服务－学习教师队伍。大学通过开展教师培训与发展项目、设立服务－学习教师奖励，以及为教师提供服务－学习课程与教学的相关资料，为教师提供强有力的支持。

一、开发多层次的服务－学习课程与项目

佐治亚大学近年来的服务－学习课程数量不断增长，并且建立了专门的服务－学习课程审核体系，课程面向各个学院中的本科生和研究生开设，吸引了越来越多的学生参与。同时，大学也开展了服务－学习项目，为学生提供了更多的实践机会。

（一）服务－学习课程

佐治亚大学将服务－学习界定为，是基于课程的、计入学分的教育经历，在这过程中，学生参与到有组织的服务性活动中，这类活动满足特定的社区的需求，并通过对服务性活动的反思，来获得对课程内容的更深入的理解、对学科的更广泛的认可，以及对个人价值和公民责任的更深入的认识。服务－学习是课程学习与社区服务的结合，它的目标既是促进学生的课程学习与

个人发展，也强调满足社区的特定需求，实现学生收益与社区伙伴收益二者之间的平衡与共同发展。基于对服务—学习概念的理解，佐治亚大学十分注重为各个学院和专业的本科生和研究生开设服务—学习课程。

1. 服务—学习课程数量不断增加

目前，佐治亚大学在所有的 17 个学院中都开设了服务—学习课程，并且服务—学习课程数量在近年来不断增加，同时越来越多的学生参与到这些课程之中。

在 2013-14 学年，佐治亚大学共开设了 182 门服务—学习课程，共有 7300 多名本科生和研究生参与到课程中，这些学生贡献了大约 17.5 万小时的服务时间，为社区带来了 390 万美元的价值。到 2016-17 学年，大学开设的服务—学习课程增加到 413 门，约 5900 名学生参与到课程中，他们所提供的服务实践超过 32 万小时，给社区带来了 799 万美元的收益。[8]在 2018-19 学年，佐治亚大学开设服务—学习课程再次增加，课程数量增加到 457 门，近一万名学生参与到服务—学习课程中这些学生通过课程向社会提供了超过 30 万小时的服务，产生的社会效益达到 770 万美元。[9]由此可见，佐治亚大学在服务—学习课程方面在近年来快速发展，更多的教师开始教授服务—学习课程，学生对服务—学习的参与和认可程度也不断提高。

2. 服务—学习课程申请与审核

在服务—学习课程数量快速增长的同时，佐治亚大学也非常重视确保课程的质量。学院或教师开发了一门新的服务—学习课程之后，需要通过佐治亚大学的在线课程审批体系（Course Approval Process Automation, CAPA）的审核。大学服务—学习课程的申请与审批是一个复杂的过程，需要通过一系列的流程：

（1）向学校提交课程申请。在每年的夏季学期和冬季学期之前，各有一次想学校进行课程申请的机会。教师需要向所在学院或学部提交课程申请，通过审查之后由学院向研究生院课程委员会或学校课程委员会提交课程申请。[10]

8　OSL, Service-Learning by the Numbers[EB/OL], https://servicelearning.uga.edu/about-osl/service-learning-by-the-numbers, 2019-12-15.

9　OSL, Service-Learning by the Numbers[EB/OL], https://servicelearning.uga.edu/about-osl/service-learning-by-the-numbers, 2019-12-15.

10　OSL, Frequently Asked Questions About the S Designation [EB/OL],https://servicelearning.uga.edu/frequently-asked-questions, 2018-9-8.

（2）在 CAPA 中完成课程申请。教师可以选择创建一门新的服务－学习课程，或者在修改和调整现有课程的基础上形成服务－学习课程，同一门课程可以同时有服务－学习版本和非服务－学习版本，并根据学部的安排进行选择。根据佐治亚大学的课程标准，衡量服务－学习课程的标准主要基于服务活动与课程内容的衔接与契合、服务与学习活动的结合以及服务活动的质量，而对服务－学习的小时数没有必然联系。因而，教师可以根据课程内容与学生的具体情况，开设不同类型的服务－学习课程，学生参与服务－学习的实践在全部课程时间中的比例可以分为 25%、25%-50%、50%-75%或者更高，[11]同时学生在服务－学习中的角色也不同，学生不仅是服务－学习的参与者，还可以参与项目的规划与实施。教师需要根据课程的具体情况，对课程进行更加完整的描述，尤其要对课程中的服务－学习部分进行详细描述。服务－学习办公室发布了《服务－学习课程设计的最佳实践》（Best Practices in Service-Learning Course Design），为教师设计服务　学习提供参考。

（3）课程审批。教师在提交了课程申请之后，还需要通过学校的审批流程。课程申请需要首先经过学院或学部的审核，学院也可以将申请先递交给服务－学习办公室获得建议，并根据反馈进行修改。之后，课程申请需要提交给学校课程委员会等待审核。在整个审批过程中，教师都可以提出质疑并进行监督。[12]根据 2007-08 学年由服务－学习课程委员会（Service-Learning Curriculum Committee）制定的服务－学习课程标准，符合标准并获得审核的服务－学习课程可以在课程前冠以"S"的前缀，并呈现在学校的课程体系中。

为服务－学习课程冠以"S"的前缀，能够更有效便捷地进行课程的管理。对学院而言，S 前缀的课程自动被归入经验学习课程类别之中，满足学院对大学的经验学习的要求；对学生而言，成绩单上将明确记录服务－学习课程，并将其作为学生的服务和实践经历。同时，这也能够帮助服务－学习办公室跟踪这类课程的普及率。

3. 研究生层次的特殊服务－学习课程

在研究生阶段，研究生院不仅为学生提供一般类型的服务－学习课程，同时也为那些对服务－学习教学和社区参与的理论与实践感兴趣的学生提供

11　OSL, Service-Learning Course[EB/OL], https://www.capa.uga.edu/Capa/Service Learning.html, 2019-12-16.

12　OSL, Frequently Asked Questions About the S Designation [EB/OL], https://service learning.uga.edu/frequently-asked-questions, 2019-12-15.

特殊的课程。佐治亚大学希望通过这种方式，在研究生层次培养未来的服务－学习教师和实践者。目前，研究生院为这部分学生开设了三门专门的课程，并建立了研究生社区参与文件包（Graduate Portfolio in Community Engagement），为研究生的服务－学习和社区参与工作提供支持。[13]

第一门课程是"服务－学习课程设计"（Service-Learning Course Design），由服务－学习办公室、研究生院和教学与学习中心（Center for Teaching& Learning）共同提供，主要面向那些对服务－学习教学感兴趣的研究生。[14]在这一课程中，学习将学习服务－学习课程构建与实施的相关理论知识，并通过亲身体验服务－学习的方式构建自身的技能。具体而言，学生在将课程中学习大学中的服务－学习课程设计、批判性反思的方法、与社区合作伙伴的关系建立与发展、服务－学习与学生发展以及参与性研究等各个方面的知识。与此同时，课程也会帮助那些对未来有志于成为服务－学习教师的学生，将服务－学习融入到学生的学术与专业生涯的规划中。第二门课程是"社区参与的方法论"（Approaches to Community Engagement），[15]针对那些对社区参与理论、方法与伦理感兴趣的学生开设。在课程中，学生将学习佐治亚大学的历史与服务宗旨、大学的公共服务机构与项目，了解大学－社区参与、参与式研究的相关理论知识。通过这一课程，学生将全面了解佐治亚大学是如何实现其服务宗旨的，包括大学的公共服务机构、社区参与和服务－学习项目、社区伙伴关系的建立与发展等各个方面的内容，从而对大学的社区参与理论与实践形成全面的认识。第三门课程是"社区参与研究方法"（Community-Engaged Research Methods）。在该课程中，学生将学习社区参与研究的哲学思想和最佳实践的基础知识，了解不同学科中的社区参与研究的方法论、社区参与研究在特定学科中的应用等各方面理论知识。同时，学生也将亲自参与到社区研究项目的实践中。

4. 国际服务－学习课程

每一年，佐治亚大学的海外课程中都有大约 1/4 的课程包含服务－学习

13 OSL, Graduate Service-Learning[EB/OL]. https://servicelearning.uga.edu/courses/ graduate-service-learning[EB/OL], 2018-10-7.

14 OSL, Graduate Service-Learning[EB/OL]. https: //servicelearning.uga.edu/courses/ graduate-service-learning, 2019-12-17.

15 OSL, Graduate Service-Learning[EB/OL]. https;//servicelearning.uga.edu/courses/ graduate-service-learning, 2019-12-17.

的内容。[16]根据佐治亚大学对国际服务－学习（International Service-Learning）的界定，它是一种在其他国家开展的结构化的学术经历，在这过程中，学生（1）参与到有组织的旨在解决由社区界定的需求的服务活动中；（2）通过与他人进行直接的互动和跨文化的对话进行学习；（3）对经历进行反思，从而获得对课程内容的深入理解、对活动主办国和该学科的深入认识，以及对自己作为本地区公民和全球公民的责任的更深刻的认识。国际服务－学习课程一般有两种形式，一种是学生在佐治亚大学完成课堂专业学习，之后去其他国家的社区参与服务活动；另一种是学生在他国同时完成课程学习与服务活动两项活动。目前，佐治亚大学的服务－学习课程已经扩展到日本、南非、斐济、加纳等众多国家。

例如，由社会工作学院（School of Social Work）开设的课程"北爱尔兰的社会问题"（Social Issues in Northern Ireland）。[17]学生首先在课堂中学习关于北爱尔兰地区的历史、文化、社会与经济问题的相关知识。之后，学生到北爱尔兰进行为期十天的实地学习，并进入当地社区和相关机构参与服务活动，亲自了解这些社会问题对民众的影响，参与到国家和社区解决这些问题的活动中。

5. 开展服务－学习课程调查

自 2009 年以来，服务－学习办公室开始对参加服务－学习课程的学生进行问卷调查，收集学生对课程中的服务－学习部分的经历和反馈，为服务－学习的成果提供重要信息。在 2015 年之后，服务－学习办公室重新制定了调查问卷，并在期末发放给参与课程的学生。调查问卷的内容包含学生的基本信息、参与的服务活动（服务内容、时间、社区成员）、服务－学习对自身学习与发展的影响（课程学习、自我意识、专业技能、公民能力）以及对服务－学习课程的建议。通过调查，服务－学习办公室能够及时掌握全校参与服务－学习课程的学生情况，收集学生对课程内容和形式的反馈，尤其是服务－学习对学生的学习与个人发展的影响。课程调查的结果，能够用于完善服务－学习课程的未来规划与发展。

---

16 OSL, International Service-Learning[EB/OL], https://servicelearning.uga.edu/courses/international-service-learning, 2019-12-10.

17 OSL, Social Issues in Northern Ireland[EB/OL]. http://ssw.uga.edu/academics/northernireland.html, 2019-12-14.

（二）服务－学习项目

公共服务与拓展副校长办公室提出，学生能够通过他们的课程和与教师的互动感受大学的教学和研究的宗旨，但往往难以在日常学习中体会到大学的公共服务的宗旨的重要性。服务－学习办公室的副主任也是项目的负责人保罗（Paul Matthews）表示，作为州未来的领导者，学生有必要亲身体会和了解 PSO 是如何运作的，以及 PSO 的教职工的工作对整个州的影响。

为此，公共服务与拓展副校长办公室建立"公共服务与拓展学生学者"（Public Service & Outreach Student Scholar）项目，并在 2011 年春季学期开始实施。[18]该项目希望通过使学生参与到结构化的 PSO 活动和社区项目中，对机构的服务职责及其工作有更深刻的认识，并帮助学生将他们的社会服务经历与他们未来的职业和发展目标建立联系。在 2011 年，该项目共选拔出 10 名学生，之后每年选拔 20 名学生参加，所有二年级以上且学分达到一定要求的学生都可以申请参加。[19]该项目由服务－学习办公室负责，并获得公共服务与拓展副校长办公室的支持，每一期的项目持续一年时间。

在该项目中，学生需要参与包括专门课程、会议和实习等一系列活动。以 2018-19 学年的项目计划为例，学生首先需要在秋季学期完成专门的课程，了解 PSO 的历史、目标与主要工作，并通过实地参观和亲自参与 PSO 的会议和活动去加深对机构的了解。同时，在秋季学期的每周五还将组织集体会议，学生们可以共同探讨自己的学习收获和问题。在 2019 年的春季学期，学生需要在指定的 PSO 机构中、在导师指导下进行为期 150 个小时的实习工作。[20]基于 PSO 与地区政府、企业与大学等机构建立的广泛的伙伴关系，PSO 为学生提供适合不同专业的实习岗位，使学生能够充分利用自己的兴趣和技能来完成实习工作。例如，学生参与到"拱门伙伴关系"项目中，通过将高等教育资源和社区界定的需求相联结，解决社区的问题与需求。或者，学生还可以进入 J.W.范宁领导力发展研究所，参与领导力发展项目来解决社会问题、促进社会发展。同时，学生仍然需要定期参与会议，相互交流

---

18 PSO, PSO Student Scholars[EB/OL],https://servicelearning.uga.edu/pso-student-scholars, 2019-1-1.

19 OSL, PSO Student Scholars[EB/OL],https://servicelearning.uga.edu/pso-student-scholars, 2018-8-7.

20 PSO, PUBLIC SERVICE & OUTREACH STUDENT SCHOLARS PROGRAM 2018-2019 PROGRAM OVERVIEW, https://servicelearning.uga.edu/pso-student-scholars, 2019-1-1.

彼此的实习经历和感受。最后，学生还可以在暑假期间在 PSO 机构中进行集中的实习工作，还可以向机构申请相关补贴。在项目最后，机构将从参与者中选拔出优胜者，并在 PSO 的年度会议上得到表彰，同时作为学校和 PSO 的代表参与相关活动。

二、建立高质量的服务－学习教师队伍

服务－学习办公室的主要宗旨与职责之一，就是为教师参与服务－学习提供支持。因此，服务－学习办公室开展了大量教师培训与发展项目，为教师进行服务－学习课程设计与教学、教师的社区参与和研究等，提供了大量的资源与支持。

（一）开展教师发展项目

佐治亚大学重视服务－学习教师队伍的建设。目前，大学为参与服务学习课程和项目或有意愿参与其中的教师，设立了服务－学习伙伴项目，并成立了教师学习委员会，为教师的学习与发展提供机会。同时，大学也为那些在服务－学习领域取得优异成绩的教师设立了专门奖项，以此对教师的工作给予认可和鼓励。

1. 设立服务－学习伙伴项目

2006 年设立的服务－学习伙伴项目（Service-Learning Fellows Program），是一个为期一年的教师发展项目，旨在为教师提供机会将服务－学习融入他们的教学、研究和社会服务工作，并使他们成为校园中的服务－学习教学和社区参与的领导者。服务－学习办公室为该项目提供支持，面向所有教职工开放，参与者不要求必须有服务－学习的教学经验或者熟悉服务－学习或公民参与研究。在每一个学年中，服务－学习办公室将通过选拔和评审选拔 8 名教职工参与到该项目中。[21]

该项目的目标是为每一位参与者参与服务－学习提供支持，包括促进对服务－学习理论的了解、发展和实施服务－学习课程、了解服务－学习研究和教学的最佳实践、发展大学－社区伙伴关系并开展服务项目，以及成为参与服务－学习教学的核心的教师领导者队伍等众多方面。

项目设置了多样化的活动，并要求参与者必须参与到项目的所有活动中。

---

21 OSL, Service-Learning Fellows Program[EB/OL],https://servicelearning.uga.edu/service-learning-fellows-program, 2019-1-1.

具体活动包括：（1）参与每月一次的伙伴会议。会议将根据小组成员的时间在每个星期举行，通常是持续两个小时；（2）在每一届项目开始前都会举办一个招待会，向参与者介绍项目的具体情况、要求和目标等，同时也为他们建立与其他参与者合作关系提供了机会；（3）要求参与者在参与项目期间建立一个服务—学习的项目；（4）在项目结束前举办展示会，参与者以及相关的学校部门和社区机构都可以参与会议，参与者可以在会议中展示他们的项目成果，并在大学和社区中得到认可。

作为一个教师发展项目，它要求每一位参与者都要在这一年时间里从事服务—学习活动。项目的每位参与者可以获得 2500 美元的补助，可以用于项目的实施如课程发展的材料与支出、与社区伙伴的共享材料等，或者为参与者提供额外的专业发展支持。在这一年时间里，参与者可以选择开展多样化的服务—学习项目，例如发展一个新的服务—学习课程、建立社区—大学伙伴关系相关项目、发展跨学科服务—学习合作等。此外，参与者将在每月一次的会议上，与其他参与者就自己的项目进行讨论，之前的项目参与者也可以作为导师参与到会议中，为项目的发展提供有益建议。

自项目成立以来，服务—学习办公室已经选拔了超过 75 名教职工参与到服务—学习伙伴项目中。根据对项目参与者的调查，他们表示该项目显著提高了他们对服务—学习和社区参与的认识与了解，增强了他们在服务—学习的教学和研究中的能力水平。以 2013-14 年项目中的一位参与者为例，人类发展和残疾人研究所的教师卡罗尔（Carol Britton Laws），在项目期间将服务—学习融入到本课程的核心课程中并形成了一门新的服务—学习课程《成年人的残疾问题》（Disability Issues in Adulthood）。在该课程中，学生与该地区老年人社区委员会合作，对社区中的残疾人提供服务和帮助，为他们建立资料文档，从而促进学生对残疾人生活的理解，并为他们争取权益。[22]

2. 设立服务—学习研究的教师学习委员会

2015 年，佐治亚大学在服务—学习办公室的支持下建立了"服务—学习研究的教师学习委员会"（Faculty Learning Community on Service-Learning Research, FLC）。委员会为教师提供了一个相互交流的平台，教师通过研讨会、

---

22 OSL, Current & Past Service-Learning Fellows[EB/OL], https://servicelearning. uga.edu/faculty-resources/service-learning-fellows-program/past-current-fellows, 2019-1-2.

论坛等形式分享他们关于服务－学习教学与科研活动的想法与观点。此外，佐治亚大学还定期发行《高等教育拓展与参与期刊》（Journal of Higher Education Outreach and Engagement），刊登本校教师与学生对服务－学习与社会参与的研究成果。

在每一期的项目结束之后，OSL 都会对项目进行年度评估。此外，在 2011年，OSL 还对 2006 年—2010 年以来所有的项目参与者进行了一次集中评估，32 位参与者中的 13 位参与者参与了调查（40%）。根据此次调查结果，该项目进一步促进了他们在服务－学习教学与研究领域的发展。在参与调查的 13名参与者中，有 11 位在会议中发表了关于服务－学习的研究，7 位在期刊、书籍等出版物中发表了服务－学习相关文章；同时有 11 位教师在参与项目之后教授过不止一门服务－学习课程。[23]参与者认为，服务－学习伙伴项目给他们带来的影响是多方面的，包括增强他们开发服务－学习课程的动力与能力、提高了社区参与和研究的能力、建立了广泛的与社区的伙伴关系以及增进了对本学科的认识等。

3. 为教师提供培训与技术支持

服务－学习办公室还为服务－学习授课教师以及对其感兴趣的教职工提供培训与技术支持。首先，服务－学习办公室为那些对设计和实施服务－学习课程感兴趣的教师开展一系列的工作坊，由办公室的相关负责人组织和主讲。工作坊的内容包括服务－学习课程设计、课程实施中的核心要素、与社区建立伙伴关系以及大学的主要服务－学习项目等。服务－学习工作坊不仅能够帮助教师掌握服务－学习课程的设计与实施的理论知识，同时为更多的教师提供了解服务－学习的重要渠道。其次，服务－学习办公室为教师提供丰富的资源。办公室下设的小型服务－学习图书馆，面向所有教师免费开放。此外，办公室在 2011 年发布了《佐治亚大学服务－学习教师手册》（University of Georgia Service-Learning Faculty Handbook），也对教师参与服务－学习提供了有益参考。

（二）设立教师卓越奖项

佐治亚大学为在服务－学习中取得卓越成就的教师设置了三个奖项，包括

---

23 OSL, Assessing the Service-Learning Fellow Program[EB/OL], https://servicelearn.ing.uga.edu/service-learning-fellows-program,2019-12-5.

服务—学习办公室设立的服务—学习教学卓越奖（Service-Learning Teaching Excellence Award）、服务—学习科研卓越奖（Service-Learning Research Excellence Award），以及由公共服务和外联副校长办公室（Office of the Vice President for Public Service and Outreach）设立的参与型学者奖（Engaged Scholar Award）。

　　服务—学习杰出教学奖设立于 2011 年，旨在奖励那些为学生在发展、实施和维持学术性服务—学习机会做出杰出贡献的教师。所有全职教师都可以申请这一奖项，申请者可以由部门领导提名或自我报名，获奖者将获得 2500 美元的教师发展奖励。[24]例如，2018 年，来自人类发展与家庭科学学院（Department of Human Development and Family Science）的高级讲师梅丽莎（Melissa Landers-Potts）获得了这一奖项。[25]自 2012 年以来，梅丽莎所教授的青少年发展服务—学习课程吸引了上百名学生的参与。在课程中，她支持学生将基于理论的青少年发展的原则应用到服务—学习项目中，在高中为青少年提供监督和辅导，同时又通过在线平台为世界各地的青少年提供情绪支持等帮助。[26]服务—学习杰出研究奖设立于 2011 年，旨在鼓励那些在服务—学习相关的研究中做出卓越成绩的教师，获得者同样可以获得 2500 美元的教师发展奖励。在 2018 年，来自农业与环境科学学院的助理教授阿尔盖比（Abigail Borron）获得了这一奖项。她开展了众多关于服务—学习的研究，包括在本专业课程中融合服务—学习、服务—学习研究方法及其反思等一系列研究，并发表了相关论文。[27]

　　参与型学者奖设立于 2008 年，由公共服务和外联副校长办公室设立。这一奖项旨在奖励那些为学生提供奖学金和服务—学习的机会促进学生的公民参与，同时在科研工作中对解决社会关注问题作出重要贡献的终身教授或副教授。该奖项为获奖者提供 5000 美元的教师发展资金，用以支持社会服务和拓展项目。[28]申请者需要先向部门领导递交申请文件，之后再提交给副校长办

24　OSL, Service-Learning Research Excellence Award[EB/OL], https://servicelearning. uga.edu/faculty-resources/faculty-awards/research-excellence-award, 2019-1-1.

25　OSL, Service-Learning Teaching Excellence Award [EB/OL], https://servicelearning. uga.edu/faculty-resources/faculty-awards/teaching-excellence-award, 2019-12-4.

26　OSL, Service-Learning Teaching Excellence Award[EB/OL].https://servicelearning .uga.edu/faculty-resources/faculty-awards/teaching-excellence-award, 2018-10-3.

27　OSL, Service-Learning Research Excellence Award[EB/OL],https://servicelearning .uga.edu/faculty-resources/faculty-awards/research-excellence-award, 2018-10-3.

28　OSL, Engaged Scholar Award[EB/OL],http://outreach.uga.edu/awards/engaged-scholar-award/, 20180-10-3.

公室进行审查。申请者需要在材料中描述自己在相关的一个或多个领域中的工作以及取得的成就和影响，包括与校外机构或组织合作的参与式或应用研究，学生在服务—学习或参与性项目中的参与，大学与社区的伙伴关系以及对社区问题的解决，以及与社会服务相关的活动或研究。之后，部门领导对候选人在参与性教学、研究或社会服务和拓展活动领域的工作，以及对于学生学习、部门的目标或者对社区合作关系的影响进行评价。此外，合作机构或合作伙伴也需要对候选人的工作进行评价。基于这些资料，学校从候选人中选拔出一位获奖者。

第六章　美国大学服务－学习实践的特征、成果与挑战

本章基于前文对大学服务学习的理论与实践的系统梳理与探讨，对美国大学服务－学习实践的特征、成果和面临的挑战进行深入分析，从而对该研究对象形成更加全面而深刻的认识。

第一节　美国大学服务－学习实践的特征

通过对美国大学服务－学习的理念与实践的系统梳理与深入探讨，对大学服务－学习实践的特征进行分析。其一，大学服务－学习将大学的教学与服务职能二者相结合，既能增强大学的教学质量与人才培养，同时也使得大学的服务更加有效。其二，大学服务－学习实践顺利进行的关键在于，大学与社区之间的互惠关系与协同合作。

一、坚持以大学教学与服务职能的一体化为核心

大学服务－学习实践的最大价值与意义在于，它为大学更好地实现其教学与服务的职能提供了新思路，它在促进大学教学与人才培养目标实现的同时，也增进了大学的社会服务职能，使得二者相互结合、共同发展。

美国大学承担着教学、研究和服务的三大职能，但三者之间却并不平衡，其中的服务职能是最弱小的。20世纪以来，大学服务的内涵不断拓宽。最初，大学为国家与宗教培养专门人才和提供有限的服务，之后的大学服务包含了

更加广泛的内容，包括服务那些新兴的专业、服务于科学和技术，服务于新的知识的进步，服务于学科协会，服务于想要进入任何职业的学生。同时，大学服务的形式也更加多样化。最初，大学服务的形式非常单一，主要通过利用机构及学者的专业知识和技能提供直接服务，以及培养学生在毕业之后服务社会。而服务—学习则恰好是对传统服务模式的一种补充，同时也更加关注学生的学习与发展。因而，服务—学习本身就同时具备促进服务和学习的两种功能。

一方面，大学开展服务—学习实践，是实现大学的教学职能、提高人才培养质量，尤其是培养学生公民素养的新形式。服务—学习作为一种教与学的方法，它为学习与实践二者的结合提供了一种更加有效的形式。当前，服务—学习在促进学生的学习质量、综合能力发展以及公民知识与技能方面的积极作用，已经得到了大量实践经验和研究成果的证实。服务—学习解决了知识与实践二者脱节的问题。服务活动使学生将学习延伸到了课堂之外，学生进入学校以外的现实社会环境中，为学生补充了在课堂上无法获得的实践知识与技能。同时，学生在服务过程中将学到的知识应用到实践中，增强了对知识的掌握和应用能力。与此同时，服务—学习强调反思环节的重要性，这一过程使得学习和服务二者相互增强，不仅能够获得对所学专业和学科的社会价值的理解，同时也增强了自己的综合素养如交流、合作能力等。更重要的是，服务—学习能够增强对学生的公民知识与能力的培养，而培养服务于社会的公民一直是大学的目标之一。服务—学习对服务活动提出了更高的要求，学生基于社区的真正问题与需求，切实参与到社区的发展中，这种形式增强了学生的公民责任感。

另一方面，大学开展服务—学习实践，为大学与社区之间的联结与合作找到了一种新方式，为大学更有效地实现服务职能提供了新的途径。在服务—学习中，大学提供的服务形式不是简单的直接服务，而是更充分地结合自身所具有的丰富知识与人才资源。在服务活动中，不同专业和学科的大学生充分利用自己的知识与技能，在社区中完成相应的服务工作，能有效地解决社区的问题和需求，从而提高了大学社会服务的价值。

二、服务—学习实践的核心：大学与社区的互惠与协同合作

大学服务—学习的实践能够成功进行并取得有效成果，是大学与社区两

个子系统基于互惠性理念进行协同合作的结果。服务—学习强调在大学与社区之间建立互惠性伙伴关系，并通过平等互利的深入合作，在解决社区真实需求的同时，实现大学的教学与服务的职能，最终实现双方的共赢。

真正意义上的服务—学习的概念，源于20世纪60年代美国南部地区教育委员会在南方各州开展的社会服务项目。在这一时期，社会对高等教育机构更好地履行社会服务的职能提出了更高的要求。为了回应社会的需求，大学开始寻求积极参与社会问题解决与社会发展中的新渠道。为此，南部地区教育委员会通过这些项目，在高等教育机构与社会公共服务机构之间建立联系，通过向机构和社区提供优质的大学生人力资源和专业的知识资源，解决机构乃至社会发展的迫切问题。与此同时，使学生通过将专业知识运用于现实世界的实践的过程，获得有益的学习经历，增强自身的专业知识和公民素养。服务—学习的这种模式，为当时的大学与社区之间的建立新的伙伴关系模式提供了新的思路，深化了大学与社区之间的交流与合作。

随着服务—学习的发展，实现大学与社区的互惠共赢的理念变得更加明确和完善，并且始终贯穿于服务—学习的各个环节之中。互惠性理念体现在服务—学习的基础环节——大学与社区伙伴关系的建立过程中。服务—学习所强调的大学与社区间的伙伴关系是一种建立在共同的利益与责任、平等的权限与能力之上的紧密的合作关系。在这过程中，大学与社区通过对话确立共同的目标和愿景，建立双方之间的相互信任与尊重。同时，大学和社区通过整合双方的独特资源，共同承担合作的责任与可能的风险，应对合作中的挑战和问题。在此基础上建立起来的大学—社区间伙伴关系，区别于传统社会服务中的合作关系，更加强调大学要基于社区的真实问题与需求，与社区建立更加民主的、平等的伙伴关系。

同时，互惠性理念也体现在服务—学习课程与项目的实施过程中。在服务—学习的过程中，大学与社区不仅要完成各自的职责，更重要的是要确保双方向着相同的目标共同前进。为此，大学与社区建立清晰的组织结构，明确双方在服务—学习中的职责和义务、确立及时灵活的反应机制，以应对可能出现的变化。同时，大学与社区通过建立稳定的沟通与交流渠道，使双方能够及时对项目的进程和出现的问题进行协调和沟通。此外，大学与社区共同参与对服务—学习的成果评估，以及对未来发展规划的调整和完善。

在互惠共赢理念的基础之上，大学与社区以合作伙伴的方式共同采取行动，将他们优势的知识、技能与资源相互结合，并最终实现 1+1>2 的效果。对于社区而言，建立在互惠性理念基础之上的服务－学习，更有利于实现社区的长远发展。在传统的大学－社区关系中，大学在与社区的合作中居于决定性地位，而社区的声音与利益却不被重视。大学开展的社会服务形式往往是单向的、独断的，缺乏对社区及其需求的充分了解，专断地采取行动。相反，在服务－学习项目中，社区与大学处于平等地位，有权力根据自身的真实需求与大学共同决定服务的内容与形式。同时，社区也能够获得大学更多的丰富资源与专业化的技术援助，并在这过程中提高自身的能力，实现自身的长远健康发展。

第二节　美国大学服务－学习实践的成果

梳理当前美国大学服务－学习实践现状，对其当前取得的成果进行归纳总结。一方面，大学服务－学习实践的形式呈现多样化，服务－学习被应用于不同学科和专业的课程中形成服务－学习课程，同时大学、教育组织以及政府机构等积极开展服务－学习项目。另一方面，大学服务－学习实践的规模与影响力不断扩大，越来越多的大学开展服务－学习的课程或项目，服务－学习实践产生的影响也不断扩大。

一、服务－学习实践形式：多样化课程与项目同时开展

目前，美国高等教育中的服务－学习呈现出课程与项目同时发展的局面。一方面，大学将服务－学习作为一种教与学的策略，使其广泛运用于不同专业和学科的教学过程中，形成多学科的服务－学习课程；另一方面，大学、高等教育机构以及联邦政府在也开展了大量的服务－学习项目。

首先，服务－学习已经成为大学中众多专业和学科中非常重要的一种教与学的策略，它对于促进学生学习与发展的作用与价值得到了广泛的检验与证实，因而越来越多的高等教育机构开设了服务－学习课程。

早在 20 世纪 90 年代，美国高等教育协会就认识到服务－学习在促进学生学习中的重要作用，它不仅能够帮助学生更好地掌握理论知识，增强在实践中应用知识的能力，并且能够更深刻地理解本学科的社会意义与价值。为此，高等教育协会在 1997 年至 2002 年的六年时间里，出版了一整套由 18 本著作组成的系列丛书，每一卷分别阐述如何将服务－学习融入一门特定的学

科中，涉及的学科包含了会计、生物学、工程学、历史、管理学、护理学、政治科学、教师教育等 18 个学科。这一系列的著作，使人们进一步认识到服务—学习与不同的专业和学科相结合的可能性和可行性。

目前，越来越多的高等教育机构将服务—学习作为一种重要的教学策略，更多的学科和专业开设了服务—学习的相关课程。例如，佐治亚大学在所有的17 个学院中都开设了服务—学习课程。同时，学校设立了服务—学习课程委员会，为服务—学习课程制定统一的标准和规范的课程审批流程，凡是通过审核的服务—学习课程都可以冠以"S"的前缀，使学生能够根据自身的需求选择需要的课程。在威斯康星大学麦迪逊分校（University of Wisconsin-Madison），超过 40 多个学部都开设了服务—学习课程，负责服务—学习的机构"莫格里奇公共服务中心"（Morgridge Center for Public Service）制定了"服务—学习课程设计流程"（Service Learning Course Section Designation Process），指导服务—学习课程的开发。[1]此外，在校园联盟、国家服务—学习中心等重要网站中，都设有专门的资源中心提供不同学科的服务—学习教学大纲范例，供服务—学习教师参考和使用。

其次，各个大学与高等教育机构，以及政府都开展了丰富的服务—学习项目。服务—学习既能够以课程的形式开展，也能够以项目的形式进行，关键在于它是否满足服务—学习的核心要素，即理论学习与服务实践相结合、满足社区的真正需求、结构化反思等。课程化的服务—学习由于其严格的结构化与学术严谨性，能够给学生带来更好的学习效果，但同时由于时间、服务地点的有限性问题，无法满足部分学生的需求。项目化的服务—学习则恰好在时间安排与地点选择上具有更大的灵活性，学生可以在校外时间在其他地区甚至国家进行服务活动，满足更多学生的需求。

许多大学在各自的校园内开展了丰富的服务—学习项目。例如，佐治亚理工大学发起的"服务—学习—维持"（Serve-Learn-Sustain）的项目，强调通过与来自社区、非营利组织、政府、学术界和商界的各种伙伴合作，为学生提供参与服务—学习项目的机会。该项目的宗旨是，鼓励学生运用在大学中获得知识和技能去创建"可持续的社区"，解决社区卫生、公平与可持续发展、绿色基础设施等社区可持续发展问题。同时，大学也会与政府部门或社会机

---

1 Morgridge Center for Public Service , Community-based learning courses[EB/OL], https://morgridge.wisc.edu/students/service-learning-courses/.

构合作开展服务—学习项目。服务—学习相关机构也是开展服务—学习项目的重要力量。例如，国家青年领导委员会开展的公民教育中的服务—学习项目（Service-Learning in Civic Education, SLICE）。该项目致力于通过为教师提供专业发展的机会和技术援助，建立优质的服务—学习教师团队，从而促进学生参与服务—学习，提高学生的公民参与和成就。此外，政府部门根据机构的工作与目标开展服务—学习项目，并为参与的高校、基金会、私人组织、公司等机构提供项目资金。例如，美国农业部（United States Department of Agriculture）开展的"食品与农业服务—学习项目"（Food and Agriculture Service Learning Program）。该项目的目标是提高主办组织或实体(如学校食堂和教室)内食品、园艺和营养教育的能力，同时通过汇集来自食品系统不同部分的利益相关者，促进农场和学校系统之间更高层次的社区参与。[2]

二、服务—学习实践的规模和影响力不断扩大

自 20 世纪 60 年代服务—学习首次提出，至今已有六十多年的历史。经过不断的积累与发展，服务—学习在高等教育机构中的规模不断扩大，参与到服务—学习中的教师与学生人数和比例不断提高，并且大学对服务—学习的财政、基础设施等方面的投入不断增加。

校园联盟自 1986 年以来对其成员进行年度调查，形成的年度报告是目前美国传播最为广泛的关于高等教育中基于社区的学习、社区伙伴关系和公民教育的调查报告。在 2014 年，校园联盟发布《制度化变迁三十年——2014 年度成员调查报告》（Three Decades of Institutionalization Change: 2014 Annual Member Survey），对组织在过去的三十余年时间里的调查工作和成果进行了整理。报告从高等教育机构中的教师、课程、学生、基础设施、社区伙伴等各个方面，展现了大学社区参与工作的全貌。该报告基于其调查成员的广泛性和代表性，以及调查数据的真实性和有效性，对于我们了解当前美国大学中服务—学习的发展与成果有着重要作用。

首先，大学领导者对社区参与和服务—学习的认可与支持不断提高。根据调查，90%的大学校长公开表示要促进本校的社区参与，80%亲自参与到社区活动中。其次，大学对教师进行参与性教学、服务和研究给予了更多支持。

2　National Institute of Food and Agriculture, Food and Agriculture Service Learning Program [EB/OL], https://nifa.usda.gov/funding-opportunity/food-and-agriculture-service-learning-program, 2020-02-13.

大学制定了多样化的政策来鼓励教师的社区参与，包括为教师提供财政资助以支持课程的重新设计，为新教师提供社区参与的指南，在招聘政策中鼓励招聘那些对社区参与有兴趣和有经验的教师，以及为参与服务—学习课程、研究和项目的教师提供休假等。在这样的支持下，更多的教师参与到服务—学习课程的教学中，在参与调查的机构中有91%的机构为学生提供服务—学习课程，平均每个大学有69门服务—学习课程，其中64%的机构将服务—学习课程作为至少一个专业中的核心课程。第三，学生在服务—学习中的参与水平不断提高。在参与调查的机构中，有39%的学生参与服务活动，总人数超过了138万，总的服务时间超过1.54亿个小时，创造了34.9亿的经济价值。同时，越来越多的机构将学生参与服务作为招生政策中的考量因素，并将其作为学生毕业的要求之一。第四，大学对社区参与的基础设施的投入不断增加。参与调查的大学中，每一所机构都设置了负责校内外社区参与的中心或办公室，这些机构承担着伙伴关系发展、公民参与、社区参与、服务—学习以及学生领导力发展等多种职责，其中35%的机构表示促进服务—学习是其首要目标。同时，这些机构的财政预算和人员配置也得到了提高，59%的机构其每年的财政预算超过了10万美元，机构全职工作人员和负责人的比例也不断提高。第五，大学与社区伙伴之间的合作方式更加多样化，合作关系更加深化。在参与调查的机构中，93%的大学让社区伙伴作为课程主讲人，44%鼓励社区伙伴直接参与到与社区参与相关课程的设计与授课过程中，此外，社区还通过提供反馈信息、提供实地考察等多种方式，与大学共同推进社区参与的发展。[3]

服务—学习作为一种教与学的形式，它的作用和功能在高等教育领域得到了更多的认可，其影响力不断扩大。以美国大学和学院协会（Association of American Colleges and Universities, AAC&U）在2005年的报告为例。在报告《新全球化时代的大学学习》（College Learning for the New Global Century）中，提出服务—学习是高等教育领域十种具有高影响力的教育实践活动之一。服务—学习作为一种与社区伙伴共同开展的"体验式学习"的教学策略，它最重要的特点在于确保了学生的服务经历与课堂学习直接联系起来，这使得

---

3 Campus Compact, Tree Decades of Institutionalizing Change—2014 Annual Member Survey[EB/OL], https://kdp0l43vw6z2dlw631ififc5-wpengine.netdna-ssl.com/wp-content/ uploads/large/2017/03/2014_Executive_Summary.pdf, 2019-12-6

它区别于一般的志愿者服务。通过结构化的反思，教师帮助学生在理论与实践之间建立联系，使得学生能够将课堂学习内容应用到现实生活中，反之亦然。更重要的是，服务—学习作为一种非常强有力的综合工具（integrative tool），[4]可以作为一种与其他高影响的实践活动相结合的理想活动。例如，服务—学习可以运用到大学新生的研讨会和经验学习中，不仅能够帮助学生了解大学教学与学习的新形式，还可以帮助学生通过服务实践探究所学专业的意义以及自己在社区发展中的价值。报告对服务—学习在提高学生学习质量与个人发展方面的作用进行了分析，肯定了服务—学习在大学教育实践中的价值。报告指出，服务—学习有利于促进学生在公民的、跨文化的和伦理的学习，培养学生个人的和社会的责任感。服务—学习使学生有机会直面社会上最急迫需要解决的问题，迫使他们深入思考自己作为民主社会公民的责任，进而促进学习者形成更加积极的信念和价值观。其次，服务—学习提供了一种独特的方式，将学生的知识与未来的选择和行动相联系，通过从实践经验中进行系统的学习，帮助学生为未来的公民生活以及工作做好准备。

第三节　美国大学服务—学习实践面临的挑战

任何新事物、新方法或新现象的出现与发展都会是在复杂的探索与修正中进行。服务—学习作为上世纪 60 年代出现的高校教与学的新形式，发展至今虽已算不上新事物，但在如何可持续性上发展仍然存在不少问题、面临挑战。本研究将从高校服务—学习的内在机制和外部保障两个方面进行分析。

一、服务—学习制度化的现实发展与理想之间仍然存在巨大差距

服务—学习的支持者所提出的服务—学习未来发展的愿景，与高等教育中服务—学习的实践与现实之间，仍然存在着一定的差距。尽管当前，服务—学习的理念在高等教育领域得到了有力支持，服务—学习在学生发展与社区服务方面的效果也得到了普遍认可。然而，大学对服务—学习的投入仍然不足，有关服务—学习的核心政策也仍然存在缺失。

---

4 AACU, College Learning for the New Global Century[EB/OL], https://www.aacu.org/publications-research/publications/college-learning-new-global-century, 2019-4-3.

例如，从大学为服务-学习实践发展提供的财政支持来看，大学服务-学习机构的财政预算仍然有限。根据校园联盟在 2015 年发布的调查报告，大学中负责服务-学习的机构的年度预算超过 50 万美元的仅有 15%，而年度预算低于 10 万美元的占到 39%。财政预算的不足，也导致了机构工作人员配备的问题。根据报告，大学服务-学习机构中平均每个机构只有 3.6 个全职工作人员和 1.5 个兼职员工，而每个机构中的学生员工则有 12.6 个，是全职工作人员的 3.5 倍。

图4 2015 年校园联盟关于大学服务-学习机构的年度财政预算的统计

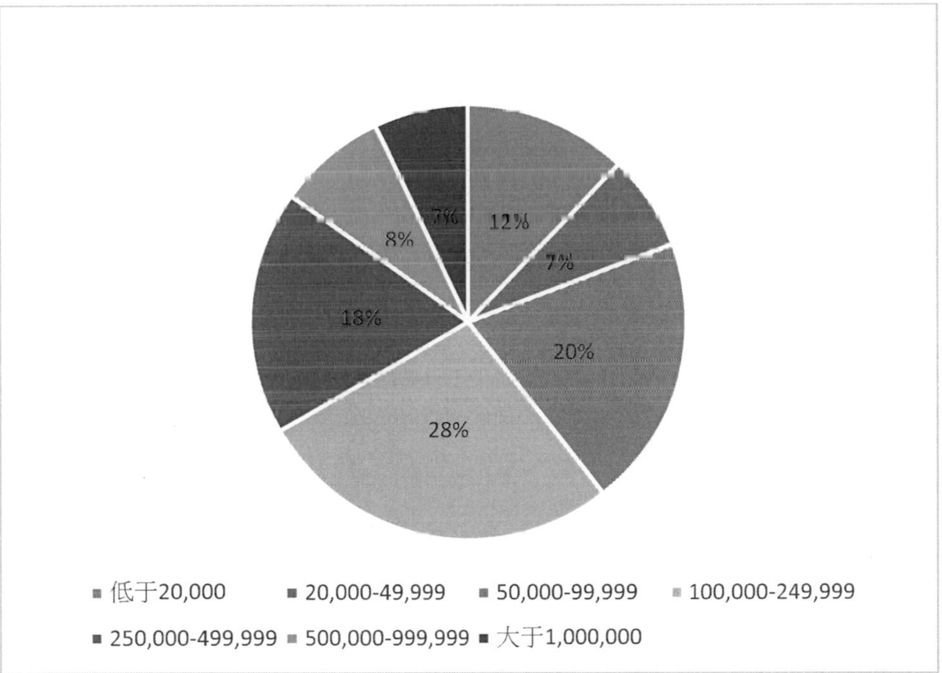

事实上，大学服务-学习实践在理想与现实之间存在的鸿沟，存在着多方面的原因，与服务-学习本身以及各方参与者都有着密切关系。

首先，服务-学习作为一种方法，本身存在一定的局限性。根据服务-学习研究者的观点，服务-学习的方法能够被运用于任何专业和学科的课程之中，将课堂与现实世界、认知与情感联系、理论与实践联系在一起，从而更好地促进学生的学习与个人发展。但是，在真正的大学实践过程中，服务-学习并没有像预期的那样受到每个学院的欢迎。具体而言，社会科学和人文学科如教育、社会学、由于、心理学、管理学等，在课程教学中使用服务-学习的频率更高。相反，在一些"硬"学科包括自然科学、理工学科例如化学、物理、工程学等，服务－学习在课程教学中出现的频率相对较低。出现这种情况，与不同学科自身的特性密切相关，这些"硬"学科强调客观的纯知识，而个人的主观感受则不那么重要，因而学科的教学形式与评估方式也更加客观和标准化。诚然，这种情况并不是对服务－学习作为一种新的教学形式的否定，只是需要更加客观地看待服务－学习在不同学科中的可行性。

其次，作为大学服务－学习实践发展的重要推动力，教师的参与受到限制。目前，大学对于教师参与服务－学习的课程授课或项目指导，更多地是鼓励教师自愿参与，而对于教师的职称、晋升和薪酬的影响仍然十分有限。高等教育机构往往通过资源分享、短期的资助或小规模的奖励等形式，为那些对服务－学习感兴趣的教师提供支持。例如，大学为教师提供服务－学习工作坊和课程模板与教学大纲范例等资料，帮助教师了解和掌握服务－学习课程的设计与实践。同时，大学还为教授服务－学习课程的教师提供一定的奖励，例如为教师提供补贴用于课程的重新设计，或者为那些在服务－学习领域做出优异成绩的教师提供奖金，或者为教师提供休假等。但在另一方面，教师在服务－学习中的参与，并不被纳入大学考量教师的职称和薪酬的评价标准之中。然而，教师教授服务－学习课程，需要他们在课程的重新设计、社区服务规划与监督、反思活动指导等环节，投入大量的时间和精力，同时也对教师的知识储备和实践经历提出了更高的要求。在这样的情况下，如果大学对参与服务－学习的教师缺乏真正强有力的认可和支持，必然会在一定程度上影响教师参与的热情和意愿。

第三，作为服务－学习课程与项目参与者的学生，服务－学习对他们提出了更高的要求，一定程度上影响了学生的参与积极性。服务－学习强调使学生将课程学习与社区服务相结合，并进行结构化的、有指导的反思，从而促进学生的学习与发展。但是，实现良好的学习成果的前提，是学生要投入比传统的课程学习更多的时间和努力。学生不仅需要完成既定的课程学习和作业，还需要根据学校和课程要求完成一定小时数的社区服务。此外，如果学生想要参与在其他地区和国家开展的服务－学习项目，则往往还需要承担一定的费用。因而，总的来说，参与服务－学习课程与项目，对学生的学习与实践能力、时间与金钱投入都提出了更高的要求。

尽管当前许多大学都为学生参与服务－学习提供一定的资源与支持，但这种支持似乎仍然是不够的。例如，许多大学为学生提供服务－学习的资源

（举办关于服务－学习的讲座、与社区对话的活动等），为在服务－学习领域取得良好成绩的学生设立奖项，给予学分以及将服务－学习课程作为必修或核心课程等。但是，目前大学为学生提供的支持仍然是不够的。只有少数大学为学生参与社区服务提供经济补贴，许多学校并不将社区服务的经历记录到正式的成绩单中，将社区参与作为招生或毕业要求的学校就更在少数。因此，在这种情况下，学生参与服务－学习不仅需要他们对此具有浓厚的个人兴趣和积极性，同时也在无形之中对学生的时间、家庭和经济状况提出了隐性的要求。

对此，也有学者指出，当前关于服务－学习的文献中存在这对"理想类型的服务－学习学生"的假设，这种学生自愿投入时间、家庭经济状况良好、没有孩子、年轻，以及具备一定的知识储备和文化资本。但是，这种设想与高等教育机构的实际情况并不相符。在今天和将来的高等教育机构中，将有更多的学生将大学看做是一种业余的、工具性的、职前的努力，这部分学生在上课的同时，必须同时兼顾孩子、家庭时间和谋生的收入。因而，对于这部分学生而言，服务－学习可能是许多学生负担不起的奢侈品，无论是在时间、财务还是未来的工作方面。

第四，社区与大学共同开展服务－学习，但目前对社区的角色与作用的重视程度仍然不足。服务－学习由社区与大学共同开展，社区为服务活动提供了岗位和场所，社区的问题与需求是服务－学习两大核心目标之一，因此社区在服务－学习中的重要性不言而喻。但是，目前服务－学习领域的实践者与研究者对社区的重视仍然不够。一方面，社区在服务－学习中的参与程度不够，参与形式缺乏多样性。社区不仅是服务活动的场地，社区机构与相关人员还承担着与大学共同促进学生的学习与发展目标的责任。因此，社区应当更深入地参与到服务－学习课程与项目的规划、实施与评估的完整过程中。例如，社区应当参与服务－学习课程的设计与教学大纲的完善，确保服务活动在内容和时间安排上的合理性，但做到这一点的大学仍然非常有限。更普遍的情况是，大学邀请社区机构的相关人员到课程中为学生进行若干课时的演讲与介绍，这种形式往往无法实现社区与学生、教师之间的深度的交流和交流。

另一方面，大学缺乏完善的机制对服务－学习给社区产生的影响进行有效的评估。在服务－学习结束之后，了解社区对服务活动的评价，能够更好地衡量服务活动在多大程度上解决了社区的需求。更重要的是，来自社区机构的评价和声音，能够帮助教师更好地了解服务项目中存在的问题与不足，从而对之后的项目进行完善。然而，目前许多大学在服务－学习课程或项目完成之后，不重视社区对学生服务实践的评价和对项目的反馈。这不仅可能导致服务－学习课程与项目的质量大打折扣，削弱学生与教师参与服务－学习的热情。更严重的是，由于社区的需求没有得到真正的解决，社区的意见与声音得不到应有的重视，导致社区与大学开展合作的意愿不断减弱，最终服务－学习变得流于形式甚至无法开展。

二、政府对服务－学习的政策与财政支持力度减弱

联邦政府对大学服务－学习实践的支持主要有两方面，其一是制定相关法律，其二是通过国家与社区管理公司（CNCS）开展相关项目并进行拨款。然而，近年来尤其是特朗普政府上台之后，政府在政策与财政上支持力度减弱，影响了服务－学习实践的外部环境的良性发展。

2009 年，巴拉克．奥巴马总统（Barack Obama）在上任仅三个月之后就签署了《爱德华．肯尼迪服务美国法案》，对原有的志愿服务方案进行了修订，重新授权 CNCS 推进全国范围的志愿服务项目，进一步扩大美国志愿服务的规模。然而，这一美好愿望在实际推行过程中却困难重重，对于增加给 CNCS 的财政拨款更是困难，导致 CNCS 一直蹒跚前行。[5]

在 2009 年 12 月，奥巴马总统签署了《2010 财政年度综合拨款法案》（Fiscal Year 2010 Consolidated Appropriations Act），为 CNCS 提供总共 11.49 亿美元的财政拨款，用于扩大 CNCS 的现有项目，比 2009 年财年的拨款增加了 2.6 亿美元。在 2011 年，奥巴马总统在财政预算中要求为 CNCS 提供 14.15 亿美元的拨款，但最终获得批准的财政拨款仅为 13.65 亿美元。[6]同时，联邦政府开始计划削减 CNCS 的几大主要项目的财政投入。联邦政府对 CNCS 的财政投入的增加趋势仅维持了两年，在 2011 年之后，政府对 CNCS 的投入再次降低。对服务－学习的发展而言，更为重要的一个转变，是联邦政府在 2011

5　Ron Fournier, "How Obama and Congress Failed AmeriCorps, and Failed America – Again," The Atlantic, [EB/OL], https://www.theatlantic.com/politics/archive/2013/08/how-obama-and-congress-failed-americorps-and-failed-america-again/461322/, 2019-5-4.

6　CNCS, FISCAL YEAR 2012[EB/OL],https://www.nationalservice.gov/about/budget-and-performance/budget/fiscal-year-2012, 2019-4-3.

年决定完全取消对"学习与服务美国"项目的财政投入。这一决定标志着这一个自1990年开始经历了二十多年漫长发展历程的项目,正式结束了它的使命。

2017年,唐纳德.特朗普总统(Donald Trump)正式上台执政,随即在当年5月份的总统预算中提出建议关闭CNCS,特朗普也成为美国历史上第一位提议废除联邦志愿服务项目管理机构的总统。[7]尽管由于国会的反对,特朗普关于取消对CNCS的联邦资助的提案并未通过。然而,在2017年之后的几年时间里,特朗普政府仍然继续在总统预算中提出取消对CNCS以及下设项目的联邦资助。尽管CNCS在近年来一直试图通过减少项目类型、精简组织工作程序、提高组织效率等改革措施,在提高组织的成果与影响力的同时节约财政开支。但尽管如此,根据联邦政府公布的2020年财政预算,仍然决议自2020年开始逐渐关闭CNCS ,组织仅获得了9366万美元的拨款,用于组织及主要项目的有序关闭。

特朗普政府声称,联邦政府取消对CNCS的资助存在多方面的原因。首先,特朗普政府认为CNCS在近年来的运营与管理存在许多问题。CNCS的财务管理与审计存在许多漏洞,组织对接受财政资助的机构与个人的管理和监督不完善。基于这些问题,政府认为CNCS无法很好地履行它作为国家社会服务管理机构的职责。其次,取消对CNCS的财政资助也是特朗普政府财政政策的结果。特朗普上台之后,大规模削减政府福利支出。在2018年的政府财政预算报告中,提出削减政府福利支出能够释放更多的工作机会,促进经济更快的增长。同时,政府将更多的财政投入到军事、国防等保障国民安全的项目中,导致政府相应地减少在教育、卫生、社会福利等方面的投入。第三,特朗普政府认为,取消以学生为中心的国家服务项目和与之相关的教育福利,是因为CNCS本应为学生提供财政援助,事实上却在选拔时并不考虑其家庭收入或资产的情况,因此资金并不一定要拨给经济困难的学生。[8]基于这三方面的原因,联邦政府最终在2020年作出了取消对CNCS的财政拨款的决定。

---

7 ELHAM KHATAMI, Trump seeks to gct rid of service programs like AmeriCorps, Senior Corps in budget proposal[EB/OL], https://archive.thinkprogress.org/trump-white-house-2020-budget-scraps-americorps-senior-corps-799fd69177e0/, 2019-05-13.

8 Robert Stilson, National Service: Reconsidering the Federal Role[EB/OL], https://capitalresearch.org/article/national-service-reconsidering-the-federal-role/, 2019-09-11.

图 5 2008-2020 年 CNCS 年度财政支出（千美元）

数据来源：图表根据 CNCS 网站公布的 2008 年—2020 年财政预算文件整理而形成，具体数据可见 https://www.nationalservice.gov/about/budget.

2011 年，联邦政府取消了对学习与服务美国项目的财政拨款，这对于服务—学习的发展已经造成了巨大的打击。作为联邦政府在 CNCS 之下设立的专门致力于促进各级教育机构中服务—学习发展的专门机构，学习与服务美国项目肩负着为学校提供财政、技术与培训资助促进服务—学习的发展，同时通过资源收集与传播、奖学金等方式扩大服务—学习的影响力的重要职责。随着联邦政府取消对该项目的发展，各州的服务—学习也迎来了巨大的挑战。而当前，联邦政府又将全面取消 CNCS，这也意味着原本由 CNCS 为服务—学习提供的其他资金与支持也将完全停止，这对于已经处在困境中的服务—学习，将再次面临更加严峻的挑战。

结　语

一、研究结论与启示

（一）本研究的结论

本文以美国大学服务－学习为研究对象展开探究，对服务－学习的内涵与理论基础进行探讨，梳理了大学服务－学习的发展历程及影响因素，分析了大学服务－学习实践的外部保障与内部运行体系，并在此基础上对美国大学服务－学习实践的特征、成果与未来挑战进行总结归纳。概要而言，主要形成了以下研究发现：

1. 美国大学服务－学习理念具有坚实的理论依据，作为其核心环节的互惠性与反思两大要素，最具启发性和可操作性的借鉴意义。

本研究对服务－学习的内涵及其理论基础进行了探讨，厘清了服务－学习的具体概念与关键要素，探究了服务－学习背后的理论依据，研究发现：

（1）互惠性与反思是服务－学习的关键要素与基本特征。服务－学习的概念最早在 20 世纪 60 年代被提出，在六十多年的发展历程中，服务－学习的内涵不断补充和发展，目前对服务－学习的核心要素、基本原则与类型形成了较为完善的论述。对于服务－学习的概念，许多高等教育组织和法律文件都进行了规定和阐述，尽管当前仍然存在一定的争论，但对于其基本要素则已经形成了一致的观点。服务－学习由各级教育机构与社区合作，将课堂理论学习与社区服务活动相结合，并使学生参与到结构化的反思活动中，从而满足社区的真实需求并同时促进学生的学习与公民责任感。服务－学习强调在大学与社区之间建立互惠性的良好关系，确保双方在合作过程中的民主

－185－

平等。同时，反思是服务—学习的核心环节，是理论知识与实践活动相互转化和相互增强的关键。正是这两大特征，使得服务—学习区别于传统的社会服务或志愿服务，也确保了服务—学习目标的实现。

（2）服务—学习的理念背后有着坚实的理论基础。尽管服务—学习出现的时间比较晚，但它并不是无根之木、无源之水。对于服务—学习的理论基础，可以追溯到杜威的经验教育思想。杜威提出，知识来源于现实世界中的经验，满足连续性和互动性原则的经验具有真正的教育意义。在经验与知识的转化过程中，探究与思考是学生获得知识的重要途径。另一方面，杜威还强调教育具有社会性，知识应当能够解决社会的问题。学校应当培养有能力和意愿参与社会事务的积极公民，以维护民主制度的发展。杜威的教育观点，为服务—学习中学习与服务相结合的形式以及对学生公民责任感的培养，都提供了重要的理论支持。大卫．库伯的体验学习理论，尤其是对体验学习圈的论述，则更加清晰地论证了反思活动的重要性，它能够将具体经验转化为抽象的理论概念，是体验学习中的重要环节。而在服务—学习中，反思也是必不可少的重要环节，是学生将课堂中的理论知识与社区内的服务实践相联结的桥梁，也是二者相互转化和促进的关键。

2. 美国大学服务—学习实践的发展历程可划分为特点鲜明的三个阶段，它是高等教育机构顺应社会发展与变革的新形势与新需求的结果。

本研究通过美国大学服务—学习实践的发展历程的梳理，将其划分为三个主要的发展阶段。同时，研究进一步分析和挖掘服务—学习实践发展背后的社会政治、经济、文化和教育方面的影响因素，发现服务—学习发展的背后隐藏着深厚的社会政治、经济与文化因素，它是高等教育为了回应社会的发展变革对大学提出的新要求而形成的新事物。研究发现：

（1）二战之前是服务—学习的酝酿阶段。在这一时期，服务—学习的概念尚未出现，但社会服务规模的扩大、公民参与意识的增强，以及高等教育中的实践性倾向与服务意识的发展，为服务—学习的出现奠定了基础。在这一时期，在志愿者文化传统与宗教改革运动的双重影响之下，众多社会志愿服务组织相继出现，志愿者服务盛行。同时，受到进步主义运动的影响，联邦政府为了缓解严峻的社会问题发起的服务项目，吸引了大量民众参与其中，社会服务的规模不断扩大。在高等教育领域，美国的高等教育开始向着实用化和应用性的方向转变。1862 年的《莫雷尔法案》使得一大批赠地学院得以建立。赠地学院运动的兴起，是对当时美国工农业飞速发展的反应。大学尝试通过培养工农业专门人才、提供培训、增设技术课程和服务政府部门工作等形式，回应社会发展对专业人才和服务的需求。《莫雷尔法案》与赠地学院运动，既增加了实践在课程中的重要性；同时也使得大学与社会生活之间的联系变得更加紧密，大学服务社会的思想开始形成。高等教育机构的社会服务职能的确立，以及实践与培训在大学教学中的发展，为服务—学习的出现奠定了重要基础。

（2）二战之后到20世纪70年代，是美国大学服务—学习实践的提出与最初发展阶段。在这一时期，联邦政府为了缓解贫困和社会矛盾，发起了众多社会服务项目，社会服务也因此增加了国家服务的理念。同时，第三次科技革命带来了产业结构的巨变，对劳动力的受教育水平提出了更高的要求。加上美国与苏联的军备竞赛与冷战局势的加剧，要求高等教育培养高质量的并且能够服务于国家的人才。1958年颁布的《国防教育法》，使得高等教育机构前所未有地与国家安全和国防建设紧密联系在一起。大学所要培养的不仅是人才，更是具有社会服务意识和公民责任的人才。正是在这样的背景下，服务—学习在20世纪60年代被首次提出，它满足了当时大学对提高教学质量、公民教育以及服务社会的要求，许多大学和组织开始尝试进行服务 学习的实践活动。

（3）80年代之后，美国大学的服务—学习进入快速发展时期。受到70年代末期的经济危机的影响，美国的整体经济发展陷入颓势，联邦政府债台高筑，大量企业处在危机中，失业率居高不下。同时，知识密集型经济逐渐取代劳动密集型经济的地位，社会对劳动力的受教育水平的要求不断提高。在政治领域，民众认为政府无力解决社会和经济问题，导致对政府的不满情绪不断积累。民众参与政治的意愿和能力不断下降，政治冷漠盛行，民主制度受到威胁。人们将目光转向高等教育，希望通过改革高等教育促进人才培养，增强青年的公民参与能力与意识。同时，利用大学丰富的知识资源和新的科技创造，帮助解决社会问题，使美国走出经济颓势。为此，政府出台了服务—学习相关法律，开展一系列服务—学习项目。同时，高等教育组织对服务—学习的研究与实践经验的总结和推广，使得越来越多的大学开展服务—学习实践活动。

3. 政府与高等教育组织为大学服务—学习实践搭建了有力的外部保障，

双方各自承担不同的角色。

本研究对美国当前的大学服务－学习实践的外部保障进行了分析，发现联邦政府与教育组织二者共同为服务－学习实践的发展搭建了强有力的外部保障。近年来尤其是特朗普政府上台之后，联邦政府对服务－学习的支持被削弱，各类教育组织成为更加重要的推动力。研究发现：

（1）联邦政府主要通过颁布法律、设立联邦管理机构并开展项目这两种方式，为大学推进服务－学习实践的发展提供保障。政府将大学开展的服务－学习实践看作是，大学服务社会和国家发展的形式之一，它的主要功能和目标是深化大学的社会参与以及增强大学的社会服务能力。首先，联邦政府通过法律文件为服务－学习提供法律层面的依据和支持。1990年的《国家与社区服务法案》首次在法律层面上对服务－学习的概念进行了界定。2009年，政府颁布《爱德华.肯尼迪服务美国法案》中，拓展了服务－学习的内容与项目，为新时期大学服务－学习的发展提供了法律依据。其次，设立联邦机构国家与社区服务中心（CNCS）管理全国范围内的社会服务项目，开展服务－学习及相关项目，通过项目拨款的方式鼓励和支持大学开展服务－学习实践。

（2）高等教育组织也是大学服务－学习实践发展最主要的外部推动力。对于高等教育机构而言，开展服务－学习的实践对大学实现其教学与科研职能具有重要价值。本研究选取了三个具有代表性的不同类型的教育组织——校园联盟、国家青年领导委员会和国家经验教育协会，对它们如何推动大学的服务－学习实践进行分析。校园联盟作为当前美国最大的致力于大学社区参与的组织，拥有广泛的成员基础和较大的影响力，它主要通过倡导、开展专门项目、提供培训与技术支持，以及开发相关评估指标体系等，全方位地推动大学服务－学习实践的发展。国家青年领导委员会作为非盈利的专门性服务－学习组织，基于其丰富的实践与研究成果的资源，主要通过在线资源库、为学校和社区提供培训和技术支持、组织会议以及开展相关研究等方式，推动大学中高质量的服务－学习课程与项目的可持续发展。包括国家经验教育协会在内的许多教育组织，在近年来也开始关注服务－学习，它们主要通过开展服务－学习项目、组织会议、出版著作等多种方式，为服务－学习实践的发展提供助力。

4. 大学服务－学习实践的内部有效运行取决于大学与社区二者互惠性

的协同合作。

本研究对美国大学服务－学习实践的内部运行体系进行分析，这也是本研究中的核心内容。研究发现，大学服务－学习实践作为一个系统，它是大学与社区两个子系统相互协作和共同发展的过程，这种协作关系贯穿始终。研究发现：

（1）建立大学与社区之间的伙伴关系，是开展服务－学习的必要前提和基础。这种伙伴关系以互惠性为核心理念，旨在确保大学与社区之间的民主与平等关系，同时双方的需求和利益在合作过程中得到同等的重视。在具体实践中，伙伴关系的发展可以划分为三个阶段，即大学与社区的相互了解与自我评估、伙伴关系的规划与建立，以及伙伴关系的维持。在这过程中，互惠性理念贯穿于伙伴关系发展的始终，从而建立真正民主、强有力的、有效的伙伴关系，为服务－学习之后的实施与发展奠定坚实基础。

（2）大学服务－学习的实施，是课堂教学与社区内的服务实践两部分紧密结合和相互促进的过程。大学需要对服务－学习课程进行重新设计，包括课程目标、教学策略与评估手段，从而形成服务与学习相结合的新的教学大纲。之后，在教师与社区的共同协助和支持下，开展服务－学习课堂教学与社区服务活动。同时，教师还需要根据课程的层次和面向的学生群体的差异性，对服务－学习的具体实践过程进行调整。在这过程中，服务－学习强调将反思作为核心环节，为理论知识与实践经历搭建沟通和联结的桥梁，实现二者的相互转化和相互增强。

（3）当大学中的服务－学习实践发展到一定阶段之后，开始向着制度化的方向发展，要求大学与社区两个子系统实现高度的协调统一，整合双方的资源与优势，向着共同的目标共同推进和发展。大学可以从服务－学习机构、教师、学生和社区四个方面，制定服务－学习制度化的策略。同时，大学也可以通过自我评估的方式，对机构的服务－学习制度化进程进行评估，从而不断调整发展策略，最终实现服务－学习的规范化和制度化。

5. 大学服务－学习实践的未来机遇与挑战并存。

本研究基于前文的分析，对大学服务－学习实践的未来发展方向与前景进行预测和探讨，研究发现：

（1）大学服务－学习实践目前已经取得了一定的发展成果。首先，大学服务－学习实践的形式呈现多样性，服务－学习课程与项目两种形式共同发展。服务－学习作为一种方法，被广泛运用于不同专业和学科的教学中，形成多学科的服务－学习课程。同时，大学以及高等教育组织、政府机构等还开展了众多服务－学习项目。其次，大学服务－学习实践的规模不断扩大。当前，越来越多的大学开展了服务－学习课程与项目。大学对于教师参与服务－学习课程与项目给予更多支持，包括帮助教师进行服务－学习课程的设计、为这类教师设置奖励等。学生在服务－学习课程和项目中的参与人数与参与时间不断增加，创造了可观的经济价值。大学对社区参与的基础设施的投入也得到了提高，同时社区伙伴与大学之间的合作关系更加多元化，参与课程设计或授课、提供实地考察等都是社区参与的重要方式。

（2）大学服务－学习的未来发展同样面临着严峻的挑战。一方面，大学服务－学习实践的现实进程与理想之间仍然存在差距。尽管服务－学习的理念在高等教育领域得到了广泛的支持，但大学推进服务－学习实践的发展中仍然存在许多问题。大学对服务－学习机构的财政投入仍然比较有限，机构人员配置不足。其次，参与服务－学习课程或项目要求教师在知识、时间与精力方面投入更多，尽管学校设置了一定的奖励，但这些经历很少或不被纳入教师的薪酬或晋升的政策考量，降低了教师的参与积极性。第三，尽管服务－学习课程或项目对学生学习与发展的积极作用得到了越来越多的证实，但它也要求学生投入更多的时间、努力甚至金钱，这对于一部分学生而言是难以达到的，例如有家庭或工作的学生、经济困难学生等，这也一定程度上降低了学生的参与度。第四，大学在服务－学习实践中对社区的声音的重视仍然不够，也影响了社区的参与积极性。另一方面，联邦政府在近年来对服务－学习的财政投入减少。2011 年联邦政府取消了对"学习与服务美国"项目的财政拨款，该项目曾是政府推动学校服务－学习发展的重要举措之一。特朗普政府上台之后，这一情况进一步恶化。特朗普成为美国历史上第一位提出要废除联邦志愿服务项目管理机构的总统，自执政以来多次提出要停止对国家与社区服务公司的财政支出，关闭该机构开展的各类服务项目。目前，服务－学习的倡导者与支持者以及相关的组织仍然在呼吁继续政府对国家服务的投入，但最终结果如何仍然需要时间才能揭晓。

（二）本研究的启示与思考

要探讨本研究对我国的启示与思考，一方面要基于美国大学服务－学习实践的实质与功能，另一方面则要着眼于我国高等教育中的现实问题，将二者相结合，才能正确看待本研究的意义与启发。

首先，美国大学在服务－学习实践中所强调的大学与社区之间的互惠性伙伴关系，对我国大学在进行社会服务时与被服务的社区或机构之间关系的建立，具有借鉴意义。

（1）大学应当给予被服务的机构以平等的地位，遵循互惠性的基本原则。大学应当认识到，社会服务的目的不仅是促进学生的学习与发展，同时也应当满足被服务的社区或组织的需求。因而，社区或组织有权力与大学共同决定服务的内容、形式与目标。并且，这一观念应当贯穿于大学与社区合作的始终，双方在合作过程中各司其职、相互促进。此外，大学增强对社区组织的重视、尊重社区的观点与意见，能够增强学生在社区中的归属感，从而增强学生在服务活动中的社会责任意识。（2）大学应该进一步规范与社区的伙伴关系的建立过程。在我国，大学在与社区或组织建立合作关系时，往往缺乏固定的可以遵循的章程。这不仅可能使双方在关系建立的过程中浪费无谓的时间、人力和物力，还会导致最后形成的伙伴关系存在许多问题。因而，大学应当制定一套伙伴关系建立与发展的规范程序，为各个部门建立与社区的良好关系提供可操作性的具体指导。同时，规范化的程序也更有利于大学与社区建立更持久稳定的关系，促进双方合作的深化。

第二，美国大学服务－学习课程和项目已经形成了较为完善的实施体系，包括课程设计、选择服务活动与地点、开展反思、教师指导等，为课程与项目的实施成效提供了保障。这对于完善我国大学生社会实践的机制，具有积极借鉴意义。

（1）高校作为社会实践活动的组织者，应当建立完善的实践活动机制。高校应当为大学生选择具有教育价值的实践活动，使学生的实践能够与他们的专业学习紧密联结、相互促进。同时，高校应当加强对学生在参与活动前的培训，使学生对实践活动的背景、内容、目标和要求有清楚的了解，为他们之后的实践指明方向。此外，高校还应当完善社会实践的学分制度，制定具体、可操作的实践活动评分要求，学生要获得学分不仅要达到一定的小时数要求，还应当达到基本的质量要求。其次，高校应当为学生的社会实践安排专门的指导老师，并加强对教师的培训，教师不仅需要具备关于反思的丰富的理论知识，同时还应当掌握熟练的开展反思活动的教学技能。

（2）教师作为社会实践活动的指导者，应当根据实践活动的具体内容与学生的需求，制定严格的反思活动计划。在实践活动过程中，教师应当定期组织学生进行反思，并采取适当的反思活动形式，引导学生将实践与理论知识相结合，激发学生对实践活动背后的社会问题的思考，同时加深对理论知识的理解，并尝试将其应用到之后的实践活动中。与此同时，教师应当重视对学生价值观的培养，使学生能正确认识社会实践活动的意义，了解自己作为公民在社会中应承担的职责。最后，教师应当要求学生将反思的成果形成书面报告，通过写作的过程进一步深化学生的思考，并给予及时的评估与反馈，帮助学生不断提高反思技能。

（3）学生作为社会实践活动的参与者，应当摆正自己在社会实践中的位置。学生应当努力提高自身的学习技能与综合素养，在社会实践活动中成为主动的学习者和积极的实践者。学生应当将社会实践看作是深入了解社会问题与发展、进行理论知识实践与应用的机会，从而对自己所学专业的意义和价值有更清晰的认知，提高自己在未来参与社会公共事务的基本公民素养，为进入社会做好充分准备。

二、研究展望

本研究在对服务—学习的发展历程进行全面梳理的基础上，着重分析了大学服务—学习实践的外部保障体系与内部运行体系，从而获得对美国公立大学的服务—学习实践的较为全面深入的认识。大学的社会服务一直是高等教育领域中的一个重要议题。在未来的研究中，笔者也将继续关注美国服务—学习的最新发展与研究成果。与此同时，笔者将重点研究与服务—学习相关的议题尤其是大学社会参与的问题，以期对我国大学尤其是地方院校参与地区发展提供有益借鉴。

参考文献

一、中文文献

（一）译著

1. (美)非利普．阿特巴赫等主编，施晓光，蒋凯主译，21 世纪的美国高等教育：社会、政治、经济的挑战[M]，青岛：中国海洋大学出版社，2007。

2. (美)亚瑟．科恩著，李子江译，美国高等教育通史[M]，北京：北京大学出版社，2019。

3. （美）约翰．塞林著，孙益，林伟，刘冬青译，美国高等教育史[M]，北京：北京大学出版社，2014。

4. （美）D.S.皮尤著.彭和平译，组织理论精粹[M]，北京：中国人民大学出版社，1990：3。

5. （美）杜威著，王承绪译，民主主义与教育[M]，北京：人民教育出版社，1990。

6. （美）冯．贝塔朗菲（VonBertalanffy，L.）著，林康义，魏宏森译，一般系统论基础、发展和应用[M]，北京：清华大学出版社，1987。

7. （美）克拉克．克尔著，杨雅婷译，大学的功用[M]，台北：韦伯文化国际出版有限公司，2009。

8. （美）库伯著，王灿明、朱水萍等译，体验学习：让体验成为学习和发展的源泉[M]，上海：华东师范大学出版社，2008。

9. （美）罗伯特．K．殷著，周海涛，李永贤，李虔译，案例研究：设计与方法 M，重庆：重庆大学出版社，2014：10。

10. （美）皮埃尔.拉罗克等著，唐钧等译，21 世纪社会保障展望[M]，华夏出版社，1989。

11. （美）斯格特著，黄洋等译，组织理论：理性、自然和开放系统[M]，北京：华夏出版社，2001.12。

12. （美）约翰.杜威著.盛群力译，经验与教育[M]，北京：中国轻工业出版社，2016。

13. (英)约翰.亨利.纽曼著，高师宁等译，大学的理念[M]，贵阳：贵州教育出版社，2003。

（二）专著

1. 陈学飞著，美国高等教育发展史[M]，成都：四川大学出版社，1989.12。

2. 冯丽琴，服务－学习：社区义工服务新模式[M]，吉林大学出版社，2016。

3. 顾林生主编，社会服务－学习概论[M]，成都：四川大学出版社，2016。

4. 顾林生著，社会服务－学习概论[M]，成都：四川大学出版社,2016.6。

5. 侯岩主编，中国城市社区服务体系建设研究报告[M]， 北京：中国经济出版社，2009。

6. 霍绍周编著，系统论[M]，北京：科学技术文献出版社，1988。

7. 霍绍周著，系统论[M]，北京：科学技术文献出版社，1988.10。

8. 蓝采风，许为民著，服务－学习——在高等教育中的理论与实践[M]，杭州：浙江大学出版社，2011.8。

9. 李剑鸣，大转折的时代——美国进步主义运动研究[M]，天津：天津教育出版社，1992。

10. 梁绿琦，余逸群主编，志愿社区:中国社区志愿服务研究[M]，北京：中国青年出版社，2009。

11. 林水波主编，组织理论[M]，台北：智胜文化事业有限公司，1999。

12. 刘延平主编，组织理论代表人物评析[M]，北京：经济科学出版社，2010。

13. 莫于川主编，中国志愿服务立法的新探索[M]，北京：法律出版社，2009。

14. 潘洪建主编，有效学习与教学：9 种学习方式的变革[M]，北京:北京师范大学出版社，2013。

15. 彭华民主编，服务－学习：社会督导志愿服务新模式[M]，北京：中国人民大学出版社，2012。

16. 田军，志愿服务理论与实践[M]，立信会计出版，2007。

17. 王刚义，赵林峰，王德祥.中国社区服务研究[M]，长春：吉林大学出版社，1990。

18. 王廷芳编著，美国高等教育史[M]，福州：福建教育出版社，1995.8。

19. 王杨，高校思想政治教育服务－学习研究[M]，人民日报出版社，2018.03。

20. 王英杰著，美国高等教育的发展与改革[M]，北京：人民教育出版社，2002。

21. 魏宏森著，系统论[M]，郑州:河南美术出版社，1991.11。

22. 魏娜主编，志愿服务概论[M]，北京：中国人民大学出版社，2018。

23. 夏国忠编著，社区简论[M]，上海：上海人民出版社，2004。

24. 向荣，陆德泉主编，服务－学习：从教育创新到社会创新[M]，北京：社会科学文献出版社，2016。

25. 严惠麟，胡佩编，社区服务保障[M]，北京：中国社会出版社，2016。

26. 杨根来主编，社区服务与社区建设[M]，沈阳：辽宁大学出版社，2002。

27. 余双好主编，志愿服务概论[M]，武汉：武汉大学出版社，2013。

27. 赵文华，高等教育系统论[M]，桂林：广西师范大学出版社，2001。

（三）期刊论文

1. 曹阳，储祖旺，服务－学习视角下新时代我国大学生志愿服务机制优化研究[J]，中国高等教育，2019(Z1)：69-71。

2. 崔随庆，美国服务性学习：特征、原则及操作流程[J]，外国教育研究，2008(10)：14-19。

3. 单玉，"服务－学习"(SL)与负责任公民的培养——美国学校公民教育中"服务－学习"方法的运用及其启示[J]，外国教育研究，2004(11)：36-39。

4. 杜钢，美国多元文化职前教师教育的社区服务－学习方法探析[J]，比较教育研究，2012，34(04)：78-81。

5. 高振强，美国高等学校服务—学习：内涵、模式及原则[J]，高等工程教育研究，2013(02)：122-127。

6. 关尔佳，熊紫珺，论中国高校"服务—学习"的现状及发展前景[J]，中国青年研究，2011(08)：100-103。

7. 关红蕾，美国高校服务—学习的理念及实践研究[D]，河北大学，2014.

8. 管弦，香港地区公立大学"服务—学习"的经验及反思[J]，高教探索，2017(04)：65-69。

9. 郝运，饶从满，美国高校服务—学习的特点、实施程序及对我国的启示[J]，东北师大学报(哲学社会科学版)，2010(01)：163-167。

10. 郝运，饶从满，美国高校服务—学习发展的阶段特征及其影响因素探析[J]，外国教育研究，2009，36(06)：67-72。

11. 侯雨霏，美国高校服务—学习理论与实践研究[D]，西安外国语大学，2018。

12. 黄孔雀，美国高校服务—学习的实践及启示[J]，复旦教育论坛，2014，12(01)：93-98。

13. 李菲，美国批判性服务—学习与我国大学生志愿服务的改进[J]，高教探索，2017(11)：64-69。

14. 李广平，苏敏，美国教师教育中的服务—学习[J]，外国教育研究，2006(6)。

15. 李良方，论美国批判性服务—学习[J]，全球教育展望，2019，48(07)：58-71。

16. 李香玲，美国教师教育中的多元文化"服务—学习"[J]，高教探索，2014(4)。

17. 连进军，美国学校的服务—学习运动述评[J]，开放教育研究，2001(5)。

18. 刘宝存，王维，马存根，美国高等学校的服务性学习[J]，比较教育研究，2005(11)：45-49。

19. 刘长海，罗怡，论服务—学习对大学生社会实践的启示[J]，高教探索，2005(3)。

20. 刘志，服务性学习：美国高校创业教育教学策略的新探索[J]，教育发展研究，2015，35(03)：79-84。

21. 陆根书，李丽洁，陈晨，服务－学习与学生发展[J]，中国高教研究，2019(03)：22-29。

22. 吕迪，基于服务－学习的高校公民教育对策研究[J]，江苏高教，2013(02)：126-127。

23. 马慧，姚梅林，仝丽娟，服务－学习促进大学生批判性思维的干预研究[J]，心理发展与教育，2013，29(05)：515-524。

24. 彭华民，陈学锋，高云霞，服务－学习：青年志愿服务与大学教育整合模式研究[J]，中国青年研究，2009(4)。

25. 沈蓓绯，美国密西根州立大学的综合研究项目及其服务－学习计划[J]，中国大学教学，2009(5)。

26. 石宏伟，李海宁，美国"赠地学院"的社会服务功能及其对我国高等教育的启示[J]，江苏高教，2011(4)。

27. 石雷山，王灿明，大卫.库伯的体验学习[J]，教育理论与实践，2009(10)。

28. 孙海法，朱莹楚，案例研究法的理论与应用[J]，科学管理研究，2004(2)：116-120。

29. 孙玲，社区教育与社会的持续发展——第七届国际社区教育大会综述[J]，教育研究，1995.11。

30. 唐琼一，胡斌，美国高校服务－学习的社会文化意义探寻[J]，外国教育研究，2011，38(01)：76-80。

31. 唐权，杨立华.再论案例研究法的属性、类型、功能与研究设计[J]，科技进步与对策，2016(5) 。

32. 王世伟.服务－学习何以必要?——需求理论的视角[J]，华南师范大学学报(社会科学版)，2012(01)：29-33+159。

33. 王涛.服务－学习——美国大学中一门独特的反规范课程[J]，现代大学教育，2006(05)：81-84。

34. 王伟星.南北战争至20世纪初美国高等教育的发展与变革[D]，北京师范大学，1998。

35. 王晓艳，邹丹杰，伍霞，国内高校实施服务性学习的现状与反思[J]，教育理论与实践，2014，34(33)：18-19。

36. 吴华清.服务—学习简述[J]，上海教育科研，2003(10)：52-54。

37. 徐碧鸿，丁三青，王朝军，美国高校服务—学习发展分析[J]，现代教育管理，2010(05)：94-97。

38. 许瑞芳，从"社区服务"到"服务—学习"：教育蕴涵在服务中拓宽——美国服务—学习的启示[J]，教育探索，2010(10)：153-155。

39. 杨春梅，王艳霞，马里兰大学服务—学习课程开发案例研究[J]，高教探索，2013(5)。

40. 姚梅林，郭芳芳，服务—学习在中国：现实需要与推进策略[J]，北京师范大学学报(社会科学版)，2015(03)：51-58。

41. 游柱然，杜威教育哲学与当代美国服务—学习理论[J]，求索，2009(01)：111-113。

42. 张非凡，台湾大学服务—学习研究[D]，华中师范大学，2013。

43. 张华，论"服务—学习"[J]，教育发展研究，2007(09)：1-8。

44. 张丽冰，新加坡职前教师教育中的服务—学习[J]，高教探索，2014(2)。

45. 张振宇，沈蓓绯，大学生社区志愿服务深化发展的思考——以美国学校服务—学习为鉴[J]，中国青年政治学院学报，2011(3)。

46. 赵希斌，邹泓，美国服务—学习实践及研究综述[J]，比较教育研究，2001(8)。

47. 周加仙.美国服务—学习理论概述 J.外国教育研究，2004(4)。

（四）学位论文

1. 侯雨霏，美国高校服务—学习理论与实践研究[D]，西安外国语大学，2018。

2. 杨惠芬（Yvonne Yang），高等教育中的服务—学习[D]，厦门大学，2018。

3. 饶阿婷，美国高校服务—学习研究[D]，上海师范大学，2016。

4. 关红蕾，美国高校服务—学习的理念及实践研究[D]，河北大学，2014。

5. 马怀专，美国高校服务—学习模式及其对我国大学生社会实践的启示[D]，东北师范大学，2011。

6. 赵立芹,从做中学:美国服务—学习的理论与实践[D],华东师范大学,2005。

（五）网络资源

1. 国家中长期教育改革和发展规划纲要（2010-2020 年）[EB/OL].http://old.moe.gov.cn/publicfiles/business/htmlfiles/moe/info_list/201407/xxgk_171904.html?authkey=gwbux. 2019-6-10。

二、外文文献

（一）专著

1. B. Jacoby(Ed.), Building Partnerships for Service-Learning[M], San Francisco, CA: Jossey-Bass,2003.

2. Allen J. Wuszdorff, Dwight E. Giles, Jr., In John Schine(Ed.), Service Learning—Ninety-sixth Yearbook of the National Society for the Study of Education[M], The National Society of the Study of Education, Chicago,1997.

3. American Association for Higher Education Assessment Forum. Principles of Good Practice for Assessing Student Learning[M], Washington, DC: AAHE, 1992.

4. Annette J,Community involvement, civic engagement and service learning.[M], Arthur J, Davies I and Hahn C (eds) London: SAGE, The Sage Handbook of Education for Citizenship and Democracy. 2008:388–398.

5. B. Jacoby(Ed.), Building Partnerships for Service-Learning[M], San Francisco, CA: Jossey-Bass,2003.

6. B. Jacoby(Ed.), Service-Learning in Higher Education: Concepts and Practices[M] San Francisco, CA: Jossey-Bass,1996.

7. B. Jacoby(Ed.). Service-Learning in Higher Education: Concepts and Practices[M], San Francisco: CA: Jossey-Bass, 1996.

8. Barbara Jacoby and associates. Service-learning in Higher Education: Concepts and Practices[M], San Francisco: Jossey-Bass Publishers, 1996.

9. Barbara Jacoby, Service-Learning in Today's Higher Education[M],Barbara Jacoby and associates(1996), Service-learning in Higher Education: Concepts and Practices, San Francisco: Jossey-Bass Publishers: 1996.

10. Barker, R.L. The Social Work Dictionary[M], New York: National Association of Social Work,1998.

11. Bell, R. , Furco, A., Ammon, M. S., Muller, P., and Sorgen, V. Institutionalizing Service-Learning in Higher Education: Findings from a Study of the Western Region Campus Compact Consortium[M], Berkeley: University of California, 2000.

12. Bills, D. & Harris,M. Voluntary Agencies:Challenges of Organization and Management[M], London:Macmillan Press Ltd, 1996.

13. Boyer, E.L. College: The Undergraduate Experience in America[M], New York: HarperCollins, 1988.

14. Bringle, R.G., Games, R., & Malloy, E.A.. Colleges and universities as citizens[M], Boston: Allyn & Bacon,1999.

15. Bruce W. Speck, Sherry Hoppe (eds.). Service-Learning: History, Theory, and Issues[M],Praeger Publishers, 2004.

16. Campus Compact. Mapping the Geography of Service on a College Campus: Strategic Questions About the Institution, Stakeholders, Philosophies and Community Relationships[M], Province, R.I.: Campus Compact, 1994.

17. Chickering, A.W., and Gamson, Z.F. Seven Principles for Good Practice in Undergraduate Education[M], Racine, Wisc: Johnson Foundation, 1987.

18. Coles, R. The Call of Service: A Witness to Idealism[M], Boston: Houghton Mifflin, 1993:40.

19. Community-Campus.Partnerships for Health Board of Directors[M], Seattle, WA: Community-Campus Partnerships for Health, 2013.

20. Dwight E. Giles. Combining Service and Learning: A Resource Book for Community and Public Service[M], Raleigh, North Carolina: National Society for Internships and Experiential Education, 1990.

21. Eddy, E.D. College for our land and time: The land-grant idea in American education[M], New York: Harper&Brothers,1957.

22. Gray, Maryann J. Assessing Service-Learning: Results from a Survey of Learn

and Serve America[M], Higher Education, Change, 2000.

23. Heather Chisnall on behalf of IMTEC. Learning from Work and Community Experience: Six International Models[M], NFER-Nelson Publishing Company Ltd., 1983.

24. Howard, Jeffrey(Ed.), Service-Learning Course Design Workbook, Corporation for National Service, Washington, DC., 2001.

25. J. Howard (Ed.), Praxis I: A faculty casebook on community service learning[M], OCSL Press,1993

26. J. Torres(Ed.). Benchmarks for Campus/Community Partnerships [M], Province, RI: Campus Compact, 2000:5-7.

27. James Bradley, A model for evaluating student learning in academically based service[M]// Marie Troppe (ed.), Connecting Cognition and Action: Evaluation of Student Performance in Service Learning Courses[M], Denver: Education Commission of the States, Campus Compact, 1995.

28. Jane C. Kendall and Associates, Combining Service and Learning: A Resource Book for Community and Public Service[M], Raleigh, North Carolina: National Society for Internships and Experiential Education, 1990.

29. Jane C. Kendall and Associates. Combining Service and Learning: A Resource Book for Community and Public Service[M], Raleigh, North Carolina: National Society for Internships and Experiential Education, 1990.

30. Jeffrey. P.F. Howard, Academic Service Learning: A Counternormative Pedagogy, New Directions for Teaching and Learning, 1998(78): 21-28.

31. Kretzmann, J.P., and McKnight, J.L. Building Communities from the Inside Out: A Path Toward Finding and Mobilizing a Community's Assets. Evanston, III[M], Center for Urban Affairs and Policy Research, Northwestern University, 1993.

32. Kupiec, T.Y. (ed.). Rethinking Tradition: Integrating Service with Acad emic Study on College Campuses. Providence, R.I.: Campus Compact, 1993.

33. L. McIlraith, A. Lyons, & R. Munck (Eds.). Higher education and civic

engagement: Comparative perspectives. New York, NY: Palgrave Macmillan, 2012.

34. London, S. Higher Education and Public Life: Restoring the Bond[M], Dayton, Ohio: Kettering Foundation, 2001.

35. Mattessich, P. W., and Monsey, B. R. Collaboration: What Makes It Work[M], St. Paul, Minn.: Wilder Foundation, 1992.

36. Michael R. Hall, The Impact of the U.S. Peace Corps at Home and Abroad[J], Journal of Third World Studies, 2017(24): 55.

37. Ross, M.G., Community Organization: Theory, Principles, and Practice[M], Publisher: Harpercollins College Div, 1967.

38. Rudolph, F. The American College and University: A History. Athens: University of Georgia Press[M], 1962:177.

39. Schon, D. The reflective practitioner: How professionals think in action [M], New York, NY: Basic Books.1983.

40. Sheckley, Barry G., Morris T. Keeton, Servce learning: A theorical model[M], Joan Schine, Kenneth J.Rehage, Service Leanring, Chicago: University of Chicago Press, 1997: 32-55.

41. Sigmon, R. Linking Service with Learning[M], Washington, D.C: Council of Independent College, 1994.

42. Smith, M.W. Effective Learning, Effect Teaching, Effective Service[M], Washington, D.C. Youth Service America, 1994.

43. Timothy K. Stanton, Dwight E. Giles, Jr., Nadinne I. Cruz. Service-Learning----A Movement's Pioneers Reflect on Its Origins, Practice, and Future[M], Jossey-Bass Inc.1999.

44. UN. Social progress through community development[M], New York: United Nations Bureau of Social Affairs, 1955.

45. Wingspread Group on Higher Education. An American Imperative: Higher Expectations for Higher Education[M], Racine, Wisc.: Johnson Foundation, 1993: 7.

（二）期刊论文

1. Alliance for Service Learning in Education Reform.Standards of Quality for School-Based Service Learning[J]. Equity & Excellence in Education, 1999 (2):71-73.

2. Andrew Furco. Advancing service-learning at research universities[J]. New Directions for Higher Education. Summer 2001:67-78.

3. Andrew Furco. Institutionalizing Service-Learning in Higher Education[J]. The Journal of Public Affairs, 1999.

4. Boyer, E., Creating the new American college[J], Chronicle of Higher Education,1994: A48.

5. Bringle, R. G., & Hatcher, J. A. (1999, Summer). Reflection is service-learning: Making meaning of experience[J]. Educational Horizons, 179-185.

6. Bringle, R.G., & Hatcher, J.A. (1996). Implementing Service learning in higher education[J]. Journal of Higher Education. 67, 221-239.

7. Bringle, R.G., & Hatcher, J.A.. Implementing Service learning in higher education[J]. Journal of Higher Education. 1996(67):221-239.

8. Bringle, R.G., Hatcher, J.A., & Games, R. Engaging and supporting faculty in service learning[J]. Journal of Public Service and Outreach, 1997(1):53-51.

9. Bringle, Robert G., Julie A. Hatcher, Reflection in service-learning: making meaning of experience [J]. Educational Horizons. Summer 1999: 179-185.

10. Carrie Williams Howe, Kimberly Coleman, Kelly Hamshaw. Student development and service-learning: a three-phased model for course design[J]. International Journal of Research on Service-Learning and Community Engagement. 2014 (2):44-62.

11. Cindy Cleary, Delwin E. Benson, The service integration project: institutionalizing university service learning[J]. The Journal of Experiential Education, 1998; 21,3:124-129.

12. Driscoll, Amy, Barbara Holland, Sherril Gelmon, and Seanna Kerrigan. An Assessment Model for Service-Learning: Comprehensive Case Studies of

Impact on Faculty, Students, Community, and Institution[J]. Michigan Journal of Community Service Learning,1996(3):66-71.

13. E. Gross, A. Etzioni: Organization in Society[J], N.J., Prentice Fall, 1985: 5-7

14. Eyler, Janet, Dwight E. Giles, Jr., and John Braxton. The Impact of Service-Learning on College Students[J]. Michigan Journal of Community Service Learning 4(1997): 5-15.

15. Hammond, C..Integrating service and academic study: Faculty motivation and satisfaction in Michigan higher education[J]. Michigan Journal of Community Service Learning, 1994(1)21-28.

16. Hatcher, J., Bringle, R..Reflection: Bringing the gap between service and learning[J]. College Teaching. 1997(4):32-37.

17. Janet Eyler, Dwight E. Giles, Jr. and John Braxton, The Impact of Service-Learning on College Students[J], Michigan Journal of Community Service Learning, Fall 1997: 5-15.

18. Jerry Miller, The Impact of Service-Learning Experiences on Students' Sense of Power[J], Michigan Journal of Community Service Learning, Fall 1997:16-21.

19. Julia A. Hatcher, Robert G. Bringle, Richard Muthiah. Designing effective reflection: what matters to service-learning?[J]. Michigan Journal of Community Service Learning, Fall 2004, pp.38-46.

20. Keith Morton, John Saltmarsh, Addams, Day, and Dewey: The Emergence of Community Service in American Culture[M], Michigan Journal of Community Service Learning, Fall 1997: 137-149.

21. Lee Jerome, Service learning and active citizenship education in England[J], Education, Citizenship and Social Justice, 7(1):59–70.

22. Lenore M. Molee, Mary E. Henry, Assessing learning in service-learning courses through critical reflection[J], Journal of Experiential Education, 2010(3): 239-257.

23. Linda A. Chisholm, The Intersection of Church and College, View& News on

EducaTion, Association of Episcopal Colleges, Vol.2, No.1, Fall 1987, P. 3.

24. Markus, G.B., Howard, J.P.F., & King, D.C(1993). Integrating community service and classroom instruction enhances learning: Results from experiment[J]. Educational Evaluation and Policy Analysis, 15(4), 410-419.

25. McMillan, J.J. & Harriger, K.J.(2002). College students and deliberation: A benchmark study[J]. Communication Education, 51, 237-253.

26. Morton, K.,&Troppe, M. (1996). From the margin to the mainstream: Campus Compact's project on Integrating Service with Academic Study[J]. Journal of Business Ethics, 1996(15): 21-32.

27. Nancy C. Rhodes, Campus Compact: The project for public and community service[J], Journal of Public Service & Outreach, 1997(1): 56-61.

28. Robert G. Bringle, Julie A. Hatcher, Implementing service learning in higher education[J], Journal of Higher Education, 1996, 67(2),221-239

29. Robert L. Sigmon, Synergist[J], Spring 1979, pp. 9-11.

30. Rogers, R. (2001). Reflection in higher education: A concept analysis[J]. Innovative Higher Education, 26, 37-57.

31. Sarah L. Ash, Patti H. Clayton, Maxine P. Atkinson, Integrating reflection and assessment to capture and improve student learning[J], Michigan Journal of Community Service Learning, Spring 2005: 49-60.

32. Sherril B. Gelmon, Barbara A. Holland, Sarena D. Seifer. Community-University Partnerships for Mutual Learning[J]. Michigan Journal of Community Service Learning, Fall 1998:97-107.

33. Silvia Dorado, Dwight E. Giles, Jr., Service-learning partnerships: paths of engagement[J], Michigan Journal of Community Service Learning, Fall 2004, pp. 25-37.

34. Timothy K. Stanton, Service Learning: Groping Toward a Definition[J], National Society for Internships and Experiential Education,1987(1):43.

（三）网络资源

1. AACU, College Learning for the New Global Century[EB/OL],https://www.

aacu.org/publications-research/publications/college-learning-new-global-century, 2019-4-3.

2. Andrew Furco, Self-assessment rubric for the institutionalization of service-learning in higher education[J/OL], http://xueshu.baidu.com/usercenter/paper/show?paperid=55b6e973196641641d31cb547ffbb715&site=xueshu_se.

3. Andrew Furco, Service-Learning: A Balanced Approach to Experiential Education[J/OL].https://www.shsu.edu/academics/cce/documents/Service_Learning_Balanced_Approach_To_Experimental_Education.pdf.

4. Annette J (2008) Community involvement, civic engagement and service learning.[M]//Arthur J, Davies I and Hahn C (eds) London: SAGE, The Sage Handbook of Education for Citizenship and Democracy. 388–398.

5. Astin, Alexander W., Lori J. Vogelgesang, Elaine K. Ikeda, and Jennifer A Yee. How Service Learning Affects Students: Executive Summary. Los Angeles: Service Learning Clearinghouse Project, Higher Education Research Institute, University of California. January 2000. http://www.gseis.ucla.edu, April 2000.

6. Barack Obama, Proclamation 8363—National Volunteer Week, 2009 Online by Gerhard Peters and John T. Woolley, The American Presidency Project [EB/OL], https://www.presidency.ucsb.edu/documents/proclamation-8363-national-volunteer-week-2009.

7. Barnett, Lynn, "Service Learning: Why Community Colleges?". Higher Education.1996:6.

8. Boundless US History, The Second Great Awakening[EB/OL],https://courses.lumenlearning.com/boundless-ushistory/chapter/the-second-great-awakening/, 2019-12-2.

9. Boundless US History, The Second Great Awakening [EB/OL], https://courses.lumenlearning.com/boundless-ushistory/chapter/the-second-great-awakening/, 2019-12-3.

10. Campus Compact Impact Awards[EB/OL], https://compact.org/impact-awards/

11. Campus Compact, 30th Anniversary Action Statement of Presidents and Chancellors[EB/OL],https://compact.org/actionstatement/, 2018-9-3.

12. Campus Compact, Advanced Service-Learning Toolkit for Academic Leaders[EB/OL],https://compact.org/initiatives/advanced-service-learning-toolkit-for-academic-leaders/, 2018-12-1.

13. Campus Compact, Educational Policy-Community Problems[EB/OL], https://compact.org/resource-posts/educational-policy-community-problems/, 2019-8-7.

14. Campus Compact, Indicators of an Engaged Campus[EB/OL],https://compact.org/initiatives/advanced-service-learning-toolkit-for-academic-leadcrs/indicators-of-an-engaged-campus/, 2018-9-2.

15. Campus Compact, Tree Decades of Institutionalizing Change—2014 Annual Member Survcy[ED/OL], https://kdp0l43vw6z2dlw631thtc5-wpengine.netdna-ssl.com/wp-content/uploads/large/2017/03/2014_Executive_Summary.pdf, 2019-12-6.

16. Center for the Advancement of Collaborative Strategies in Health. Partnership Self-Assessment Tool[EB/OL], http://www.cacsh.org.2019-3-1.

17. CNCS, FISCAL YEAR 2012[EB/OL].

18. CNCS, What wc do[EB/OL], https://compact.org/what-we-do/.

19. Corporation for National and Community Service , Senior Corps[EB/OL] , https://www.nationalservice.gov/programs/senior-corps, 2019-1-3.

20. Corporation for National and Community Service , What is AmeriCorps?[EB/OL],https://www.nationalservice.gov/programs/americorps/what-americorps, 2019-2-3.

21. Corporation for National and Community Service,/Strategic Plan[EB/OL], https://www.nationalservice.gov/about/strategic-plan, 2019-4-1.

22. Corporation for National and Community Service, Board of Directors[EB/OL],https://www.nationalservice.gov/about/who-we-are/board-directors, 2019-2-3.

23. Corporation for National and Community Service, Who we are[EB/OL], https://www.nationalservice.gov/about/who-we-are, 2019-4-3.

24. Eddy, E.D.. College for our land and time: The land-grant idea in American education. New York: Harper& Brothers.1957.

25. ELHAM KHATAMI, Trump seeks to get rid of service programs like AmeriCorps, Senior Corps in budget proposal[EB/OL], https://archive. thinkprogress.org/trump-white-house-2020-budget-scraps-americorps-senior-corps-799fd69177e0/, 2019-05-13.

26. Esther Luna, What about Service Learning in Europe?[EB/OL], https:// dera.ioe.ac.uk/5967/1/01_65.pdf, 2019-6-30.

27. http://digitalcommons.unomaha.edu/slcehighered/6.

28. https://capitalresearch.org/article/national-service-reconsidering-the-federal-role/, 2019-09-11.

29. https://servicelearning.uga.edu/faculty-resources/faculty-awards/teaching-excellence-award, 2019-12-4.

30. https://www.nationalservice.gov/about/budget-and-performance/budget/fiscal-year-2012, 2019-4-3.

31. James B. Jacobs, Socio-Legal Foundations of Civil-Military Relations [EB/M].https://books.google.com.sg/books?id=A4IRERNKVAwC&pg=PA1 12&lpg=PA112&dq=1968+National+Service+Secretariat+Conference+on+ National+Service&source=bl&ots=FyzkF6K0bO&sig=ACfU3U1yuN0grDJ OPEq_b9kopm1b8LFWaQ&hl=zh-CN&sa=X&ved=2ahUKEwjU2NL714T lAhWUe30KHVVRAFAQ6AEwEHoECAgQAQ#v=onepage&q=1968%20 National%20Service%20Secretariat%20Conference%20on%20National%20 Service&f=false.

32. Janet Eyler o Dwight E Giles Jr o Angela Schmiede. (1996). A practitioners guide to reflection in service-learning[R/OL]. https://leduccenter.files. wordpress.com/2015/02/practitioners-guide-to-reflection-in-service-learning.pdf.

33. Jennifer Thomsen, State Policies on Service-Learning[EB/OL], https://www.ecs.org/state-policies-on-service-learning/. 2014.1.

34. Lee Jerome, Service learning and active citizenship education in England [J], Education, Citizenship and Social Justice, 7(1):59–70.

35. Morgridge Center for Public Service , Community-based learning courses [EB/OL], https://morgridge.wisc.edu/students/service-learning-courses/.

36. National Citizen Service[EB/OL], https://www.gov.uk/government/get-involved/take-part/national-citizen-service.2019-6-30.

37. National Citizen Service[EB/OL], https://www.gov.uk/government/get-involved/take-part/national-citizen-service.2019-6-30.

38. National Institute of Food and Agriculture, Food and Agriculture Service Learning Program[EB/OL], https://nifa.usda.gov/funding-opportunity/food-and-agriculture-service-learning-program, 2020-02-13.

39. National Society for Experiential Education, About NSEE[EB/OL], https://www.nsee.org/about-us, 2018-12-3

40. National Society for Experiential Education,Conference Presentations[EB/OL],https://nsee.memberclicks.nct/index.php?option=com_content&view=article&id=111:2015-conference-presentations&catid=27:events, 2018-11-1.

41. National Youth Leadership Council , Training & Keynotes[EB/OL], https://www.nylc.org/page/trainings-and-keynotes, 2019-4-2.

42. National Youth Leadership Council, 2020 National Serve-Learning Conference[EB/OL], https://www.nylc.org/page/conference, 20190-1-5.

43. National Youth Leadership Council, Afterschool Service-Learning[EB/OL], https://www.nylc.org/page/afterschoolservicelearning, 2019-6-1.

44. National Youth Leadership Council, Service-Learning in Civic Education[EB/OL], https://www.nylc.org/page/slice.

45. National Youth Leadership Council, WHO WE ARE,https://www.nylc.org/page/who-we-are, 2019-3-2.

46. NYLC, National Youth Leadership Council Strategic Framework[EB/OL],

https://cdn.ymaws.com/www.nylc.org/resource/resmgr/resources/strategic-framework-100517.pdf, 2020-1-1.

47. NYLC, Training & Keynotes, https://www.nylc.org/page/trainings-and-keynotes.

48. Office of Accreditation and Institutional Effectiveness, Strategic Planning [EB/OL],https://provost.uga.edu/oaie/strategic-planning/, 2018-10-1.

49. OSL, About the OSL [EB/OL],https://servicelearning.uga.edu/about-osl, 2019-12-13.

50. OSL, Assessing the Service-Learning Fellow Program [EB/OL], https://servicelearning.uga.edu/service-learning-fellows-program,2019-12-5.

51. OSL, Current & Past Service-Learning Fellows [EB/OL], https://servicelearning.uga.edu/faculty-resources/service-learning-fellows-program/past-current-fellows, 2019-1-2.

52. OSL, Engaged Scholar Award [EB/OL], http://outreach.uga.edu/awards/engaged-scholar-award/, 20180-10-3.

53. OSL, Frequently Asked Questions About the S Designation [EB/OL], https://servicelearning.uga.edu/frequently-asked-questions, 2018-9-8.

54. OSL, Graduate Service-Learning [EB/OL]. https://servicelearning.uga.edu/courses/graduate-service-learning [EB/OL], 2018-10-7.

55. OSL, International Service-Learning [EB/OL], https://servicelearning.uga.edu/courses/international-service-learning, 2019-12-10.

56. OSL, Mission & History [EB/OL], https://servicelearning.uga.edu/about-osl/mission, 2019-12-14.

57. OSL, PSO Student Scholars [EB/OL], https://servicelearning.uga.edu/pso-student-scholars, 2018-8-7.

58. OSL, Service-Learning by the Numbers [EB/OL], https://servicelearning.uga.edu/about-osl/service-learning-by-the-numbers, 2019-12-15.

59. OSL, Service-Learning Course [EB/OL], https://www.capa.uga.edu/Capa/ServiceLearning.html, 2019-12-16.

60. OSL, Service-Learning Research Excellence Award [EB/OL], https://servicelearning.uga.edu/faculty-resources/faculty-awards/research-excellence-award, 2019-1-1.

61. OSL, Service-Learning Teaching Excellence Award [EB/OL].

62. OSL, Service-Learning Teaching Excellence Award [EB/OL]. https://servicelearning.uga.edu/faculty-resources/faculty-awards/teaching-excellence-award, 2018-10-3.

63. OSL, Social Issues in Northern Ireland [EB/OL]. http://ssw.uga.edu/academics/northernireland.html, 2019-12-14.

64. OSL, Strategic Plan [EB/OL], https://servicelearning.uga.edu/about-osl/stratcgic-plan, 2018-5-9.

65. PSO, History[EB/OL], https://outreach.uga.edu/about/history/, 2019-3-2.

66. PSO, PSO Student Scholars[EB/OL], https://servicelearning.uga.cdu/pso-student-scholars, 2019-1-1.

67. PSO, PUBLIC SERVICE & OUTREACH STUDENT SCIIOLARS PROGRAM 2018-2019 PROGRAM OVERVIEW, https://servicelearning.uga.edu/pso-student-scholars, 2019-1-1.

68. Public Service & Outreach, Mission Statement[EB/OL], https://outreach.uga.edu/about/mission-statement/, 2019-3-2.

69. Robert Stilson, National Service: Reconsidering the Federal Role[EB/OL].

70. Ron Fournier, "How Obama and Congress Failed AmeriCorps, and Failed America – Again," The Atlantic, [EB/OL], https://www.theatlantic.com/politics/archive/2013/08/how-obama-and-congress-failed-americorps-and-failed-america-again/461322/, 2019-5-4.

71. Senate and House of Representatives of the United States of America, National and Community Service Act of 1990 [Z/OL]. https://www.nationalservice.gov/sites/default/files/page/Service_Act_09_11_13.pdf. [2019-1-20].

72. Southern Regional Education Board, Service-Learning in the South Higher

Education and Public Service 1967-1972[EB/OL], https://files.eric.ed.gov/fulltext/ED082615.pdf, 2018-7-6.

73. Teach US History.org, The Second Great Awakening and the Age of Reform [EB/OL], http://www.teachushistory.org/second-great-awakening-age-reform , 2020-1-2.

74. The White House, White House Fellows[EB/OL], https://www.whitehouse.gov/get-involved/fellows/, 2019-10-5.

75. UAA. University Year of Action records[EB/OL], https://archives.consortiumlibrary.org/files/2017/03/uaa-0084-2.pdf.

76. UGA, UGA Strategic Plan 2020[R/OL], https://provost.uga.edu/oaie/strategic-planning/.

77. UGA's "Morrill" Obligation[EB/OL], https://news.uga.edu/ugas-morrill-obligation/, 2020-2-3.

78. Volunteers in Service to America [EB/OL], https://www.britannica.com/topic/Volunteers-in-Service-to-America.

79. Youth in Industry[EB/OL], https://heinonline.org/HOL/Page?handle=hein.journals/month52&collection=journals&id=1191&startid=&endid=1200, 2019-5-4.